企业
人力资源管理实务

经洪斌　著

THE PRACTICE OF ENTERPRISE
HUMAN RESOURCE
MANAGEMENT

江苏人民出版社

图书在版编目(CIP)数据

企业人力资源管理实务/经洪斌著. --南京:江
苏人民出版社,2024.4
ISBN 978 - 7 - 214 - 29042 - 7

Ⅰ. ①企… Ⅱ. ①经… Ⅲ. ①企业管理－人力资源管
理 Ⅳ. ①F272.92

中国国家版本馆 CIP 数据核字(2024)第 055445 号

书 名	企业人力资源管理实务	
著 者	经洪斌	
责 任 编 辑	康海源 张 欣	
装 帧 设 计	刘 俊	
责 任 监 制	王 娟	
出 版 发 行	江苏人民出版社	
地 址	南京市湖南路 1 号 A 楼,邮编:210009	
照 排	江苏凤凰制版有限公司	
印 刷	江苏凤凰扬州鑫华印刷有限公司	
开 本	652 毫米×960 毫米 1/16	
印 张	26.75	
字 数	312 千字	
版 次	2024 年 4 月第 1 版	
印 次	2024 年 4 月第 1 次印刷	
标 准 书 号	ISBN 978 - 7 - 214 - 29042 - 7	
定 价	76.00 元	

(江苏人民出版社图书凡印装错误可向承印厂调换)

目　录

新版序言

岁月匆匆,时光如流,转眼之间,距离我写作《企业用工管理与风险防范》,已有七个年头。记得那年也是一个冬日,我集十六年工作经历之体验,在诸多同仁的鼓励与支持下,完成了书稿的写作,照同事的话说,是十六年磨一剑。老实说,磨这一剑,对我来说,是力不从心的,几乎耗尽我的心血和气力。我不是一个理论研究者,而是一个实务工作者,长期从事劳动保障监察执法工作,就工作职责而言,是为企业和劳动者创建和谐的劳动关系保驾护航,现实生活中所做的工作都是在处理一些琐碎繁杂的具体事务,写作并不是我擅长的。但是,作为一名行政执法工作人员,总有一个念想——如何将国家出台的一系列法律法规全面诠释给广大劳动者,让大家知其然,也知其所以然。特别是让企业管理者和从事人力资源管理工作的人员能够主动自觉地依法实施人力资源管理。这是现实之需,是一件很有价值、值得作为的事情。也正因为这个念想,我开始书稿素材的收集与梳理工作,经过多年的准备与构思,终于在2017年的冬天完成了该书稿,并幸运地得到江苏人民出版社的青睐，顺利出版发行。

那个冬日，除了写作，我一直期盼的是，有一场像模像样的雪下下来，最好是鹅毛大雪，漫天飞舞的雪花，飘飘洒洒、肆意张扬，整个城市都覆盖在雪的世界里，天地之间，洁白无瑕，浑然一色，那是一个多么美丽洁净的世界。结果，整整一个冬季，只是偶尔有一些零星雪花飘过。如今又是一个冬日，再也不想曾经遐想的那个雪花世界了。

我再次坐在窗前看七年前那本书稿，心情有点涟漪，毕竟七年前的事情，早已成了明日黄花，为何还要旧事重提、再续前缘。其实，这也是书的魅力所在。这是因为书稿不是一成不变的，是可以不断修改完善的。我们知道，任何一部作品，都是某一时代或阶段的产物，更何况一本书稿受制于特定时代多种因素的影响，难免有所局限。但是，书稿一经出版发行，所有论述都成印刷品，暂时定型，这就成了书稿的遗憾。但是这个遗憾可以通过再版修改完善来弥补。

这本书自出版发行以来，深受广大读者认可与欢迎，一时间好评如潮。也正因为此，当年年末出版社又专门加印了一次，以满足广大读者的需求，但很快就售罄。近年来，不少读者通过各种途径致电出版社和我本人反映对这本书的需求，网上不少书店竟然将此书溢价出售。更让我不安的是，平常的日子里，我时常到企业考察走访，看到企业人力资源部门同志的书橱中，甚至在企业 HR 的案头上摆放着这本书。看到这一场景，作为作者非常感动，我为自己的作品得到大家的认可和欢迎感到十分欣慰，为自己曾经的付出感受到价值所在，也许这是我有生以来做的最有价值、最有意义的事情之一。

在我考察走访企业的很多时候,也常会被企业 HR 认出,并接受现场咨询,提出新问题。很多 HR 已将这本书作为案头的备忘录。当然,这是我始料未及的,也让我顿感身上责任的重大。这本书之所以被广大企业 HR 认可与欢迎,是基于这样几个因素:一是充满正能量,方向感准确;二是深入浅出,通俗易懂;三是非常接地气,可操作性强。照很多从事企业 HR 工作的读者的话来讲,就是一看就明白,一学就上手,一招平事端,一书引和谐。

当然,作为作者,我深知广大读者对此书的评价充满溢美之词,更多是鼓励和鞭策,我也深知留下的遗憾需要抓紧时间去弥补。更为重要的,随着时代的快速发展,新的情况新的问题层出不穷,需要我们结合国家新出台的法律法规政策,用更精准的思路和方法去解决。所以,我开始有了将此书再版的念头。没有想到的是,这一念头刚冒萌芽之时,就得到了诸多同仁的关心与支持,特别是江苏人民出版社的领导和编辑的鼎力相助,他们积极帮我申报选题,并顺利通过,让我信心百倍投入改版写作过程中。

此书改版,我明确了该书新的定位,并更名为"企业人力资源管理实务",赓续原有书稿的原则与风格,努力将此书打造成为一本全面诠释国家劳动保障法律法规的教科书,一本有效指导企业依法用工、科学用工的参考书,一本充分提升企业 HR 综合素质和实践能力的工具书。写作期间,一有机会或空隙,我就走访企业,与 HR 面对面交流,详细了解他们在日常工作与生活中的急难愁盼问题,或是通过业务培训,与学员们互动,努力获取第一手的资料。同时,走访政府相关部门,特别是人社、税务、财政、公安、法院等部门的领导和专家,获悉当前国家在人力资源管理领域的最新政策和规定,以新的形势与责任来规范提升企业人力资源管理。

在这个阳光灿烂的冬日，我终于完成了此书的改版写作工作。需要指出的是，改版是弥补原版的遗憾，但事实上不可能穷尽所有的遗憾，有时候过去的遗憾补上了，但又会出现新的遗憾，写书特别是写书本身就是一场带有遗憾的创作，我们的生活何尝不是这样。不管怎样，新版是应了时代之需、企业之需、HR之需，必然会再次发挥新的越来越多的作用和成效，也必然会为创建新时期和谐劳动关系发挥应有的贡献。在此，真诚感谢在本书写作过程中给予大力支持的机构与友人，具体机构是人社部劳动监察局、劳动关系司、教育培训中心，江苏省人社厅办公室、劳动关系处、劳动监察局、调解仲裁管理处、养老保险处、工伤保险处、社保中心、信息中心等部门，以及江苏省部分市县人社部门的相关机构。提供协助的友人有张智灵、李剑、胡静、白亮、周新、李雄伟、曹晓燕、陈蕴竹、张国顺、张志亮、杨国虎、曹隽、张益民、罗成、吴麒铭、郑运东、乔万迎、沈忠明等等，还有很多全国各地各界的热心朋友，在此一并致谢。

经洪斌

2024年1月22日于南京

导论　人力资源管理的基本理念

理念,从一般意义上来讲,是一种建立在对某种事物认知基础上的思路或想法。这种思路或想法又不同于一般性的思路或想法,而是一种内化于心、外化于行的本能驱动,是一种植入大脑、沁入心扉的原始意识,表现在日常生活中是自然而然、不易察觉的潜意识或下意识。很多时候,理念成为我们做任何事情的动机和出发点。

当然,理念不是一蹴而就的,其形成需要一个过程,需要人们在日常的工作与生活实践中不断培养和磨炼,且随着人们对某一事物认知的成熟而逐步成熟,呈现一种不断开放、并收与发展的状态。但是,在某一阶段,理念又是相对固定的,并在一定时期内形成一种惯性思维。一经形成的理念,往往会成为人们行动的指导思想和基本思路。回到本书主题,就是我们从事企业人力资源管理工作实践,应该培养和树立什么样的理念? 或者说,树立什么样的理念,才能让我们更加有效地开展工作,创造更多更高的价值?

第一节　守法的理念

守法是企业人力资源管理最基本的理念，也是企业生存与发展的底线。当我们回顾企业产生与发展的历程，我们知悉，企业是人类社会发展的产物，作为一种社会经济组织，它是市场经济活动的主要参与者，是按照一定的组织规律有机构成的经济实体，一般通过运用土地、劳动力、资本、技术等各种生产要素，提供产品或服务换取收入，实现投资人、客户、员工、社会大众的利益最大化。现实条件下，企业通常实行自主经营、自负盈亏、独立核算，盈利是企业的天然目的。

企业的生存与发展，需要土地、劳动力、资本、技术等多种生产要素的相互作用，其中，劳动力是最重要的要素。我们知道，物质资料的生产是劳动力作用于生产资料的过程，离开劳动力，生产资料本身不可能创造任何产品。所以，劳动力在企业生产经营过程中的作用是不可替代的。任何成功的企业，无不重视劳动力的价值及其作用。

就具体企业而言，劳动力是具有生命体的个人，是具备一定文化科学知识和劳动技能的员工，他们是企业的主人，是企业生产经营活动的实施者，是企业财富的创造者，是企业长盛不衰的守业人。说到底，劳动者是企业最宝贵的财富，尊重劳动者是企业生存与发展的内在要求，也是企业自身应尽的职责。

做企业，不论大小，不论长短，在发展生产的同时，必须首先树立守法理念，也就是全面遵守国家劳动保障法律法规，落实各项具体规定，切实保障员工在劳动保障方面的各项权益。

就像企业要守法经营一样，对待员工同样要守法用工。法律大于天，法律大于一切。我们知道，法律不是从来就有的，它是社会生产力发展到一定阶段的产物，是伴随着私有制、阶级和国家的产生而产生的。具体来讲，法是国家制定或者认可，规定人们的权利和义务，由国家强制力来保证所有社会成员遵循的行为规范。

作为调整社会成员行为的社会规范，法具有鲜明的规范性。主要体现在三个方面。一是法具有普遍性，它是一种概括而抽象的规定，针对的不是特定的人或事，对每个人、每件事都一视同仁，可以反复加以适用。二是法具有稳定性，它一经颁布，在其生效期内一直有效，除非通过法律调整，一般不得随意中断，更不得朝令夕改。三是法具有公平性，它是一种判断是非曲直、惩治邪恶的行为规范，它保护人们的正当权利，同时惩治人们的不当行为，是正义的、公平的。

但是现实社会中，常常会出现这样一种误区，大家都知道遵纪守法，往往能够守的法是比较严苛的法律，比如《刑法》。而对处置和举措相对比较温和、法律责任较轻的劳动保障法律法规却不够重视，甚至认为无关紧要。显然，这是错误的认识。我们不能因为法律责任的轻重而选择性地执行法律。

从法学意义上来讲，法律责任是由特定法律事实所引起的对损害予以补偿、强制履行或者接受惩罚的特殊义务。法律责任是以法律义务的存在为前提的，它是一种责任方式，需要承担不利后果，并且是由国家强制力来保证的。根据违法行为的法律性质，可以将法律责任分为民事责任、刑事责任、行政责任和违宪责任。

一般来讲,法律责任的构成要件,包括主体、过错、违法行为、损害事实和因果关系。法律责任的方式,有补偿性方式和制裁性方式。所谓补偿性方式,是国家以功利性为基础,通过强制力或当事人要求责任主体,以作为或不作为形式弥补或者赔偿所造成损失的责任方式。所谓制裁性方式,是国家以法律的道义性为基础,通过强制对责任主体的人身和精神实施制裁的责任方式。现实生活中,不是所有的否定性评价都能纳入责任的范畴,也不是所有的责任都具有惩罚性。但是,既然有了法律责任,有了具体规定,作为适用主体的用人单位或者个人,都应该主动自觉执行法律。

守法是企业应尽的社会责任和法定义务。法律是对全体社会组织和成员的约束,任何组织和个人不能置之度外,企业也是如此。在现实生活中,法律与企业息息相关,包括劳动保障法律法规在内的所有涉及企业的法律法规都是企业必须无条件遵守的,不管你想不想,不管你愿意不愿意,遵守法律法规是你唯一的选择。需要指出的是,守法是企业履行社会责任的第一要务。所谓企业社会责任,是企业在创造财富的过程中,应当对社会包括相关方承担的一种责任,这是对社会应该做出的回报。企业承担社会责任是社会的发展趋势和现代文明的必然结果,不论是发达国家,还是发展中国家,都应该一视同仁。企业社会责任不是西方发达国家的专利,而是国际社会所有国家都应该共同遵守的规则。守法是企业用工管理的法定义务,同样也是企业用工管理的底线。

守法是企业生产经营有序运行的重要保证。市场经济是法治经济,只有在法治的框架下,市场才能有序运行,企业才能健康、高效的发展。守法是对企业最好、最有效的保护，企业将生产经营和日常管理纳入法治轨道，是企业有序运行的重要保证。企业用工管理，同样需要纳入法治的轨道。改革开放以来，特别是进入 21 世纪以来，国家密集出台了一系列有关劳动保障方面的法律法规，初步建立了以《劳动法》为龙头，以《劳动合同法》《就业促进法》和《社会保险法》等法律为支架，以配套行政法规、部门规章和地方法规、规章为重要组成部分的劳动保障法律体系。这些法律法规的制定和实施，一方面促进了广大劳动者合法权益的有效保护，另一方面对规范企业用工、稳定劳动关系发挥了积极作用。

守法是企业实施人力资源管理的前提和基础，也是企业提高生产经营效益的有效手段。一个企业如果不按照法律法规的要求用工，不仅会给企业的生产经营带来混乱，还会给企业的用工管理，特别是劳动关系的稳定带来破坏性的影响。劳动争议增多、劳动纠纷频发和劳资矛盾激烈，必然会成为一种常态。

现实生活中，时常会看到一些企业出于所谓减少用工成本的因素，置现行法律法规于不顾，总想钻空子、走偏门，国家在企业用工管理方面制定的劳动保障法律法规有明确的规定和要求，但是少数企业自作聪明、自行其是，以为可以通过一定的办法来规避法律法规，结果，往往是鸡飞蛋打、得不偿失，企业由于违法付出了巨大成本，同时自身的形象受到严重破坏。事实证明，依法用工成本最小，违法用工成本最大。依法用工，才能科学用工、合理用工，也才能有效实施企业人力资源管理，实现人力资源效益最大化。所以，企业的组织者和管理者必须牢固树立守法的理念，尊法、学法、知法、用法、守法。

第二节 诚信的理念

诚信从其本意来看,应该是一个道德范畴,它有别于法律,不是强制性的,是一种自律。虽然诚信没有强制性约束,但它是文明社会普遍倡导的理念和准则,为现代文明社会所推崇与共认,并且逐步成为社会成员普遍遵守的公约或者规则。诚信就一般意义而言,是一个庞大的系统,它涵盖经济社会生活的各个方面。

就企业而言,树立诚信的理念,是市场经济的客观要求。市场经济是法治经济,也是诚实经济和信用经济。市场经济得以顺利运行离不开诚信和信用,需要指出的是,诚信和信用是两个不同的概念,诚信属于道德范畴,而信用侧重于制度安排和制度建设。但是在一定程度上或者一定情况下,两者是紧密联系的,也是不可分的。

我们知道,市场经济是市场在资源配置中起主要作用的经济,市场经济对资源的配置是通过交易而实现的,而交易需要有严格的契约做保证。因此,从市场经济的内在要求及运行方式来看,市场经济实际上就是以契约为基础的信用经济,它要求市场主体遵守契约,诚实守信,这是市场经济的基本规则。市场规则是保证市场有效运作的基本原则,但仅有规则,而没有有效的道德支撑和约束,再好的契约也会是废纸一张。诚信是市场经济的灵魂与生命,没有诚信,就没有市场的健全,市场秩序就会遭遇破坏,同时会极大地增加交易风险,提高运行成本,降低交易效率,从而影响整个经济秩序的健康运行。市场经济越发达,社会分工越细密,商品交换越频繁,作为市场主体的企业之间的联系就越紧密,就越要求企业诚实守信。企业之间的经济活动需要诚信,企业内部特别是劳资双方也要诚信。企业在赢得利润,创造财富的同时,必须承担相应的社会责任。

树立诚信的理念,是新时代企业应对经济全球化的必然选择。经济全球化作为当今世界经济发展的一种趋势,它是商品、技术、信息等资源在全球范围内的自由流动和重新配置,并促成一种包括发达国家和发展中国家在内的各国经济相互渗透、相互依赖、彼此交织的复杂格局。经济全球化是体制的趋同或一体化过程,它是不以人的主观意志为转移的客观历史进程,不同的社会制度和经济体制已经不能成为障碍,而一个包容不同社会制度和经济体制的共融体系成为现实。

一般来讲,企业在同一个国际市场上竞争必须有一个公平的竞争规则,而全球性的规则就意味着体制的趋同。不同国家的企业在同一个国际市场上竞争,通过竞争与合作,会形成一个大家都接受的竞争规则,WTO 就是其中一个重要的规则。WTO 是世界贸易组织的简称,是负责监督其成员经济体之间各种贸易协议执行的一个国际性组织,凡是其组织内的成员经济体必须共同遵守 WTO 约定的规则。自中华人民共和国成立以来,由于多种因素,很长一段时间,中国没有加入 WTO 组织。但是,中国作为一个发展中国家,不可能游离于世界之外,参加 WTO 就是明智的选择。事实上,中国已经别无选择。当前,中国已经成为"世界工厂""世界制造业中心",这无疑是中国经济社会发展面临的重大历史机遇。我们要真正成为"世界工厂",就必须适应和遵循当今的国际惯例和游戏规则。

就具体企业而言,必须建立一个适应新形势要求的企业劳动保障诚信制度。否则,就难以在国际市场上找到自己的位置。诚信简单地讲,就是要讲究信用,诚实不欺。诚信原则是国际社会通用或者说通行的基本原则。企业之间,必须平等竞争,公平交易,诚信交往,恪守承诺。树立诚信的理念,并付诸企业的制度化安排,就是接轨国际惯例和市场运行准则的需要,也是中国企业应对经济全球化的必然选择。从近几年的实践来看,包括世界五百强企业在内的众多外资企业,倒逼国内与之配套的上下游企业严格执行 WTO 规则,严格执行国家劳动保障法律法规,已成为一种常态。

树立诚信的理念,也是企业自身发展的实际需要。无数成功企业的案例表明,唯有诚信至上,企业才能百年不衰。诚信是一个企业的核心竞争力,企业的兴衰与企业是否诚信用工有着密切的关系。企业要发展,要提高经济效益,关键在于用人。任何一个企业,如果没有一个良好的工作秩序和一支人心稳定、素质优良的职工队伍,要想取得成功是不可能的。我们在现实生活中看到,诚信的用工理念、合理的工资待遇、稳定的福利保险和安定的工作环境,能够增强企业职工的安全感、归属感、忠诚度和向心力。同时能够充分调动职工的工作热情和积极性,从而最大限度地提高企业用工的边际效益。一个劳动者权益得到充分保护、劳资关系诚实可信并且和谐稳定的企业必然是劳动者最好的创业发展之地,这也是企业长盛不衰的动力源泉。也正因为此,诚信应该成为企业发展的自觉行动。

诚信有别于法律,它与法律是两个不同概念的范畴,两者最明显的区别在于是否具有强制性,法律具有强制性,而诚信不具有强制性,法律是他律,诚信是自律。既然诚信是自律,那就是自觉行动,那就是发自内心、主动自愿的,无须别人或者社会来干预。树立诚信的理念,就是要从内心深处自觉自愿地崇尚诚信、尊重诚信、坚持诚信。不是别人要求你怎样做,而是你自己应该这样做。树立诚信的理念,有赖于企业全体员工的参与和实践。要以建立劳动保障诚实守信的企业文化为切入点,不断加强社会诚信建设。要在弘扬中华民族传统美德的基础上,引导全体员工牢固树立社会主义荣辱观,不断增强诚信自律意识,倡导诚实守信的价值取向和行为规范,并将诚信纳入整个企业文化的重要组成部分,讲究信用,诚实不欺。企业也好,劳动者也好,双方需要相互尊重,企业要尊重劳动者的独立人格和自由选择,劳动者也要有自觉意识,对企业要有认同感和归属感,自觉维护企业的形象和利益。

第三节　关爱的理念

关爱,顾名思义,就是关怀爱护。关爱是人类生活中一种美好的情感,是一种品质,是一种境界,也是一种态度。就企业而言,关爱是企业的人文情怀,是企业的豁达胸襟。常言道,百年修得同船渡。芸芸众生,能够同在一个企业共事、打拼,是一种难得的缘分。在一起共事、打拼所产生的情谊也是弥足珍贵的。企业的员工来自四面八方、五湖四海,出于各种动机和因素,汇聚到一起,自然应当同舟共济、同心合力。

员工是企业最宝贵的财富。美国"钢铁大王"安德鲁·卡耐基曾经说过一段耐人寻味的话:"带走我的员工,把我的工厂留下,不久工厂就会长满杂草;拿走我的工厂,把我的员工留下,不久我们还会有更好的工厂。"比尔·盖茨说:"对企业而言,资金可以借贷,技术可以收买,而唯一必须是自己有的,就是:一流的员工。"可见,员工对企业的重要性,关爱员工是企业发展不可或缺的一部分。作为企业的组织者和管理者,理所应当将企业的员工当作亲人或者家人来看,处处以关爱员工生产生活作为企业发展的前提。让员工真切感受到企业的发展与自己的命运息息相关,让职工共享企业发展的成果,员工的心才会有归宿,企业的凝聚力也才能形成。

关爱员工必须以满足员工的切身利益为出发点,从工作关爱、生活关爱、健康关爱、安全关爱等方面入手,从具体措施和细节做起,切实解决实际困难和问题,为员工办好事、办实事。

关爱员工,需要改善员工的生产环境。生产环境的好坏,直接影响员工的精神状态和身体状况,要让员工有一个良好的生产环境,是企业关注的重点。企业要结合生产特点和工作场所的需求,配置和完善通风、降温、防尘、防毒、降噪等设施,改善空气、噪声、光线、温度、绿化、拥挤等环境因素,尽可能给员工一个悦目、爽心、舒适的工作空间。新建、扩建、改建生产线或生产车间,要合理设计、优化布局,符合人性化要求,各项职业卫生和安全设施必须全面到位。

关爱员工,需要解决员工的后顾之忧。员工是企业发展的源泉和动力,员工的生活状态和生活质量无疑会影响他们在企业的工作状态和工作效率,帮助员工解决家庭生活负担和困扰,是企业需要妥善处理的问题,也是企业应尽的职责。企业可以建立形式多样的员工交流平台和互助平台,及时掌握员工的生活困难和合理需求,包括生活起居、上下班交通、工作期间的饮食、子女就学和疾病治疗等等,企业在可能的情况下,尽量给予适当的帮助。要依靠企业工会的力量,有针对性地开展帮扶活动,特别是在员工及其家庭遭遇突发事件和重大变故的时候,要及时伸出援助之手,以解员工燃眉之急。

关爱员工,需要关心员工的身心健康。世界卫生组织对健康有一个简洁的定义,即身体、心理及对社会适应的良好状态,也就是健康的身体和健康的心理。员工的身心健康直接影响着企业的生产效率和可持续发展。企业要加强生产技术改造,促进相关技术的深度应用,减轻员工的劳动强度。要优化生产流程,科学定岗定额,固定工序要建立轮换制度,减少重复机械操作,缓解员工生理和心理压力。要建立员工定期体检制度,及早防治和消除疾病隐患,最大限度地保持员工的健康状态。要关心员工的心理需求和情感需求,畅通员工减压通道和沟通渠道,帮助员工疏导心理压力,让员工的心里话有渠道可以倾诉,消极情绪有地方可以稀释,有条件的企业可以有针对性地开展员工心理健康咨询服务或者专项热线,建立心理危机干预预警机制。要积极组织员工开展各种喜闻乐见、丰富多彩的文体娱乐活动,丰富员工文化生活,满足员工的多样化需求,为员工构建美好的健康向上的精神家园。

关爱员工,需要保护员工的人身安全。安全生产是企业的生命线,是企业生存与发展的根本。安全与生产是高度统一的,安全促进生产,生产必须安全,安全是生产的前提条件,没有安全,就无法生产,也就没有任何意义。安全生产最本质的内涵,就是保护劳动者的生命安全和职业健康。员工的人身安全需要企业实施最大限度的保护。企业必须建立健全安全生产责任制度和长效机制,坚持安全第一、预防为主的方针,对于安全生产所需的设备、设施、宣传等投入务必落实到位。要加强员工的安全教育培训,掌握员工本职岗位所需的安全生产知识,教育员工严格遵守企业安全生产规章制度和操作规程,服从管理,正确佩戴和使用劳动防护用品,增强事故预防和应急处置能力。

无数成功企业的实践表明,关爱员工可以为企业降低成本,提高生产率,是用小投入换来高回报。

第四节　共赢的理念

共赢,从概念上来讲,是指合作双方在共担一项任务过程中,互惠互利、相得益彰,实现双方的共同收益。共赢是一种既能保证一方自身利益,又能促进另一方获取利益的行为,是一种良性的可持续的行为。这里所讲的共赢的理念,是指企业在追求自身发展的同时,要兼顾职工的职业生涯规划和人生发展空间,做到共进共荣。我们目前面对的是一个多元的时代、一个多彩的世界,需要摒弃你输我赢或者赢者通吃的旧思维和弱肉强食、优胜劣汰的"丛林法则"价值观。现代企业之间的竞争,不再角力"你死我活",而是追求更高层次的竞争与合作,不再追求单赢,而是双赢和多赢。要树立全新的理念,即共赢的理念,这是时代的呼声和要求。企业用工管理讲共赢,就是在企业自身发展的同时,让员工有更好、更充足的发展空间,让员工全面充分地实现自我价值。

很多时候,企业的组织者常常抱怨,现在的员工不好带,也不好管。在日常生活中,我们也看到,有一部分企业的员工没有多少归属感,忠诚度更是非常淡化,加上企业用工形式的多元化,员工的流动率一直处于高位运行,员工队伍的稳定性成为企业亟须关注的问题。事实上,员工队伍的稳定性问题,对企业至关重要,员工流失率高,直接损失不仅是离职成本、替换成本和培训成本的浪费,同时会影响到工作的连续性、工作质量和其他人员的稳定性,然而更重要的是,长此以往必然会弱化企业可持续发展的潜力和竞争力。

俗话说:"一个篱笆三个桩,一个好汉三个帮。"企业要想成就一番大业,必须靠全体员工的众志成城、坚韧不拔的顽强意志,必须靠全体员工长期不懈、始终如一的共同坚守。大家心往一处想,力往一处使,所有的智慧和力量汇聚在一起,企业自然会得到长足可持续的发展。也正因为此,企业要将自身的发展与员工的发展放到同等重要的位置上来谋划,并采取切实有效的措施来行动。必须在企业和员工的发展中找准切入点,使员工和企业相互促进,共同发展,实现共赢。

企业的发展离不开员工,也得益于员工的劳动和创造,员工的发展同样要依赖企业这个平台,员工的价值是建立在企业价值之上的,脱离了企业的成功,个人的价值实现也就无从谈起,员工自我价值实现的过程也是企业蓬勃发展的过程。企业和员工是一种相互依赖、互利共存的关系,是一种事业伙伴关系,是一个紧密联系的利益共同体,一荣俱荣、一损俱损。当然,企业与员工双方都需要有这样的认识和行动,但是企业更应当认识更深,做得更好。在现实生活中,企业要让员工有更好、更充足的发展空间和自我价值的实现,需要把握好以下几个方面。

一是建立员工职业指导制度。不论专业技术人员,还是一线操作人员,都需要有一个合理的并且可行的职业生涯规划。企业协助员工规划其职业生涯的发展,也是应尽的本分和责任。当然,职业生涯规划的主体是员工本人,员工是自身规划的主导者,也是实施者。有了职业生涯规划,员工有了人生目标和方向,也有了行动的动力,并且会更加爱岗敬业。在职业生涯规划方面,企业不是也不可以包办,只是一种协助,并为员工提供必要的学习、培训和锻炼等发展机会。建立员工职业指导制度,不但可以实现企业人力资源需求和员工个人职业生涯需求之间的平衡,而且能够最大限度地发挥员工的作用,促进企业的发展,对于企业和员工而言,都很有意义。

二是搭建员工学习培训平台。员工的素质和能力是其自身发展的必备条件,也是企业的核心竞争力。在新的机遇和挑战面前,企业要想在激烈的市场竞争中确立优势地位,必须提升企业的核心竞争力,加强对员工的学习培训无疑是一个有效的途径。通过培训,员工可以获取新的知识和科学技能,企业也从中获得了回报。显然,这也是一举双赢。员工培训是一种在职培训,是一种知识更新,需要有针对性,要结合员工的年龄结构、知识结构与企业生产经营的特点,以及部门或职位的实际工作需要来综合设计培训计划,选择培训载体和方法。搭建员工学习培训平台,可采取现场培训、课堂培训,也可以通过网络培训,实施培训必须关注效果与质量,务求实用有效。

三是开辟员工职位晋升通道。企业发展与员工自我价值实现是一个有机统一体,员工自我价值实现了,才能更好地推动企业发展,员工的自我价值也是通过企业的成功来实现的。员工在实现自我价值时,除了获得应有的经济利益,还需要获得企业的认可。企业要建立健全员工职位晋升通道的管理制度,晋升通道的设计要兼顾各类员工的职位特点和工作成效。不论专业技术人员和管理人员,还是一线操作人员,都要有相应的晋升通道,不可偏废任何一方。在晋升的过程中,还需要辅之一定的合理的薪酬安排来激励。

四是鼓励员工参与民主管理。民主管理是一种现代的管理制度和管理方式,并且已经成为现代企业健康有序运行的一种必然选择。企业要建立健全以职工代表大会为基本形式的民主管理机制,按规定推行厂务公开、平等协商、职工代表巡视、职工董事会和监事会制度,通过召开民主恳谈会、劳资协商会、职工董事会,总经理信箱等多种形式,保障员工对涉及切身利益的事项享有知情、表达、参与、协商和监督的权利。员工参与企业民主管理是获取尊重和自我实现的需要,鼓励职工参与民主管理,能够提升员工的主人翁意识、责任意识和使命意识。形成企业全体员工的凝聚力,员工才能将企业当成自己的家,才能与企业风雨同舟,荣辱与共。

五是提供员工更多发展机会。现实生活中,我们常常看到,很多员工在企业一线岗位工作时间长达十几年,甚至几十年还是"原地踏步",一定程度上与其素质和能力有关系,同时也反映了企业在经营员工、培育员工方面的不足或者缺憾。员工没有前途和希望,没有从业成就感,这一现象的蔓延势必会影响企业员工队伍,乃至整个国家产业大军的建立与发展。所以,企业作为一个社会经济组织,经营和培育好员工,责无旁贷。企业要根据员工个人能力、职业素养、性格爱好等将合适的员工安排到合适的岗位,实现各得其所,人尽其才,才尽其用。还要为员工提供更多的发展机会,包括业务培训、专项进修、外出考察、挂职锻炼等等,以及各种能够展示和发挥员工才华的各种平台,充分尊重员工的各种需求和价值取向,让员工有"成长感"和"成就感",尽可能帮助每个员工实现自己人生的最大价值。企业与员工实现了共赢,也是企业与员工最大的成功。

第五节 和谐的理念

西方古典哲学家赫拉克利特说过,和谐产生于对立的东西。在古代中国,和谐一词曾经指的是乐律的调和。在当代中国,和谐一词,指的是对立事物之间在一定条件下辩证的统一,是不同事物之间相辅相成、相互协调、相互促进、共同发展的关系。在当代社会中,和谐主要表现为人际关系的和谐、人与社会的和谐、人与自然的和谐、人自身的和谐。本书所讨论的和谐,是指企业劳动关系的和谐。构建和谐劳动关系,事关企业和员工的切身利益,事关经济发展和社会稳定。企业树立和谐的理念,自然成为企业用工管理的理性选择。

劳动关系是生产关系的重要组成部分,是最基本、最重要的社会关系之一。企业人力资源管理所面对的劳动关系,一般来讲,是《劳动法》意义上的劳动关系,即狭义的劳动关系,是指在具体的用人单位中劳动者个人与劳动力使用者(雇主)之间的关系,用人单位与劳动者依法订立书面劳动合同,劳动者按照劳动合同接受用人单位管理并履行劳动义务,用人单位按照劳动合同支付劳动报酬,从而也形成了一种权利义务关系。劳动关系构成通常包含三个要件。一是劳动者与用人单位必须是符合《劳动法》规定的主体。劳动关系的主体只有两个，即劳动关系中劳动力的使用者和劳动力的拥有者，也就是我们通常所说的用人单位与劳动者。用人单位和劳动者任何一方不符合《劳动法》规定的主体资格要求的，不属于《劳动法》意义上的劳动关系。二是劳动者提供的劳动是有报酬的劳动，用人单位与劳动者建立劳动关系，是为了实现劳动过程，劳动关系的存在必须以劳动为目的，是为社会生产或者社会产品而提供劳动的。具体来讲，劳动者的劳动是为了实现用人单位的利益而付出劳动的，其劳动成果属于用人单位，用人单位必须相应提供劳动条件和物质保障，并向劳动者支付合理的劳动报酬。三是劳动关系主体双方存在管理和被管理关系，也即劳动关系建立后，劳动者要依法接受用人单位的管理，遵守用人单位规章制度，劳动关系的双方当事人在法律上享有平等的权利，同时具有实现这种关系的隶属性。

　　企业在实施人力资源管理的过程中，必须高度重视劳动关系的管理。虽然企业在劳动关系中通常居于主导地位，但应当知晓认定劳动关系的构成要件和法定因素，必须遵循以人为本的现代企业管理思路，牢固树立和谐用工的理念，并贯穿于企业用工管理的全过程。

　　应该说，和谐是企业人力资源管理的最高目标，也是最终目标。和谐劳动关系的构建，必将最大限度增加劳动关系的和谐因素，最大限度减少劳动关系不和谐因素，也势必促进企业持续健康发展、兴旺发达、长盛不衰。企业树立和谐人力资源管理理念，必须落实到具体的用工管理中，具体来讲，需要遵循以下几个基本标准。

　　一是依法用工，全面落实劳动合同制度。在员工招聘中无就业歧视行为，无就业欺诈行为。企业安置残疾人就业比例达到国家规定要求或者按照相关规定依法缴纳残疾人就业保障金。使用劳务派遣用工、非全日制工符合相关规定,劳务派遣用工比例在规定范围之内。企业招用员工,自用工起一个月内与员工签订书面劳动合同;劳动合同签订率达到 100%;企业和员工各执一份劳动合同文本。劳动合同内容全面、合法。在订立、续签、解除和终止劳动合同时,程序合法,行为规范。建立员工名册制度,主动履行劳动用工信息备案义务。

二是按时足额支付工资、保障员工劳动报酬权益。按照劳动合同约定的支付周期按时支付工资;工资以货币形式足额直接支付给员工本人;建立工资台账,向员工提供其本人的工资清单。依法合理制定本单位工资制度和工资支付制度,并以有效方式告知全体员工。按时足额支付法律法规规定的各项津贴补贴,对有毒、有害、高温、夜班等特殊工种有专项津贴。依法足额提取职工福利费。执行职工住房公积金规定,及时缴纳住房公积金。

三是严格执行国家工时和休息休假制度。执行法定的工时制度;实行综合计算工时工作制或不定时工作制的,及时报人社部门审批。严格执行工时管理规定;与工会和员工协商确定员工的加班加点时间。依法安排员工休息休假,执行全国年节及纪念日假期规定、带薪年休假规定。制定实施科学合理的劳动定额定员标准。企业依法为加班员工安排倒休和支付加班工资,加班工资在工资清单中列明。

四是建立集体合同制度,推行工资集体协商制度。推行集体协商制度或参加区域性、行业性集体协商,定期签订集体合同。集体合同草案提交职工代表大会或者全体职工讨论通过。企业订立劳动合同后,按规定及时向人社部门备案,生效的集体合同向职工公示。签订工资、女职工特殊保护等方面的专项集体合同。

五是落实安全生产和职业健康责任。安全生产指引与操作流程明确,定期开展全员安全生产培训,如实告知劳动者职业病危害和危险因素。采用有效的职业病防护措施,为职工提供个人使用的职业病防护用品;对从事有职业危害作业的员工进行上岗前、在岗期间和离职时的职业健康检查。对从事特种作业的员工进行专门培训,员工上岗前已取得特种作业资格。按《国家安全生产法》的规定配备安全生产管理机构和安全生产专职人员。严格依照规定安排女职工的岗位,依法安排女职工在怀孕哺乳期间从事的劳动。严格依照规定安排未成年工的岗位,对未成年工进行定期健康检查。

六是依法建立工会组织,并切实开展活动。建立企业职工代表大会制度;依法建立工会,职工入会率达到90%。依法及时足额拨缴工会经费。百名职工劳动争议发生率低于1%。健全符合本企业特点的工会组织制度和工作制度,民主选举工会领导,配备专职工会干部,按时换届。在制定、修改或者决定直接涉及劳动者切身利益的规章制度或者重大事项时,听取工会的意见,并经职工代表大会或者全体职工讨论通过。

七是依法参加社会保险。依法申报参保人数和应缴纳社会保险数额,参保率达到95%。按时足额缴纳各项社会保险费用。依法依规及时为员工办理社会保险转移接续等相关手续。及时为符合条件的员工办理社会保险待遇。

八是提供职业技能培训。按规定提取职工教育经费,保障对职工职业技能培训的投入。开展常态化的职业技能培训,年员工培训率达到 10％。制定有系统的培训规划，针对不同类型的员工开展针对性的职业培训。

九是建立健全劳动规章制度。依法制定企业用工管理规章制度，内容符合法律规定。注重劳动关系管理相关制度的宣传，与职工本人利益直接相关的制度汇编成册，人手一册或者随时供员工查询。企业各级管理人员积极参加劳动保障法律法规教育培训。

上述标准是和谐劳动关系企业的基本标准，也是企业落实人力资源管理理念的具体举措。企业应当树立创建和谐劳动关系企业的目标，根据有关部门的要求和标准，结合自身的实际，采取切实可行的步骤和措施，不断探索、不断实践、不断前行。

综上所述，守法、诚信、关爱、共赢与和谐构成企业人力资源管理五大理念，这五大理念，虽然有独立的含义与属性，但它们之间是相互补充、相互促进的，是一种相辅相成的关系。这五大理念，既是一种思想或者精神，同时也是一种阶段或者境界，他们之间的关系，很多时候是循序递进的，一种境界实现了，自然会进入更高一级的境界，直至最高境界。守法是一条底线，诚信是一份操守，关爱是一股清泉，共赢是一道彩虹，和谐是一片风景。企业人力资源管理从守法开始，这是用工最基本的要求。有了守法，员工才能安心工作。有了诚信，企业和员工之间才能互信。有了关爱，员工才能爱厂如家。有了共赢，员工才能与企业共进共荣。和谐是劳资双方共同追求的理想，也是企业人力资源管理的最终目标。企业人力资源管理有了守法、诚信、关爱、共赢与和谐，员工与企业自然会融为一体，共同进步。

长期以来，党中央、国务院从宏观层面高度重视企业人力资源管理工作,特别是企业和谐劳动关系的构建。党的十八大以来,先后出台一系列法律法规和政策措施,将和谐劳动关系创建活动作为构建和谐劳动关系的重要载体,创建活动由工业园区向企业比较集中的乡镇和社区拓展。通过丰富创建内容、规范创建标准、改进创建评价、完善激励措施,先后创建了一批又一批和谐劳动关系示范园区和示范企业,推出了一批富有创新和改革意识的创建活动先进集体和先进个人,形成了全方位、多层次的创建局面。以创建和谐企业为目标的社会氛围正一步一步地蔚然成风。也正因为如此,今天我们研讨企业人力资源管理的基本理念,不仅有了正确的指导思想和行动遵循,还有了良好的基本建设和社会氛围。作为企业人力资源管理从业人员,应当遵照党中央、国务院关于构建新时期和谐劳动关系的重要部署,结合企业发展需要,不断树立和锻造守法、诚信、关爱、共赢、和谐的企业人力资源管理理念,并付诸日常的工作实践中。

参考文本：劳动关系和谐企业评价细则

评价项目	评价要素	分值	评价内容	评分细则	得分
1 劳动用工（11分）	1.1 职工招用	2分	① 企业无就业歧视行为；② 企业无就业欺诈行为。	①②各1分	
	1.2 合同签订	2分	① 依法与劳动者签订劳动合同，劳动合同签订率达100%；② 企业和劳动者各执一份劳动合同文本。	①②各1分	
	1.3 合同履行	3分	劳动合同① 履行，② 变更，③ 解除，④ 终止，遵循合法、公平、平等自愿、协商一致、诚实信用的原则；⑤ 依法支付经济补偿。	①②③④各0.5分 ⑤1分	
	1.4 建立名册	2分	① 建立职工名册制度；② 主动履行劳动用工备案义务。	①②各1分	
	1.5 劳务用工	2分	使用劳务派遣工符合劳动法律法规规定：① 劳务派遣在临时性、辅助性或者替代性的工作岗位上实施，并不超过法定比例；② 对被派遣劳动者实行同工同酬。	①②各1分	
2 劳动规章（7分）	2.1 制度健全	4分	① 建立和完善劳动报酬、工作时间、休息休假、保险福利、职工培训、劳动纪律等制度；② 劳动规章制度的内容不得与法律、法规相抵触，且公平合理。	①②各2分	
	2.2 程序合法	2分	① 制定劳动规章制度和决定涉及职工切身利益的重大事项，应当经职工（代表）大会或者全体职工讨论，提出方案和意见；② 与工会或者职工代表平等协商确定。	①②各1分	
	2.3 公示告知	1分	劳动规章制度、重大事项应当公示，或者告知职工。		

续表

评价项目	评价要素	分值	评价内容	评分细则	得分
3 工资分配（12分）	3.1 工资协商	3分	① 建立以工资集体协商为主要形式的工资分配决定机制和工资水平调整机制；② 本企业工资标准高于当地最低工资标准，劳资双方共同协商确定工资；③ 企业生产经营严重困难时，劳资双方共同协商确定工资。	①②③各1分	
	3.2 劳动定额	2分	① 依法确定、调整劳动定额或者计件报酬标准；② 劳动定额能够确保同岗位90%以上劳动者在法定工作时间内完成。	①②各1分	
	3.3 工资增长	4分	① 参照工资指导线，职工工资增长与企业劳动生产率提高率相协调，与经济效益挂钩；② 一线职工、技能人才年收入增长水平高于企业职工平均工资增长水平。	①②各2分	
	3.4 工资支付	3分	① 以货币形式② 足额支付职工工资；③ 依法发放。	①②③各1分	
4 工作时间与休息休假（9分）	4.1 工作时间	2分	① 依法执行国家规定的工作时间；② 执行特殊工时制的，应履行报批手续。	①②各1分	
	4.2 加班加点	3分	① 加班加点应事先与工会和职工协商；② 延长工作时间符合法律法规规定；③ 依法足额发放加班加点工资报酬。	①②③各1分	
	4.3 休息休假	4分	① 依法执行休息和休假制度；② 保障职工带薪年休假权利。	①②各2分	

续表

评价项目	评价要素	分值	评价内容	评分细则	得分
5 社会保险与福利（8分）	5.1 登记申报	2分	① 履行社会保险登记、申报义务；② 依法足额申报参保人数和应缴纳的社会保险险数额。	①②各1分	
	5.2 缴纳费用	2分	① 依法按时足额缴纳各项社会保险费；② 按月向职工告知缴纳社会保险费明细情况。	①②各1分	
	5.3 住房公积金	1分	① 执行职工住房公积金规定；② 及时为职工缴纳住房公积金。	①②各0.5分	
	5.4 补充保险	1分	具备条件的企业建立以企业年金、补充医疗为主要形式的补充保险制度。		
	5.5 互助互济	1分	① 建立职工互助互济保障制度；② 开展困难职工帮扶工作并建立困难职工帮扶档案。	①②各0.5分	
	5.6 职工福利	1分	依法足额提取和使用职工福利费。		
6 劳动安全卫生（6分）	6.1 安全制度	1分	① 建立健全安全生产规章制度、职业卫生管理制度和事故应急预案；② 加大安全卫生投入。	①②各0.5分	
	6.2 安全生产条件	1分	① 生产经营场所和设备、设施符合国家有关标准和规定，消防设施齐全，安全警示标志明显；② 按规定开展安全生产标准化建设。	①②各0.5分	

续表

评价项目	评价要素	分值	评价内容	评分细则	得分
6 劳动安全卫生（6分）	6.3 职业卫生	2分	① 提供符合国家规定的劳动安全卫生条件和劳动保护用品；② 组织有毒有害岗位职工定期进行健康体检；③ 尘毒浓度指标不超过国家卫生标准；④ 落实女职工和未成年工特殊保护措施，每年至少组织一次女职工妇女病普查。	①②③④各0.5分	
	6.4 安全培训	1分	① 开展职工安全教育；② 企业主要负责人、安全管理人员、特种作业人员经过安全培训合格，取得相应资格上岗。	①②各0.5分	
	6.5 安全检查	1分	① 建立和完善"1+3"安全监控工作体系，对企业安全生产重点部位、重点设备和关键环节开展经常性安全检查，及时整改事故隐患；② 开展"安康杯"竞赛，加强企业安全文化建设。	①②各0.5分	
7 职业培训（4分）	7.1 职工素质	1分	将建设知识型、技术型、创新型职工队伍纳入企业发展战略和重要管理目标。		
	7.2 技能培训	2分	① 组织开展在岗培训、脱产培训、业务研修、技能竞赛等形式多样的培训活动；② 支持职工参加学历教育或继续教育。	①②各1分	
	7.3 经费使用	1分	依法提取和使用职工教育培训经费。		

续表

评价项目	评价要素	分值	评价内容	评分细则	得分
8 集体协商与集体合同（13分）	8.1 集体协商	5分	①企业建立常态化集体协商机制，每年至少开展一次集体协商；②企业确定劳动报酬、劳动合同管理、奖惩与裁员等事项均事先与职工进行集体协商；③协商结果和事项能够依法向职工公示；④企业发生重大劳动关系调整事项能够开展集体协商；⑤企业发生矛盾纠纷等重大事项能够开展集体协商。	①②③④⑤各1分	
	8.2 集体合同	4分	①依法签订集体合同（工资、劳动安全卫生、女职工特殊保护专项集体合同）；②依法全面履行集体合同。	①②各2分	
	8.3 监督检查	4分	①集体合同及时按照规定期限报送劳动行政部门审查；②生效的集体合同及时向职工公示；③每年至少一次将履行集体合同、工资专项集体合同中的工资情况向职工（代表）大会大会报告；④工会督促或者附件的履行情况每半年至少公布一次。	①②③④各1分	
9 工会建设与民主管理（9分）	9.1 组织健全	3分	建立①工会委员会，②工会经费审查委员会，③工会女职工委员会，④工会劳动法律监督委员会，⑤工会具备社会团体法人资格。	①1分，②③④⑤各0.5分	
	9.2 提供保障	2分	①依法保障工会工作的人员、时间、场所；②按时足额拨缴工会经费。	①②各1分	

续表

评价项目	评价要素	分值	评价内容	评分细则	得分
9 工会建设与民主管理（9分）	9.3 民主管理	4分	① 建立职工（代表）大会制度；② 职工（代表）大会每年至少召开一次，其决定决议得到落实；③ 建立厂务公开制度，有固定公开栏及其他公开形式；④ 公开内容全面、真实、及时；⑤ 公司制企业依法建立职工董事、职工监事制度。	①②③④各1分，⑤未建立的扣1分	
10 争议调处（5分）	10.1 普法宣传	1分	① 宣传普及劳动法律知识，定期组织开展劳动法律知识培训；② 定期组织开展劳动法律实施情况自查活动。	①②各0.5分	
	10.2 调解组织	1分	① 建立劳动争议调解组织和制度；② 调解组织人员组成结构合法。	①②各0.5分	
	10.3 沟通渠道	1分	职工诉求表达① 制度健全、渠道畅通；② 无企业原因引发的职工越级上访。	①②各0.5分	
	10.4 预警机制	1分	依法落实报告裁员、欠薪和重大劳动争议事项等预警制度。		
	10.5 调处有效	1分	劳动争议调解及时有效，劳动争议调解率达80%以上。		
11 企业文化（3分）	11.1 企业精神	1分	① 体现合作共赢、敬业诚信、和谐发展的核心价值理念，企业文化在生产管理中有明确载体和具体体现；② 企业加强诚信建设、劳动合同和企业诚信履约。	①②各0.5分	

27

续表

评价项目	评价要素	分值	评价内容	评分细则	得分
11 企业文化（3分）	11.2 职工文化	1分	①创建"模范职工之家"；②有职工文体活动场所并正常开放，定期集中组织开展职工文体活动。	①②各0.5分	
	11.3 人文关怀	1分	注重职工的精神需求和心理健康，建立心理危机干预预警机制。		
12 社会责任（3分）	12.1 环境保护	1分	符合国家、行业和地方① 环境保护、② 节能减排规定。	①②各0.5分	
	12.2 社会形象	2分	①参加慈善捐助和社会公益事业；② 无损害企业形象的事件发生。	①②各1分	
13 职工综合满意度（10分）	13.1 民主测评	10分	90%及以上职工对企业劳动关系状况满意。	10分	
			80%～89%的职工对企业劳动关系状况满意。	8分	
			70%～79%的职工对企业劳动关系状况满意。	5分	
			70%以下职工对企业劳动关系状况满意。	0分	

备注：
1. 该细则为地方标准《劳动关系和谐企业评价规范》DB32/T3019—2019 附件，对建立健全企业党组织、充分发挥党组织在和谐劳动关系创建活动中把关定向、团结凝聚各方力量的作用上的，可在细则评分基础上，作为2分加分项。
2. 企业自评分在80分及以上的，可向相应的协调劳动关系三方委员会申报劳动关系和谐。
3. 该细则可供企业在创建劳动关系和谐企业时对比参照，也可作为创建企业文化参考。

（江苏省人社厅劳动关系处提供）

第一章　员工的招聘与入职流程

第一节　员工招聘制度的建立

一、员工招聘的重要性

　　员工的招聘是企业用工管理的前提与基础,也是企业人力资源管理的首要环节。不论是新创立企业,还是成长型企业,选择什么样的员工与企业一起奋斗是一项非常重要的工作,对企业的运行和发展,至关重要。本章所讨论的侧重点,主要是成长型企业,也就是目前正在运行的常规企业。我们知道,企业有大有小,有强有弱,各有各的生存之道,各有各的发展路径,从创立开始,一步一步地前行,少不了会遇到一些坎坷与曲折,经历各种各样的风险,甚至面临生存危机。但是,能够挺过来并继续发展壮大的企业,自然有各种各样不同的因素,其中有一点是共同的,那就是都有一支高素质的员工队伍。一个企业要长久立于不败之地,拥有一支敬业、忠诚、勤勉的员工队伍是必不可少的条件。

　　企业之间的竞争,说到底是人才的竞争,是员工队伍的竞争。

因此,如何建立和团结一支高效的员工队伍,成为企业发展的重要课题,也是企业长盛不衰的关键所在。所以,员工招聘在整个企业发展战略中占有特别重要的地位,它是企业人力资源管理的进口关,也是第一关。具体来讲,员工招聘是为企业补充新鲜血液,增加新生力量,这个新鲜血液和新生力量,必须是充满正能量、充满工作热情、充满发展潜力的。员工招聘,除了企业自身发展的需要,其重要的意义还在于为社会提供了更多的就业机会,这也是企业的社会责任之一。当今中国,就业是民生之本,是社会的"稳定器"。对广大老百姓而言,第一位的就是就业,是天大的事情,就业稳,中国经济的基本面就会稳,反过来,企业的运行与发展也才会有一个稳定的社会环境。正因为此,员工招聘对于企业本身,乃至国家和社会都具有十分重要的意义,千万不可轻视,更不能草率,随意而为,来不得半点马虎。

二、员工招聘的制度安排

企业在运行和发展过程中,需要哪些工作岗位,哪些岗位需要什么样的员工,员工需要什么样的学历、年龄和技能等,需要多少数量,需要从什么时间开始等等,来充实到职工队伍中去,都需要企业事先做好充分的准备和计划。一般而言,建立健全企业员工招聘制度是一项明智之举,也是做好企业人力资源管理的一项基础性工作。

俗话说,没有规矩,不成方圆,建立健全企业员工招聘制度,有助于企业实现科学管理,提高劳动生产率和经济效益,确保企业生产经营活动的顺利进行;有助于企业加强管理,保障企业运作的有序化、规范化,降低企业运行成本,推动企业持续发展;有助于企业通过合理地设置权利、义务、责任,增强员工的归属感和向心力,激励员工为企业的目标和使命努力奋斗。就员工招聘而言,有了制度安排,具体工作才能有章可循,有章可依。

所谓制度,从一般意义上来讲,是指在一定条件下,要求大家共同遵守的办事规程或行动准则。这个制度的使用和安排,大至国家机关、社会团体、各行各业,小至单位、部门、班组。常言说,国有国法,家有家规,凡是为了维护正常的工作、劳动、学习和生活的秩序,保证相关事项有序运行和正常开展,由此而制定的具有指导性和约束性的规章或准则,都可以称为制度。

美国管理大师柯林斯在其代表作《第五项修炼》中曾说:"制度,是世界上最重要的东西,没有制度就没有品质,没有品质就没有进步。"制度一经制定,就自然具有指导性、约束性、鞭策性、激励性、规范性和程序性等特征和效用,它可以最大限度地减少人为因素和主观随意,养成一切按制度办事的习惯和规范。世界著名学府哈佛大学始终坚持的一个理念就是,让校规看守哈佛的一切,比道德看守更有效。哈佛大学制度理念为其赢得巨大成功的经验同样适用于任何一个企业。任何一个企业,如果不能建立一套行之有效的管理制度,要想取得成功是永远不可能的事情。当然,员工招聘制度作为整个企业人力资源管理制度的一个组成部分,其作用是非常重要的,对企业而言,也是不可或缺的。因此,员工招聘必须有一个制度安排。

员工招聘究竟需要什么样的制度安排?具体来讲,需要有这样一系列安排。一是要有人力资源发展战略规划。这一规划可以分长期规划、近期规划,要有目标、定位、任务、实施途径、步骤等等。二是要有员工招聘管理办法。这个办法包括适用范围、招聘组织、招聘形式、招聘评估与总结等等。三是要有有力高效的执行团队。这个团队必须具备较强的向心力、凝聚力、执行力、战斗力，善于学习、善于创新、善于协作，并且团结一致、乐于奉献，为企业的员工队伍建设筑牢坚实的基础。

当然，企业对自身的现实状况和未来发展前景必须有一个清晰的认识，更要明白自身可以拿什么来招聘企业发展所需要的员工。通常来讲，需要具备这样一些条件或因素，即合适的岗位安排、合理的薪酬分配、实用的配套设施、诚信的用工体系、良好的工作氛围、理想的发展空间和完美的价值取向。有人会说，此景只应天上有，人间哪得几回见。事实上，当今我们所面对的新生代劳动者，已经与传统一代的劳动者发生了显著的变化。对此，我们必须予以高度关注。新生代劳动者就业，已经不再是简单地获得一个饭碗或者一份职业，而是需要体面的就业，即有稳定的就业、有尊严的就业、有质量的就业、有发展的就业、有可期望的职业生涯设计规划，他们需要更多的安全感、认同感、踏实感、成就感和幸福感。

三、员工招聘的基本原则

员工招聘，其目的在于为企业获得满足其生产经营需要的人员，实现人岗匹配、人事相宜，提升企业竞争力，促进企业健康稳定发展。通俗地说，就是招兵买马，扩充队伍。员工招聘不能简单地理解为只是吸收新员工，补充人手，而是将适应企业发展需要的人，包括各类专业技术人才、各类高技能人才和技术工人等揽入其中，并通过一系列政策设计、组织行为、管理方式和激励措施等工作，充分调动其积极性，从而为企业的长远发展发挥最大的效用。

关于员工招聘的基本原则,具体来讲,有以下几点需要把握好。

（一）信息公开原则

公开的本意就是不隐蔽,让公众知晓。就员工招聘而言,信息公开可以让企业更大范围、更大限度地找到其所需要的员工。通过公开招聘信息,企业能够全面展示整体形象,吸引更多的有识之士前来加盟,员工招聘信息公开,包括招聘计划、招聘条件、招聘程序和招聘步骤等等,需要公开的一律公开透明,将企业招聘工作置于公开监督之下,在一定程度上还可以防止以权谋私、假公济私行为的发生,让应聘者获得自信心和踏实感。需要指出的是,关于员工招聘的信息公开原则适用于一般性的常规招聘工作,对于企业所需的部分特殊人才,可以视具体情况,在一定范围内发布信息,或者通过特殊方式进行招聘。

（二）公正平等原则

公正是指社会公平和正义,平等是指人们平等享有社会权益、平等履行社会义务,在各种机会面前一律平等,在法律面前一律平等。我国现行法律规定,劳动者依法享有平等就业和自主择业的权利,劳动者就业,不因民族、种族、性别、宗教信仰等不同而受歧视。企业在招聘过程中,对所有应聘者应该一视同仁,不拘一格,不得人为制造各种不平等的条件或者设置不合理的门槛。绝不允许性别歧视、户籍（地域）歧视和身体歧视等等。企业要设置合理的招聘条件和岗位要求,确保应聘者有平等的获选机会。给应聘者以平等机会,对企业而言,也是其管理水平和品质的反映。长此以往,会吸引更多潜在的应聘者趋之若鹜。

（三）竞争择优原则

竞争择优是指在员工招聘中引入竞争机制,在对应聘者的思想素质、职业素养和业务能力等方面进行全面考察的基础上,按照考察结果或评价指标择优选拔录用。竞争择优是现行法律法规赋予企业的用工权利,企业有权根据自身的需要招用员工。竞争的目的是择优,择优必须在竞争的前提下才能实现,竞争择优是公正平等的必然结果。竞争择优可以让企业在招聘员工时,好中选优,优中选强。这里所说的优,不是单纯的考试成绩或者某项技能优,而应该是全方面的优,包括敬业精神、职业操守和业务技能等等,对企业来讲,不一定求最优,而是求最适合,要看应聘者的综合素质与招聘岗位的符合程度,准确地讲,就是要将合适的人招进企业,将合适的人放到合适的岗位上去。所以,必须力求做到人事相宜,人员与岗位匹配得当,人员之间能力、技能和性格互补,并形成团队优势。

（四）效率优先原则

效益优先就是用尽可能低的成本录用到高素质、适合企业需要的员工。应该说,员工招聘作为人力资源管理的首要环节,需要高度重视并进行一定的投入是无可厚非的。但是钱要花在刀刃上,花在必要处。尽可能节约成本、省钱省事,要根据不同的招聘要求,选择不同的招聘方式和方法。在具体招聘过程中,既不要降低招聘标准,造成人员与岗位不适合,给员工带来压力;也不要盲目拔高员工入职要求,进行人才高消费。明明高职或大专学历的人员就可以胜任,没有必要去追求高学历、高层次人才。当然,更不要因人设岗,盲目攀比,装点门面,而应因事定岗,因岗定人,适人适岗即可。员工招聘毕竟只是一项基础性和阶段性工作,企业做这一工作的目的,是通过招聘,选好人、选对人,以最少的成本投入,换来员工招聘的高产出和高效益,这也是企业的明智之举。

参考文本：员工招聘管理办法

第一章　总则

第一条　目的

（一）使公司的招聘工作按规范的标准和流程进行。

（二）规范公司内部的人员招聘程序和职责分工，保证高效配置人力资源，及时满足公司的用人需求。

（三）明确公司招聘人员的原则和标准，使公司的人员录用具有明确而统一的理念和判断依据。

第二条　适用范围

本办适用于公司员工的内、外部招聘工作。

第三条　管理职责与分工

（一）总经理。总经理为公司人力资源招聘的最高决策人，决定公司的招聘政策和人员的最终录用，非经总经理或其授权代表批准，任何人无权决定录用公司的员工。

（二）人力资源部。全面负责公司员工招聘工作，其主要职责包括：

1. 明确公司招聘需求，制订招聘计划，经公司审批后执行。

2. 明确岗位职责及岗位要求。

3. 确定招聘渠道和方式，收集应聘材料，并进行初步筛选。

4. 组织各部门参加面试工作，为用人部门的录用提供建议。

5. 为确定录用的人员办理入职手续并进行入职引导、入职培训，督促用人部门进行新聘人员的培养。

（三）用人部门职责。

1. 向人力资源部提出用人需求并明确招聘的条件。

2. 编写部门岗位专业测试题，对候选人进行测评，参与招聘。

3. 根据面试情况,按一定比例向人力资源部提出录用人选建议。

第四条　招聘原则

(一)内部优先原则。对公司内部符合招聘岗位要求及表现优秀的合适员工,将优先给予选拔晋升。内部招聘主要指在现有公司员工中选拔管理人员、技术骨干。

(二)公正与公开原则。在招聘考核过程中,坚持考核标准与考核程序公开与公正的原则。

第二章　招聘需求

第五条　招聘需求来源

业务发展需要扩充岗位或人员、补充公司员工离职造成的空缺。招聘要求还应考虑公司管理和技术人才的一定储备。

第六条　人员规划需求

(一)每年年底(12月15日至12月31日),各用人部门将本部门的计划补充人员岗位、数量及具体要求(如性别、年龄、教育程度、专业要求、工作经验等)书面上报人力资源部同时将拟招聘岗位的岗位职责与说明书、岗位专业测试题一并提交。

(二)人力资源部根据用人部门所上报的人数,以及公司的发展方向、人员规划,制订公司年度人员招聘计划,报公司领导审批后,按计划实施招聘。

(三)因业务发展需要有突发用人需求时,由用人部门提出,人力资源部报公司领导审批后,修改年度人员招聘计划,并按需求进行招聘。

第三章　招聘流程

第七条　招聘渠道选择

人力资源部根据人员需求情况,选择合适的招聘渠道和方式进行招聘工作。公司一般采用的招聘渠道包括:招聘网站、校园招聘、员工推荐、内部招聘等。

第八条　招聘流程

(一)招聘信息拟定与发布。人力资源部根据所招岗位的具体职责和任职资格,拟定并发布招聘信息,其内容应包括岗位名称、岗位职责描述、任职资格、特殊经验与技能要求、薪资待遇、招聘有效期限和公司联系方式等。

(二)甄选。

1. 任何岗位的员工应当经过适当的甄选程序才能录用。其中管理技术人员必须参加专业笔试、面试。副经理、主任工程师、主任管理师等特殊人才外聘时,还需要进行背景调查,以核实候选人信息的真实性。

2. 为节约候选人时间,同时保证面试的公平性,各类面试应由人力资源部、用人部门联合进行,保证同时有 2 名以上面试官在场并做好问答记录,待候选人离开后立即予以评价并作出结论。

3. 一般员工由所在部门经理、人力资源部部长、人力资源部招聘专员进行面试;特殊人才、专业级别以上员工由公司领导、部门经理、人力资源部部长进行面试。

4. 面试记录存档备查。

(三)录用审批。

1. 一般员工由人力资源部和用人部门联合决定录用并报总经理或其授权人核准。

2. 专业级别以上员工需公司主管领导决定录用并由人力资源部报总经理或其授权人核准。

3. 部门副经理以上员工由总经理决定录用。

（四）体检。候选人通过总经理及其授权人核准后，由人力资源部通知或安排体检，体检不合格不予录用。

（五）录用。面试合格者，招聘专员于1周内通知应聘人员报到时间及相关事项。

（六）入职培训及试用期。

1. 新员工进入公司后，由人力资源部进行新员工培训。培训的内容重点是公司的基本情况、发展规划、企业文化、员工行为规范、企业涉及员工必知的规章制度、安全、保密知识等。培训结束后，对新进员工进行培训考试。培训不合格不能进入试用期。

2. 根据劳动合同法确定新进员工的试用期，试用期内可以根据工作表现决定是否解除劳动合同。

3. 试用期满，由本人提出转正申请报告、用人单位给出试用期评定意见，人力资源部决定是否转正。

第九条　应聘人员测评

公司的招聘主要采用面试为主、笔试及其他测试为辅的方式，由人力资源部组织实施。

（一）初试（笔试）。笔试主要是考察应聘者专业知识或岗位所需知识的广度和深度，实操技能知识可以安排实际操作。是否进行笔试由面试小组人员决定。如不进行笔试，则直接进入面试环节。

（二）面试。

1. 面试主要是对应聘者的职业经历、个人品格、身份和学历等各类证明材料、离职原因、求职动机、待遇要求、综合素质等真实性方面进行考察、核实，主要内容包括：

个人情况，包括考察应聘者身体状况、精神状态、穿着、言谈、举止等。

学校教育，包括考察应聘者就读学校、院系专业、知识结构、成绩、社会实践等。

工作经验，包括考察应聘者以往工作经历、责任心、薪资状况及变换工作原因等。

与人相处，包括考察应聘者兴趣爱好、合作精神、人际交往、沟通能力等。

发展潜力，包括考察应聘者的事业心、职业目标、职业规划、发展潜力及可塑性等。

学习能力，包括考察应聘者学习创新、理解能力、分析判断、文字功底、计算机能力等。

综合素质，包括考察应聘者领导能力、独立工作能力、语言表达能力、抗压能力等。

2. 面试结束后由人力资源部将面试结果记录于《新员工面试登记表》。

（三）复试。一般岗位面试结束后即可决定是否录用。特殊人才、专业级别以上岗位需进行由公司领导层参加的复试，以进一步考察应聘者的实际工作能力。

第四章　录用与入职手续办理

第十条　录用通知

（一）人力资源部于1周内向面试合格的人员发出口头或书

面录用通知,告知报到时间和所需准备的资料等。

(二)所需准备的资料。

必须包括:身份证原件和复印件、户口簿复印件、学历证明原件和复印件、婚育证明原件与复印件、无犯罪记录证明原件与复印件、解除劳动关系证明原件与复印件、体检单原件;

如有:职称证明、岗位证书原件和复印件等。

第十一条　录用标准

(一)必须认同公司价值观,遵守公司的各种规章制度,保守企业秘密。

(二)一般管理、技术岗位,原则上必须是一本及以上学历,年龄在18周岁及30周岁之间;技能岗位必须是高职高专及以上学历,年龄在18周岁及35周岁之间。年龄超过30周岁,但确实为公司的急需人才,应报总经理批准后,方可录用。

(三)身体健康。

(四)秉承"诚实守信"的原则。

(五)应聘者与其他任何单位不存在劳动关系,无竞业限制协议;或应聘者虽与既往单位签订竞业限制协议,且在限制期内,但公司业务不在竞业限制协议约束范围内。

(六)符合用工所在地政府部门的相关劳动就业政策和法规。

第十二条　办理入职手续

(一)所有招聘录用的新员工正式上班当日向人力资源部报到,并以其向人力资源部报到的日期作为起薪日。

(二)报到时,人力资源部负责填写《干部履历表》,对新员工的各类证件进行审核登记,原件归还本人。

（三）待签订劳动合同所需资料齐备及新员工培训合格后，公司与新员工签订劳动合同，劳动合同一式两份，一份交公司存档，一份交新员工自留。

（四）合同签订手续完成后，由人力资源部带领新员工走访公司各部门及公司相关领导，并将新员工交给用人部门。

（五）因签订劳动合同资料不齐全或提交资料不真实而无法签订劳动合同或劳动合同无效的，后果由应聘者自行承担。

（六）被录用员工在办妥入职手续之后，即进入试用期。新员工试用期规定按国家劳动合同法有关规定执行。

（七）新员工劳动合同签订后1个月内，公司为其办理社会保险等工作。

（八）新员工录用上岗后，由人力资源部进行资料归档。

第五章　附则

第十三条　本办法由公司人力资源管理部门解释

第十四条　本办法自印发之日起开始执行

摘自"百度文库"

案例选读：不明确录用条件，试用期同样不能随意解除

2022年3月，某公司招聘赵某为企业的业务经理，并与其签订了为期3年的劳动合同，约定试用期为6个月。3个月后，公司提出解除劳动合同，原因是赵某没有达到公司的工作业绩，为此赵某向劳动人事仲裁委员会提出了申述，仲裁结果是公司败诉。原因是公司在招聘广告中并没有列明录用条件，而且劳动合同订立后，公司既没有明确具体的职务说明书，也没有书面告知赵某该职务的工作内容以及岗位要求。因此当被质询时，公司无法出具当初双方认可的职务要求,既然没有约定,公司又怎么能证明试用期不符合录用条件呢?当然败诉也是在意料之中的。

部分用人单位在试用期方面存在误区,错误认为在试用期期间可以随意解除劳动合同。在我国《劳动法》《劳动合同法》中,对试用期解除劳动合同做了明确的限定,即在试用期被证明不符合录用条件。其中关键点就在于"试用期""被证明"以及"录用条件"。录用条件的设定是试用期解除劳动合同的关键,用人单位对录用条件的设定应该尽量准确、严密,具有可操作性,并且要告知应聘劳动者。如果不具备上述条件,则会被认定为非法解除劳动合同,从而被要求支付赔偿金或者被责令恢复劳动关系。

第二节　员工招聘方案的设计

一、编制岗位人员需求

员工招聘方案包括编制岗位人员需求、制订员工招聘简章、确定员工招聘方式和发布员工招聘信息等内容。员工招聘方案的设计,必须在做好企业用工现状调查和有效预测的基础上,设计招聘岗位、人员计划、岗位要求、招聘方式、招聘程序,以及招聘实施组织安排和招聘结果评估等等。

编制岗位人员需求是开展员工招聘的基础性工作,必须做好做准。就具体企业而言,可编制中长期人员需求和年度人员需求,现实生活中,编制年度人员需求是重点,也是企业常规性工作,要根据企业生产经营状况和发展目标,结合企业员工的现有状况和需求情况进行科学分析,兼顾当前工作需要和今后发展需求,科学合理地编制人员需求。在编制过程中,对现有岗位是什么运行状况、需要什么样的人员来补缺和充实,一定要心中有数,成竹在胸。重点是要关注两个方面的因素,一是工作量变化因素,工作量变化包括减少和增加因素,企业订单减少,生产能力过剩,工作量自然就会减少。而企业由于市场拓展或者新产品开发成功必然会增加工作量。二是原有员工变化因素。要盘点现有人员的劳动合同状况,包括日常辞职、解除和终止劳动合同、退休等减员因素,按照进出平衡调整原则,在内部挖潜的基础上适时引进和补充,在编制需求时,尽可能留有余地和调整空间。

编制岗位人员需求,一般由企业人力资源管理部门负责,人力资源管理部门要加强与具体业务部门或生产车间的沟通,通过发放部门编制需求表、实地考察等形式,有效开展需求调研工作,在对各部门人员需求核实完毕后,汇总造册,列出清单,按照企业有关程序报批,形成员工招聘计划。

参考文本:各部门编制需求表

现有岗位及拟增加岗位	现有人员数	拟增加人员数	增员或减员数	对拟增加人员的要求（学历、性别、年龄、工作经验）	备注

注:本表为各部门年度人员需求摸底调查表,请各部门根据公司总体目标,结合部门工作实际需要,认真填写。

二、制订员工招聘简章

招聘简章的制订,必须全面、具体、清晰、简明扼要,具体来讲,需要明确这样几项内容。一是企业简要情况;二是岗位应聘条件,包括具体范围、对象、工种、专业、技能、资历等要求,以及试用期、录用后的薪资和待遇;三是招聘程序和安排,包括报名时间、地点、所需携带的相关证件、证书,以及考试考察的时间、地点等安排;四是如实告知劳动者工作相关情况。

制订员工招聘简章,要防止表述不规范、内容不健全、规定不合法等现象的发生,切勿轻视员工招聘简章的功效。招聘简章在一定意义上也是企业规章制度的组成部分,在处理劳资纠纷等情形时可以作为一项重要的依据来使用。

参考文本：＊＊集团公司员工招聘简章

＊＊集团股份有限公司,于1994年在深圳证券交易所挂牌上市,股票代码0000＊＊。截至2022年末,公司经审计的总资产为人民币3 093 476.07万元,净资产为人民币850 912.67万元,总股本为4 557 311 768股。集团集投资规划、开发建设、商业管理及物业服务等于一体,具备大体量、多业态综合开发能力,产品覆盖普通住宅、商务公寓、酒店、写字楼及大型城市综合体等多种业态。对品质不懈追求、对细节力求精致、对服务专业用心,＊＊集团始终如一,致力于为客户提升价值。

＊＊集团目前拥有19家控股子公司,开发的项目分布于北京、深圳、武汉、上海、杭州、青岛等中心城市,知名项目包括北京＊＊国际居住区、＊＊国际公寓、深圳＊＊花园、武汉＊＊商务区项目、杭州＊＊国际中心、青岛＊＊广场等众多建筑精品。

应公司发展需要,现面向社会及各大院校招聘如下专业人才:

市场营销、物流、会计学、自动化、土木工程、工程力学、测绘、电子信息、信息管理、会计、英语、档案学、工程管理、安全工程、工程经济、机械工程、暖通、给排水、动力工程(燃气热力)、自动化(传动仪表)、电气工程(电力电子)、结构工程、建筑学、交通工程(道路桥梁)、城市规划(风景园林)、环境工程、化学工程、流体力学、动漫设计等。

要求:

1. 全日制大专及以上学历,本科(含三本、高自考、专接本等),英语四级,取得毕业证、学位证;

2. 吃苦耐劳,诚信热情,善于沟通;

3. 身体健康,无纹身,能够适应驻外工作。

福利待遇:

(1) 试用期基本工资3 500—4 500元/月,另有300—500元的生活补助,签约后3.2万—5.4万/年(税后),根据能力逐渐增加,每季度加薪一次,每年的基本工资增加10%~15%。社会精英(相关工作经验两年以上或者有初级职称者)试用期间待遇按照合同待遇的80%计算,签约后年薪在4.2万—6.8万元。

(2) 颁发全勤奖、季度补贴、绩效奖、提前竣工奖,参与年终分红(合同期间),每月28天为全勤,法定节假日在职的按照正常工资的三倍发放。

(3) 缴纳五险(养老、医疗、工伤、失业、生育)和一金(住房公积金)。

(4) 带薪休假,每个正式员工合同期间每年有五周整(35天)的假期,休假期间工资按正常工作日工资发放。

(5) 我们将为新员工提供一个良好的发展平台和空间。

(6) 为员工提供出国工作和学习的机会,提供到全国著名高等学府攻读委培研究生的机会。

（7）落户，应届毕业生（国家统招大专以上学历）可以将户口直接暂时迁到我公司，等工作以后再考虑落户等问题，申请北京户口者必须是"211"高等院校学生或者硕士以上学位。

（8）欢迎有意向到我公司长期发展的应届毕业生前来应聘。

基本工资待遇：

硕士/双学位：试用期 4 500 元/月，试用期后每月 5 500 元/月；

一本：试用期 4 000 元/月，试用期后每月 4 500 元/月；

二本：试用期 3 800 元/月，试用期后每月 4 300 元/月；

大专：试用期 3 500 元/月，试用期后每月 4 000 元/月；

签订正式合同，公司会在条件允许的情况下根据员工意愿解决户口问题，可接受学生档案、党组织关系等。

公司地址：北京市＊＊＊＊

邮编：100008　联系人：李经理　联系电话：＊＊＊＊

E-mail：＊＊＊＊（投递简历时，请注明籍贯、姓名、学历）

应聘须知：

通知面试时，请携带身份证复印件（2 张）/个人简历/学生证复印件/学生成绩表/相关证书复印件/个人免冠登记照（4 张）/近期体检报告等。

＊＊集团股份有限公司欢迎你的加盟！

三、确定员工招聘方式

招聘方式的选择可以是多样化的，企业可以根据所招用员工的情况，选择不同的招聘方式。招聘一线生产操作人员，可选择通过人力资源市场进行，可以参加人力资源市场举办的招聘会，可以在人力资源市场设立专门柜台招聘,也可以委托职业介绍机构订单招聘;招聘一般技术人员和管理人员,可以选择人力资源市场设立专场进行,也可以参加人力资源市场专门举办的招聘团进行定向招聘;招聘高管或特殊技术人才,则可以选择猎头公司进行招聘。不管选择哪种招聘方式,要根据企业自身的实际情况,因人而异,因时而异。同时,降低招聘成本,提高招聘质量,也是企业需要考量的重要因素。随着互联网的广泛运用,不少企业开始通过企业自身的网站或其他专业招聘网站招聘员工,也是一个可选择、可操作的途径,但需要结合企业的实际需求,以及所招聘岗位的相关要求来实施。

四、发布员工招聘信息

员工招聘信息发布取决于不同的招聘对象与方式,除了某些特定群体需要特殊的渠道告知或沟通,一般情形下,目的是一致的,即广而告之。传统方法是选择平面媒体或者视频媒体,包括报纸、杂志、广播、电视、户外广告等等,伴随着互联网普及,应运而生的是各种各样的新平台新媒体,即网站、微信、微博、手机报、App 等各种数字传输媒介。就具体企业而言,哪个成本小、受众多、效果好,就选择哪个。

员工招聘信息发布的注意事项:

第一,招聘广告一定要合法。要开宗明义说明招聘的目的、范围、岗位及其数量,以及招聘对象的具体条件,避免歧视性条款和与现行法律法规相冲突的地方。广告的发布方式和渠道可以选择多种媒体和方式,但具体内容必须保持一致性。

第二,录用条件一定要明确。录用条件包括基本条件和具体岗位条件,包括学历水平、技术等级、资格资质、从业经历等等,具体要求切忌模糊、含混,要有一个可固化、可量化、可操作的标准。

第三,告知义务一定要主动履行,用人单位招用劳动者时,应当对劳动者如实告知工作内容、工作条件、工作地点、职业危害、安全生产状况、劳动报酬以及劳动者要了解的情况。这个告知是主动性的,也是互动性的,同时要注意保留相关证据。

案例选读:招聘广告中的承诺是否有效?

2022年3月,小方在某专业网站,看到某公司一则招聘广告,广告中称员工一经录取,即提供住房补贴。经面试等一系列招聘程序,小方和该公司签订了劳动合同,但公司并没有在劳动合同中提到住房补贴福利,也未支付过住房补贴。询问身边的同事,小方得知单位从来没有给员工发过此福利。小方找单位理论,要求单位履行承诺,单位不予理睬。小方觉得明明写好的条件单位没有兑现,用人单位这种做法属于发布虚假招聘广告,严重侵犯自己的合法权益,遂向当地仲裁委员会提起仲裁,要求单位履行招聘广告中的承诺。

招聘广告是指用人单位通过一定媒介向不特定的多数人发布招聘信息的行为。根据《合同法》第十五条规定,招聘广告属于要约邀请。本案中,招聘广告中没有规定住房补贴的数额,更没有表明经应聘者承诺,公司即受该意思表示约束。因此,公司不需要履行在招聘广告中作出的提供住房补贴的承诺。

但公司的行为已经构成虚假广告。根据《就业服务与就业管理规定》第十四条及第六十七条规定,用人单位不得提供虚假招聘信息,发布虚假招聘广告;违反规定的,由劳动行政部门责令改正,并可处1000元以下罚款;对当事人造成损害的,应承担赔偿责任。

案例选读:提供虚假招聘信息被处罚

2023年3月,群众举报反映位于火车站地区某大厦内的人力资源公司存在欺骗和诱导求职者招工的问题,接举报后,苏州市、姑苏区两级人社、公安、市场监管等部门根据举报人提供的地址及照片,迅速赶往现场进行联合检查,发现火车站地区某大厦共有三家人力资源公司,调查发现其中A人力资源公司和B人力资源公司涉嫌在职业介绍过程中提供虚假信息,姑苏区人社局依法进行立案调查。经查,A、B两家人力资源公司主要从事网络招聘,工作人员通过在网络平台上与求职者取得联系添加微信,向求职者发送高薪资、高"返费"等信息,诱导求职者来苏面试。最终查实,A人力资源公司和B人力资源公司在职业介绍中提供虚假信息,未依法开展职业介绍活动。

经过调查取证,最终确认了两家公司违反了《中华人民共和国就业促进法》《就业服务与就业管理规定》《江苏省劳动力市场管理条例》有关规定,姑苏区人社局依法责令A人力资源公司和B人力资源公司限期改正,并分别作出罚款10 000元的行政处罚。

友情提示:人力资源服务机构不得发布虚假招工信息,或发布含有民族、种族、性别、宗教信仰等方面内容的歧视性招聘信息。不采取欺诈、暴力、胁迫或者其他不正当手段开展人力资源服务,不得以招聘为名实施敲诈勒索、骗取劳动者财物牟取不正当利益,不得介绍单位或者个人从事违法活动。职业中介机构开展职业中介活动应当遵循合法、诚实信用、公平、公开的原则。依法开展职业介绍活动,不得提供虚假就业信息。禁止任何组织或者个人利用职业中介活动侵害劳动者和用人单位的合法权益。

(苏州市人社局劳动关系与监察处提供)

第三节　员工招聘的程序与实施步骤

一、招聘组织与人员安排

通常情况下,招聘工作一般由企业人力资源管理部门负责并组织实施,规模较大的企业往往设立专门的招聘机构作为人力资源管理部门的内设机构负责员工招聘工作,这种安排可以保证招聘工作的专业性和连续性。有专门的机构,在具体实施招聘工作时,往往轻车熟路,得心应手。但是,并不是所有的企业都要设立专门的招聘机构,对于规模较小的企业,可以安排一个工作小组或者专门人员负责即可。不论是专门机构,还是招聘专员,从事招聘工作的人员一般需要具备这样的素质:有一定的事业心和责任感;有一定的心理承受能力;有一定的交流沟通能力;有一定的识别判断能力;有一定的组织协调能力;有一定的团队合作能力等等。这些能力是无止境的,也是所有人力资源管理人员的目标取向。当然,对于从事员工招聘工作的人员而言尤为重要,至少要学会阅人识人,知人善任,为决策者用工提供最佳选择。

二、求职资料筛选与身份确认

（一）查看求职资料信息

求职资料信息一般包括基本信息、自我评价、求职意向、教育经历、工作经历、培训经历及相关证书。在求职资料信息中，有客观的信息，也有主观的信息。客观信息包括求职者的姓名、性别、年龄、学历，以及工作经历等等，主观信息包括求职者的个人描述、自我评价和求职意向等等。查看客观信息，主要看信息内容是否完整、清晰和准确，比如在求职者学历和工作经历信息中，有没有含糊不清的描述、有没有自相矛盾或者无法衔接的描述等等。要通过信息查看，对求职者的总体情况有一个初步了解，形成一个基本的轮廓印象。

（二）筛选初步备用人选

这一环节的工作，很多时候可以与上一环节的工作即查看求职资料信息同步进行。在筛选初步备用人选之前，必须对企业招聘人员需求再次作一温习，准确把握企业招聘人员需求的要点。在筛选过程中，要对照具体岗位招聘的要求，结合求职者的基本情况，作出抉择。对于部分明显不符合岗位要求的人员，应该当机立断，从候选名单中筛掉，不必要在此浪费时间和精力。要将符合岗位基本要求的求职者纳入初步备用人选。何谓符合岗位基本要求？就是岗位设置所提出的学历要求、专业要求，以及相关资格和培训证书要求。这里需要注意的是，实施员工招聘工作，既要看学历和专业背景等关键因素，又不能完全唯学历、唯专业，现实生活中，学历仅仅是一个受教育状况，并不完全决定其人生的发展空间。同样，绝对的专业对口也是很少的，由于现行教育系统专业设置和培养的滞后性,很难找到完全适配岗位要求的专业人员,这里就需要看专业的关联性和拓展性,更要看求职人员的适应性和可塑性。要看学历,又不能唯学历;要看专业,又不能唯专业,这个度或分寸需要把握好。

（三）开展人选身份确认

身份确认至关重要,劳动合同法赋予了用人单位了解劳动者与劳动合同直接相关的基本情况,用人单位有权知晓劳动者的相关情况。劳动者应当如实说明,这也是其诚信劳动的重要组成部分。身份确认一定要认真细致,逐一把关。身份确认主要包括求职者的姓名、性别、年龄、民族、户籍、身份证号码、健康状况、知识技能、学历、职业资格、工作经历等企业用工需要知晓的情况。身份确认,是企业录用员工的一个重要环节。只有初步掌握劳动者基本情况,企业才有可能知人善任,同时避免用工风险。身份确认需要把握以下几个要点:

1. 居民身份证的确认。用人单位有权核实居民身份证的人、证一致性,在严格控制知悉范围的前提下,可以记载求职者相关信息,经确认指定用途,可复印身份证,将复印件留存,但不得扣留或者抵押身份证。确认居民身份证的关键是辨别真假,以保证企业用工的安全性。辨别真假,重点要放在适龄劳动力的一头和一尾人员中,即16周岁和接近退休年龄的人员中,以免误用童工或者使用超龄员工。需要提醒的是,我国自1999年10月1日起,开始建立和实行居民身份证号码制度,并颁发了第一代身份证。经过一段时间的运行,第一代身份证已经完成了它的使命,于2013年1月1日起停止使用。取而代之的是第二代居民身份证。第二代身份证是由新材料复合而成的单页卡式证件,具有视读和机读两种功能,与第一代身份证相比,第二代的芯片存储量大,外表更清晰,防伪技术更强。目前第二代身份证已经成为企业招聘、劳动者求职的基本证件。

2. 学历及相关证书的确认。与居民身份证的确认一样,辨别学历及相关证书真假同样是主要目的,国内目前的学历有全日制和非全日制之分,全日制学历相对而言比较简单明了,也可以通过教育部门和相关正规网站查询获得。非全日制学历则相对复杂,有自考、夜大、电大、函授、网络教育、继续教育等等,学历查询系统相对独立,水平和标准参差不齐,但都是国家认可和鼓励的学习途径。在现实生活中,不可以对非全日制学历有任何的歧视行为,事实上,在当今时代,一次学历已经不能决定终身,条条大路通罗马,人人皆有成才路。相关证书主要指的是职业资格证书以及有关培训证书,职业资格证书是国家有关部门通过学历认定、资格考试、专家评定、职业技能鉴定等方式进行评价,对合格者授予的国家职业资格证书,它是对当事人在专业(工种)、学术、技术、能力上的认可。当然,也是求职者求职的一项重要依据。对学历及相关证书的确认,一方面是看求职者的学历和技能状况,另一方面也可以考察求职的诚实度,以假学历、假证书来求职的,一票否决,以绝后患。

3. 身份确认的注意事项。在这一过程中需要注意的是,一方面,要注意不得侵犯劳动者的隐私权,另一方面,要做好劳动者个人资料的核实工作,确保资料的真实性,同时要做好证据固定工作,比如对于劳动者提供的相关证书复印件,最好让劳动者在上面签字确认。有些工作可以通过公安部门、教育部门、求职者原工作单位了解和核实。对于再次就业的劳动者，要求其提供与前单位解除或终止劳动合同的证明，如果无法提供，可要求其提供原用人单位的联系方式或证明人，以便核实。有些重要岗位，也可委托专业的调查机构进行必要的背景调查后再做决定。

三、面试与考察

面试与考察是确定员工录用的必经程序与重要环节，通过面试与考察，可以深入了解求职者的全方位情况，以此确定录用人选。

面试是一个双方沟通的过程，是企业挑选员工的重要途径，面试的方法多种多样，可以采用结构化面试，也可以采用非结构化面试。可以采取一对一的形式，也可以采取一组对一人的形式。面试内容主要包括以下几个方面：

1. 求职动机与工作愿景；

2. 专业知识与技能特长；

3. 工作经验与自我评价；

4. 工作态度与价值取向。

一般来讲，作为招聘一方的企业通过面试可以初步掌握求职者的忠诚度、学习能力、适应能力、沟通能力、敬业精神、团队精神、创新精神以及对企业文化的认可程度等。需要指出的是，面试是员工招聘的一个重要环节，但是由于面试本身的局限性，不可能指望通过面试就万事大吉。事实上，识人、用人是一个长期复杂的过程，其中，有许多不确定或变化因素，不是能够通过面试这一环节彻底解决的。面试所需要把握的主要因素,是看求职者的整体状况是否适合招聘岗位的基本要求,或者如果暂时不符合,但经过一定的培训可以胜任岗位要求的,同样可以录用。

除了面试,企业招聘员工为了减少用工风险,可以对求职者进行一些背景考察或调查,包括学历背景和工作背景。招聘新毕业的高校毕业生,可以通过学校等途径了解求职者在学校期间的表现。招聘有过工作经历的员工,可以考察求职者原来的工作岗位、职务、职位、工作年限等基本状况,可以考察其离职的原因、离职前的薪资水平、缴纳社会保险的状况,也可以考察其原来的工作表现,包括是否有不良记录、是否有财务问题、是否有刑事案底等等。当然,进行求职者背景调查的范围和形式由企业根据实际需要确定。进行专门背景调查是需要一定成本运作的,一般而言,不宜针对所有招聘员工,而是用在关键或者重要岗位上。

第四节　员工的录用与入职流程

一、员工录用

企业人力资源管理部门对求职者经过面试、考察后,形成录用人选报告,经有权限的企业领导审定后,即可向求职者下达录用通知。下达录用通知的方式,可以根据企业自身和求职者的状况来确定,可以当面通知,也可以电话通知、书面通知或电子信函通知。关键是要将录用决定准确及时地通知到求职者。不论口头通知,还是书面通知、电子信函通知,相关告知事项都必须明确无误。要全面清晰地告知应聘人员的报到时间、报到地点,办理入职手续时需要的相关资料,以及需要应聘人员准备的其他事项。

参考文本:录用通知书

_____(劳动者):

经我公司研究,决定录用您为本公司员工。现将有关事项告知如下:

一、请您于_____年_____月_____日_____时前来公司人力资源部报到。报到时请您携带以下相关资料,以便办理入职手续。

1. 居民身份证原件;

2. 简历中有关个人资料(学历、学位证书、就业人员登记证、专业资格证书等原件);

3. 指定医院体检报告;

4. 本人近期1寸彩色照片4张;

5. 与原用人单位解除、终止劳动合同证明;

6. 本人档案及社会保险关系转移单;

7. 录用通知书。

以上资料除档案管理要求留存的以外,经校验后一律返还。

二、本录用通知自报到之日起三个工作日内有效,请您在接到本通知书时及时签收,并在本通知规定的报到时间内到本公司报到,若不能按时报到,作为自动放弃处理。

三、公司地址:*****

四、交通路线:*****

期待您加盟本公司。

联系人：_____，联系电话：_____

某某公司人力资源部

_____年_____月_____日

二、员工入职流程

（一）报到

对于企业人力资源部门而言，迎接新员工报到是一件非常有意义的工作，也是一件十分细致的工作。新员工初来乍到，很多情况不清楚，需要人力资源部的同志耐心细致地介绍说明，并要做好与具体用人部门负责人的衔接工作。新员工来报到，相关准备工作必须及时跟进，包括各种表格、员工手册、办公位置、办公用品、工具设备、工作服装、出入门禁等等。

（二）办理入职手续

办理员工入职手续通常需要做好以下事项：

1. 审核应聘人员的个人资料，对照应聘人员的简历，仔细审核相关资料的原件，确保资料准确真实，审核完毕后，有关资料如需复印，当场复印，复印完成后，立即将相关资料的原件交还给员工，不得扣留。

2. 请新员工如实填写《员工登记表》。

3. 确认新员工的工作部门、工作岗位、工作职责，以及相关要求。

4. 发放《企业员工手册》和相关规章制度汇编，请员工办理签收手续，并请员工认真阅读学习。

5. 确认员工人事档案和相关手续交接完成。

6. 办理就餐卡、考勤卡、工作证等相关证件。

（三）岗前培训

岗前培训是为新入职员工安排的一项专门培训活动,其目的是通过培训,让新入职员工熟悉企业,适应工作环境,了解企业的各项制度和员工的行为规范,掌握必要的工作程序,尽快进入工作角色。岗前培训,一般由入职培训、安全教育培训和岗位专门培训等专项培训构成。

1. 入职培训。主要包括以下几项内容。一是企业概况。包括公司业务范围、创业历史、企业现状,以及在行业中的地位、发展前景、经营理念和企业文化,组织机构及各部门职能设置、主要负责人及人员结构。二是员工守则。包括企业规章制度、奖惩条例、行为规范。这方面的培训,需要保存一个员工知晓企业规章制度等相关规定的证据。三是财务制度。包括企业费用报销程序及相关手续办理流程,以及办公设备的申请使用手续。

2. 安全教育培训。主要是培训员工掌握在劳动安全卫生方面的权利和义务,了解安全知识,并熟悉在劳动过程中消除危害人身安全与健康的因素的组织措施和技术措施,避免意外伤害和职业病发生,有效保障员工的安全与健康。

3. 岗位专门培训。岗位专门培训,主要是新入职员工正式上岗需要进行的专项培训,包括岗位职责、业务知识、工艺流程与操作技能。其侧重点是培训实际操作能力,往往通过指定老员工培养新员工,即师带徒的方法来实施。

（四）综合评估

新员工办完入职手续后,应该说就已成为企业的一员,企业自用工之日起,即与劳动者建立了劳动关系。岗前培训期间,不论是否正式上岗,劳动者与企业之间的劳动关系是确定的。现实生活中,有的企业在为员工办理入职手续的同时,就与员工订立了劳动合同,也就是从用工之日起就建立了劳动关系,并订立了劳动合同。这样做,当然有它的好处,员工能够迅速融入企业,同时消除了不订立劳动合同就用工的风险。但是,也有很多企业,并不是采取员工入职就订立劳动合同的办法,而是最大限度地运用了订立劳动合同的一个月宽限期,并根据实际情形,再与劳动者订立劳动合同。这样做的好处是,企业可以科学合理地与员工订立劳动合同。而要科学合理地与员工订立劳动合同,前提是必须得对员工进行一个大体的综合评估,这个评估可以通过新员工的同事、主管及相关部门负责人面谈了解,也可以通过一定形式的测试来评价。这个评估主要看新员工的岗位适应能力和应变能力,以及对企业文化的认同度。总之,要在最短时间内给新入职员工一个综合评估,并由此确定劳动合同的类型、期限,是否需要约定试用期、是否需要约定竞业限制条款等等。

第五节　员工招聘的风险防范

一、谨防误入就业歧视陷阱

员工招聘这一环节,相对于其他用工环节而言,风险点最多,风险发生概率也最高。对此,必须高度重视,万万不可掉以轻心。员工招聘的风险,归结起来,主要包括误入就业歧视的风险、误用特殊就业人群的风险和误识就业管理规定的风险,其中,误入就业歧视陷阱应当成为企业用工的首要防范的风险。要防范这一风险,企业应当遵守平等就业的原则,在招用人员过程中,向劳动

者提供平等的就业机会和公平的就业条件,不得实施就业歧视。具体来讲,需要注意以下事项:

(一)不得实施性别歧视

国家保障妇女享有与男子平等的劳动权利。用人单位招用人员,除国家规定的不适合妇女的工种或者岗位外,不得以性别为由拒绝录用妇女或者提高对妇女的录用标准。用人单位录用女职工,不得在劳动合同中规定限制女职工结婚、生育的内容。

(二)不得实施民族、种族、宗教信仰歧视

各民族、各种族、各种不同信仰的劳动者,只要是中华人民共和国公民,就依法享有平等就业和自主择业的权利。用人单位招用人员,应当对少数民族劳动者给予适当照顾。

(三)不得实施户籍歧视

农村劳动者进城就业,享有与城镇劳动者平等的劳动权利,用人单位在招用人员时,不得对农村劳动者进城就业设置歧视性限制。

(四)不得歧视残疾人

国家保障残疾人的劳动权利,用人单位安排残疾人就业的比例,不得低于本单位在职职工总数的 1.5%,安排残疾人就业,并为其选择适当的工种和岗位。达不到规定比例的,按照国家有关规定缴纳残疾人就业保障金。具体缴费比例由各省、市、自治区确定,由税务部门统一征收,残疾人就业保障金由用人单位所在地的税务部门负责征收。国家鼓励用人单位超过规定比例安排残疾人就业。国家对安排残疾人就业达到、超过规定比例或者集中安排残疾人就业的用人单位,依法给予税收优惠,并在生产、经营、技术、资金、物资、场地等方面给予扶持。

（五）不得歧视传染病病原携带者

用人单位招用人员，不得以是传染病病原携带者为由拒绝录用。但是，经医学鉴定传染病病原携带者在治愈或者排除传染嫌疑前，不得从事法律、行政法规和国务院卫生行政部门规定禁止从事的易使传染病扩散的工作。用人单位招用人员，除国家法律、行政法规和国务院卫生行政部门规定禁止乙肝病原携带者从事的工作外，不得强行将乙肝病毒血清学指标作为体检标准。

（六）禁止使用童工

童工是指未满 16 周岁与用人单位或者个人发生劳动关系，从事有经济收入劳动的少年、儿童。童工问题历来都是劳动保障领域的高压线，也是企业用工的红线。用人单位招用人员时，必须核查被招用人员的身份证，对不满 16 周岁的未成年人，一律不得录用。通常情况下，童工极少单独以个人名义求职应聘，往往都是随父母一同外出务工，混迹于父母所在单位或附近单位一些边缘性岗位。对于不满 16 周岁的未成年人，其父母本身具有监护责任和保护义务，但是出于多种因素，童工问题在现实生活中还是时而发生，屡禁不止。用人单位在招用人员时，对于接近或者疑似童工年龄的人员的身份信息，务必认真仔细核验，必要时可以到当地公安机关查询核实，力求招用人员身份信息真实准确，最大限度地避免使用童工行为的发生。童工问题是企业用工的高压线，千万不可触碰。

二、慎重对待特殊就业人群

企业在招用人员时，原则上不得歧视任何群体任何人。但是，对于一些特殊就业人群，还是需要慎重对待，妥善处理，并严格执行国家各项法律法规和规章。

（一）超过法定退休年龄的劳动者

我国现行的劳动保障法律法规，对劳动者主体的法定年龄下限作了明确规定，但对劳动者主体的法定年龄上限并没有作出严格规定，并没有对超过法定退休年龄的劳动者继续从事有偿劳动设置禁止性规定。有关超过法定退休年龄是否可以建立劳动关系的问题也存在一定争议。现实生活中，一部分劳动者虽然达到法定退休年龄，仍然在继续工作，这部分人有的享受了养老金待遇，有的没有享受到养老金待遇，有的继续在原用人单位工作，有的到了新的用人单位工作。目前虽然没有法律法规禁止用人单位招用超过法定退休年龄的劳动者，但就用人单位而言，必须全面考量，谨慎决策。有些用人单位招用超过法定退休年龄的劳动者是出于降低用工成本的动机，因为超过法定退休年龄的劳动者不需要再缴纳社会保险费、不需要支付终止或解除劳动合同的经济补偿金等相关费用。当然，还有其他好处。问题在于，招用超过法定退休年龄的劳动者的风险或者隐患，很多时候是出人意料的，甚至是防不胜防的。比如，超过法定退休年龄的劳动者发生工伤的概率要比法定年龄内的劳动者的概率大，但是现行法律法规并没有规避用人单位对于超过法定退休年龄的劳动者在工伤保险方面的责任和义务。在《最高人民法院行政审判庭关于离退休人员与现工作单位之间是否构成劳动关系以及工作时间内受伤是否适用〈工伤保险条例〉问题的答复（〔2007〕行他字第 6 号）》和《最高人民法院行政审判庭关于超过法定退休年龄的进城务工农民因工伤亡的，应否适用〈工伤保险条例〉请示的答复（〔2010〕行他字第 10 号）》中，对超过法定退休年龄的劳动者，不论其是否在原工作单位,不论其是否参加工伤保险,在工作时间内,因工作原因伤亡的,应当适用《工伤保险条例》的有关规定进行工伤认定。由此可见,使用超过法定退休年龄的劳动者并不一定减少用工成本,很多时候极有可能成为一个隐患。近年来,不少地方针对超过法定退休人员的工伤问题,专门出台了超过法定退休年龄就业人员参加工伤保险的办法,也是一种补救措施。

(二)顶岗实习的学生

顶岗实习是指初步具备实践岗位独立工作能力的学生,到相应实习岗位,相对独立参与实际工作的活动。学校应当选择合法经营、管理规范、实习设备完备、符合安全生产法律法规要求的实习单位安排学生实习。实习单位应当合理确定顶岗实习学生占在岗职工总数的 10%,具体顶岗实习的学生人数不高于同类岗位在岗职工总数的 20%。顶岗实习一般为 6 个月。学生参加顶岗实习前,学校、实习单位、学生应签订实习协议,未按规定签订实习协议的,不得安排学生实习。未满 18 周岁学生参加顶岗实习,应取得学生监护人签字的知情同意书。除相关专业和实习岗位有特殊要求,实习单位不得安排学生从事高空、井下、有毒、易燃易爆以及其他具有较高安全风险的实习。不得安排学生在法定节假日实习。不得安排学生加班和夜班。接受学生顶岗实习单位,应参考本单位相同岗位的报酬标准和顶岗实习的工作量、工作强度、工作时间等因素,合理确定顶岗实习报酬,原则上不低于本单位相同岗位试用期工资标准的 80%,并按照实习协议约定,以货币形式及时、足额支付给学生。实习单位要加强对实习学生的安全生产教育培训和管理,保障学生实习期间的人身安全和健康,并根据国家有关规定,与学校共同为学生投保实习责任保险。实习单位不得向学生收取实习押金、管理费或者其他形式的实习费用，不得扣押学生的居民身份证，不得要求学生提供担保或者以其他名义收取学生财物。实习单位如果违反相关规定或者实习协议，学校可根据情况调整实习安排，并根据实习协议要求实习单位承担相关责任。安排学生顶岗实习，是学校特别是职业学校教育教学的一个重要环节，其目的是强化理论与实践相结合，增强学生的综合实践能力。就用人单位而言，配合有关学校做好学生实习工作，也是企业履行社会责任的一个组成部分。用人单位不宜将顶岗实习的学生作为用工的主力军，可以当作日后用工的预备人选来安排。

（三）台港澳人员

用人单位招用台港澳人员需要依法办理相关行政许可和备案，不得随意招用。台港澳人员在内地就业实行就业许可制度。用人单位拟聘雇或者接受被派遣台港澳人员的，应当为其办理《台港澳人员就业证》，经许可并取得就业证的台港澳人员在内地就业受法律保护。用人单位拟聘雇或者接受被派遣台港澳人员的，未为其办理《台港澳人员就业证》或者未办理备案手续的，由劳动保障行政部门责令其限期改正，并处1 000元罚款。

（四）外国人

用人单位招用外国人，应当在外国人入境前，按照有关规定到当地劳动保障行政部门为其申请就业许可，经批准并获得《中华人民共和国外国人就业许可证书》后方可招用。用人单位招用外国人的岗位必须是有特殊技能要求的，国内暂无适当人选的岗位，并且不违反国家有关规定。外国人在中国就业，应持职业签证入境，入境后取得《外国人就业证》和外国人居留证件，方可在中国就业,即所谓的三证齐全。用人单位与被聘用的外国人应依法订立劳动合同,劳动合同的期限最长不得超过五年。外国人在中国就业的用人单位必须与其就业证所注明的单位相一致。用人单位招用外国人,应依法办理行政许可,并不得伪造、涂改、冒用、转让、买卖就业证和许可证书,否则将承担相应违法后果。之所以对外国人就业设置限制,主要是为了保护我国公民的就业权,用人单位用工,必须树立大局意识,维护国家利益。

（五）具有双重劳动关系的劳动者

具有双重劳动关系的劳动者是在同一时期内与两个不同的用人单位建立劳动关系的劳动者。在劳动者的两个或者多个劳动关系中,通常情况下,一个是通过正常程序签订了劳动合同,具有明确的劳动关系,而另一个没有签订劳动合同,但事实上接受另一用人单位管理,实际上也建立了另一个劳动关系。在现实生活中,双重劳动关系,甚至多重劳动关系是大量存在的,部分法规和规章对双重劳动关系也进行了有限的确认。当然,其法律地位有待进一步全面确认。用人单位有权招用与原用人单位保留劳动关系的下岗、内退等职工,有关工作时间、劳动保护、最低工资标准等适用于《劳动合同法》的规定,有关签订无固定期限劳动合同、支付经济补偿金和办理社会保险等事项,可以不适用《劳动合同法》的规定。

三、严格遵守就业管理规定

（一）用人单位招用劳动者需要履行告知义务

告知义务主要是三点。1. 用人单位应当如实告知劳动者工作内容、工作条件、工作地点、职业危害、安全生产状况、劳动报酬,以及劳动者要求了解的其他情况。2. 用人单位委托公共就业服务机构或者职业中介机构招用人员,应当提供招用人员简章,并出示营业执照(副本)或者有关部门批准设定的文件、经办人身份证和受用人单位委托的证明。3. 用人单位应当根据劳动者的要求,及时向其反馈是否录用的情况。用人单位除了要对劳动者履行告知义务,应当对劳动者的个人资料予以保密,公开劳动者的个人资料信息和使用劳动者的技术、智力成果,须经劳动者本人书面同意。

(二)用人单位不得以任何形式或借口扣压证件或押金

《劳动合同法》第九条规定:"用人单位招用劳动者,不得扣押劳动者的居民身份证和其他证件,不得要求劳动者提供担保或者以其他名义向劳动者收取财物。"这个问题常常被用人单位忽视,此类问题以前大多数发生在小微企业中,最近几年一些大型企业也不时出现这样的问题,特别是物流业、餐饮服务业发生频率较高。有些用人单位以防偷、防跑、防犯规等为由在与劳动者签订劳动合同时,收取押金和保证金,比如服装押金、工具押金和风险保证金。在实践中,有的是额外收取,有的是直接从劳动者工资中扣留,也有的是故意通过晚发工资的方法使得劳动者总有一个月的工资被扣在单位,其目的是以此工资做担保,其实这种方法与专门额外收取是一样的性质。还有的单位,通过对劳动者的居民身份证、护照、学历或学位证书、各类专业或职业资格证实行专门保管,来控制劳动者的流动,实际上也是一种扣留,同样是违法行为。有的单位认为,有些专业证书或者资格证是在单位的投入或者协助下取得的,故单位可以扣留。这显然是错误的认识。劳动者的身份证和其他证件,其产权属于劳动者本人,任何机构和个人无权占有、使用和处置。这样做的结果是得不偿失,自取苦果。对于此类违法行为,《劳动合同法》第八十二条有明确法律责任。归纳起来包括三方面的内容。一是退还物品。作为担保的押金、保证金、身份证、护照及其他证件等由劳动保障部门责令用人单位退还,这是用人单位首先要承担的责任。二是罚款。仅仅退还物品是不够的,用人单位还需要按照劳动保障部门的责令,按每一名劳动者 500 元以上、2 000 元以下的标准缴纳罚款,这是用人单位应该承担的行政责任。需要提醒的是,这一处罚不存在整改前提,从严格意义上来讲,发现一起,处罚一起。三是赔偿。如果用人单位违法要求劳动者提供担保的行为对劳动者造成了损害,则应当承担赔偿责任,这是用人单位应承担的民事责任。对此,大家必须引起高度重视,要通过不断改进和提升劳动用工管理水平,保持职工队伍的稳定和活力。

(三)用人单位不得提供虚假信息,发布虚假招聘广告

用人单位应当根据单位用工实际需要,通过合法渠道和方式发布真实有效的招聘信息和广告,不得违背诚实信用原则,发布虚假信息和广告,让劳动者产生误解,或者给劳动者造成经济损失。同时,不得以招用人员为名牟取不正当利益或者进行其他违法活动。

(四)用人单位招用特殊工种劳动者需要相应的职业资格证书

用人单位招用从事涉及公共安全、人身健康、生命财产安全等特殊工种的劳动者,应当依法招用持相应工种职业资格证书的人员。招用未持相应工种职业资格证书人员的,须组织其在上岗前参加专门培训,使其取得职业资格证书后方可上岗。

本章小结

1. 员工招聘需要有制度安排。一要有规划,包括长期规划和近期规划。二要有员工招聘管理办法,做到有章可循。三要有一个高效有力的执行团队。

2. 员工招聘需要把握好四项原则,即信息公开、公平公正、竞争择优和效率优先。

3. 员工招聘需要做好方案,招聘方式因岗位需求而定,细化流程,规范程序,力求完备完善。

4. 员工招聘需要防范风险,要严格遵守就业管理规定,谨防误入就业歧视陷阱,同时慎重对待特殊就业人群。

第二章　劳动合同的订立

第一节　劳动合同订立的基本要求

一、订立劳动合同的现实意义

劳动合同问题是企业用工管理的关键问题，订立劳动合同是企业用工管理的核心环节，也是用工管理的重中之重。订立劳动合同，对于建立健全我国劳动合同制度、规范企业用工行为、保护劳动者和企业合法权益等都具有十分重要的现实意义。

（一）订立劳动合同是建立健全我国劳动合同制度的重要举措

改革开放以来，特别是《劳动法》颁布以来，我们在劳动关系领域采取了渐进式的改革方式，也叫体制外改革或增量改革。一个初步适应市场经济发展要求的劳动合同制度正在我国基本建立。但是，随着我国经济体制转轨、社会结构转型、企业机制转换以及工业化、城镇化、全球化和经济结构调整的力度逐步加大，我国劳动关系经历了从未有过的变革和考验。劳动关系运行中的一些问题日益突出，成为影响经济发展与社会和谐稳定的不利因素。一些企业长期用工不签合同,不参加社会保险,强迫或者变相强迫劳动者延长工作时间且不按标准支付加班工资,这些问题的存在,不仅仅是观念或者意识方面的问题,更是需要通过法律加以约束的问题。2007年6月29日第十届全国人大颁布的《劳动合同法》,正是顺应了这一形势的需要,它的出台,标志着我国劳动合同制度正式步入法治化和规范化轨道。《劳动合同法》对劳动关系的建立、运行和解除、终止全过程作了系统的制度规范,进一步完善了劳动合同法律制度,有利于从源头上规范和调整劳动关系,推动形成规范有序的劳动力市场,为促进经济发展和社会进步奠定了坚实有力的法律基础。从《劳动合同法》实施以来的运行情况来看,基本上实现了预期目的。劳动合同的签订率大幅提升,劳动者的就业稳定性普遍得到加强。订立劳动合同无疑是保证劳动合同制度有效落实的重要举措,也是一个必然选择。

（二）订立劳动合同是规范企业用工的前提和基础

《劳动合同法》赋予了企业用工自主权,企业可以根据市场情况和自身发展需要,选择和招用劳动者。但是法律同样也给企业设定了一些限制条件,即必须按照法律的规定来用工,也就是说,依法用工是企业人力资源管理的基本守则。企业要按照法律的规定,与员工签订劳动合同,劳动合同的订立内容和程序都必须符合法律规定的要求,劳动合同的履行、变更、解除或终止同样要符合法律规定的要求。如此等等,在用工管理整个过程中,包括《劳动合同法》在内的现行法律法规都对企业提出了明确要求。订立劳动合同,是企业用工管理的核心环节,也是前提性和基础性工作。更何况这一基础工作是企业的法定义务,容不得企业讨价还价、回避变通。基础工作做好了,其他工作自然会循序推进,有效运行。如果做不好,不按照法律法规的要求来实施或者与法律法规相抵触,企业需要承担其用工行为的法律责任,同时也少不了付出一定的违法成本。

（三）订立劳动合同是保护劳动者和企业合法权益的重要保证

劳动者与企业订立劳动合同,意味着劳动者自身的权利和义务纳入了劳动保障法律法规的管理和保护体系中,只要劳动者全面履行了劳动合同规定的义务,其合法权益理应得到法律的保护。订立劳动合同,劳动者获得了其合法权益保护最基本、最直接、最明确的法律依据。订立劳动合同,劳动者得到的是一个全面的全过程的保护,包括劳动者的劳动合同内容及其履行、变更、解除或终止等情形的权益,包括劳动者的工作岗位、安全生产、职业保护、工资支付、社会保险、工时安排、休息休假等一系列的权益,都通过劳动合同进行了约定。需要指出的是,订立劳动合同让企业的合法权益同样得到保护。劳动合同的订立,明确了企业和劳动者双方的权利与义务,对于双方都是一种约束,就企业而言,订立劳动合同可以更好地实施用工管理,提升用工管理水平。

二、订立劳动合同的基本原则

（一）合法原则

合法原则包括主体合法、内容合法、权限合法和程序合法。订立劳动合同必须合法,不论是订立劳动合同的主体,还是订立劳动合同的形式要件、内容要件和程序要件都必须符合法律法规的规定,不能与法律法规相冲突或抵触。

（二）公平原则

订立劳动合同的双方应当以社会正义、公平的观念确定各方的权利和义务,维持双方的利益均衡。公平原则是社会公德的体现,任何一方不可享有特权或者以势压人,不得订立显失公平的合同。公平原则作为一个伦理性原则,运用到劳动合同订立中,有利于均衡劳动合同双方当事人的利益,提高劳动合同的合理性和平衡性。

（三）平等自愿原则

平等自愿原则包含两层含义,即平等和自愿。平等就是双方地位没有高低,平等一致。自愿就是自发自愿,出于双方的真实意志,没有强加意志。平等原则在订立劳动合同时主要体现在三个方面:一是劳动合同双方当事人主体资格平等、法律地位平等;二是劳动合同双方当事人平等适用《劳动合同法》的规定;三是劳动合同双方当事人平等地受法律法规保护。需要指出的是,劳动者与用人单位在订立劳动合同时的法律地位是平等的,但是当劳动者订立劳动合同后,劳动者成为用人单位一员,自然要接受用人单位的管理,这个时候劳动者和用人单位的地位显然是不可能平等的,这也是实际情况,但不能因此否认劳动合同双方当事人在法律上的平等。自愿原则体现在订立劳动合同时,是指当事人双方必须是自觉自愿的,不受任何用人单位或个人强迫。平等原则是自愿原则的基础,自愿原则是法律赋予的,同时受法律保护。

（四）协商一致原则

协商是一种快速、简便的争议解决方式,协商一致就是双方经过沟通协商,解决分歧,达成一致性意见。现实生活中,双方当事人在订立劳动合同时,总会有这样或者那样的想法,用人单位出于企业发展的考虑,总是想尽可能地减少用工成本,而劳动者总是有不断增长的物质文化生活需求,当事双方需要选择一个平衡点或者在关键问题方面取得共识,才能取得一致性意见,从而完成劳动合同的订立。在订立劳动合同时,协商一致原则实际上是对平等自愿原则的一个补充,也正是由于平等自愿原则的积极影响,协商一致才能成为可能。而协商一致形成的劳动合同必然会对劳动合同的有效履行创造有利的条件。

（五）诚实信用原则

诚实信用原则是做人的一项基本原则,也是订立劳动合同的基本原则。诚实信用原则要求当事双方在订立劳动合同时,必须诚实,讲信用,正当行使权利和履行义务。诚实信用原则具有道德性规范和法律性规范的双重特点,要求人们在谋求自身利益的同时,不损害对方和社会的利益。诚实信用原则要求当事双方开诚布公、坦诚相见,如实告知对方需要了解的情况。不允许当事双方存在任何虚伪、欺诈、隐瞒行为。以欺诈、胁迫的手段或者乘人之危,使对方在违背真实意愿的情况下订立的劳动合同是无效的。

三、订立劳动合同的基本要求

（一）条件要求

当事双方都必须具备一定的条件,才能订立劳动合同。就用人单位而言,必须具备四个条件:一是依法成立;二是有必要的财产或者经费;三是有自己的名称、组织机构和场所;四是能够独立承担民事责任。就劳动者而言,必须具备劳动权利能力和劳动行为能力。作为《劳动法》意义上的劳动者,必须具备一定的年龄条件。我国劳动法律规定最低年龄为 16 岁,最高年龄一般认为是到达符合退休条件或享受养老金待遇的年龄,男女有别,需要看具体情形。从现行政策来看,男性员工不论什么身份,都是 60 岁到达退休年龄,女性员工则以个人身份有所区别,一线员工50岁退休,管理岗位员工55岁退休,副高职称以上员工60岁退休。同时,还必须具备一定的劳动能力条件,包括自身能力和行为自由等等。

(二)形式要求

具体要求有两种,二选一即可。

一是书面劳动合同。建立劳动关系,应当订立书面劳动合同。劳动合同是用人单位与劳动者之间确立劳动关系,明确双方权利和义务的协议。劳动合同的订立,是用人单位和劳动者经过相互选择和平等协商,就劳动合同条款达成协议,从而确立劳动关系,明确双方权利和义务的法律行为。订立劳动合同,通常情况下必须书面订立,劳动合同订立形式的书面化要求,是基于我国劳动关系的发展水平和社会诚信状况而确定的,这也是《劳动合同法》在继承《劳动法》基础上的一个进步,《劳动合同法》特别明确了订立书面劳动合同是当事双方的法定义务。书面劳动合同相比口头协议,更具确定性和稳定性,也是一个确立劳动关系的重要依据。

二是电子劳动合同。近年来,随着信息技术的快速发展,电子劳动合同也成为一个新的选择。2021年7月1日,人社部办公厅专门发布了《电子劳动合同订立指引》的通知,明确规定电子劳动合同是指用人单位与劳动者按照国家相关法律法规规定,经协商一致,以可视为书面形式的数据电文为载体,使用可靠的电子签名订立的劳动合同。依法订立的电子劳动合同具有法律效力。《电子劳动合同订立指引》鼓励用人单位和劳动者优先选用人力资源社会保障部门等政府部门建设的电子劳动合同订立平台。用人单位和劳动者未通过政府平台订立电子劳动合同的,要按照当地人力资源社会保障部门公布的数据格式和标准,提交满足电子政务要求的电子劳动合同数据,便捷办理就业创业、劳动用工备案、社会保险、人事人才、职业培训等业务。电子劳动合同订立后,用人单位要以手机短信、微信、电子邮件或者 App 信息提示等方式通知劳动者电子劳动合同已订立完成。

（三）时间要求

用人单位与劳动者订立劳动合同,可以在用工之前订立,也可以在用工之日订立。对于未及时订立劳动合同的,《劳动合同法》给予了一个月的宽限期,要求在用工之日起一个月内订立书面劳动合同。应该说,订立劳动合同,现行法律给了三个时间点,即用工之前、用工当日和用工之日起一个月内。但同时设置了一个最后期限,即实际用工的一个月内。这三个时间点就用人单位而言,各有利弊。早订,用人单位能够掌握一定的主动权;后订,用人单位会面对一些变数的增加。但是不论是之前,还是之后,劳动关系的建立是从用工之日算起。选择什么时间点来订立劳动合同,具体要看用人单位和劳动者的实际情况,一般来讲,在用工后一段时间内订立劳动合同,相对风险要小一些,也容易被劳动者接受。不管怎样,有一点必须把握的是,最后时间不能超过一个月,这也是法律给用人单位设置的最后期限。需要注意的是,现实生活中,也有劳动者本人拒绝签订劳动合同的,对此,用人单位应依法与其终止劳动关系,及时办理终止劳动关系手续。

案例选读:

用人单位不能因劳动者拖延因素而不及时签订劳动合同

2022 年 7 月 1 日李某经人介绍到某餐饮公司上班,岗位为前台经理,月薪为 4 500 元。因李某自称正在领取失业保险金,跟公司商量待其领完失业保险金后再与公司签订劳动合同和办理社会保险,餐饮公司未及多想即同意。劳动关系存续期间,餐饮公司也几次督促李某领完失业保险金后与公司签订劳动合同,李某均答复尚未领完失业保险金,要求延迟签订劳动合同。2022 年 12 月 30 日,李某突然向地方劳动保障监察机构投诉餐饮公司未及时与其签订劳动合同的违法行为,要求公司支付其 2022 年 7 月至 2022 年 12 月期间共计 6 个月的二倍工资。

地方劳动保障监察机构受理立案后展开调查,确认李某反映餐饮公司未依法与其签订劳动合同的违法行为属实,且李某与餐饮公司劳动关系存续期间并未领取失业保险金,于是责令餐饮公司支付李某 2022 年 7 月至 2022 年 12 月期间二倍工资。

本案的一个关键问题是,投诉人李某故意拖延签订劳动合同的后果是否可以免除餐饮公司未及时与职工签订劳动合同的法律责任。《劳动合同法》第十条规定:"建立劳动关系,应当订立书面劳动合同。已建立劳动关系,未同时订立书面劳动合同的,应当自用工之日起一个月内订立书面劳动合同。"《劳动合同法实施条例》第五条规定:"自用工之日起一个月内,经用人单位书面通知后,劳动者不与用人单位订立书面劳动合同的,用人单位应当书面通知劳动者终止劳动关系,无需向劳动者支付经济补偿,但是应当依法向劳动者支付其实际工作时间的劳动报酬。"

从上述条款规定中可见,用人单位承担主动与劳动者签订劳动合同的义务,在一个月内劳动者拒不与用人单位签订劳动合同的,用人单位应当终止劳动关系。也就是说如果用人单位继续用工,则应当承担支付二倍工资的法律责任。对待类似这样缺乏诚信的当事人,用人单位最明智的方法就是在一个月内完成书面劳动合同的签订,当事人故意不签或借故拖延,用人单位应该立即停止用工。

第二节　劳动合同的必备条款

劳动合同的必备条款是指用人单位与劳动者在订立劳动合同时必须确定的条款,这些条款的具体内容和细节可以协商,但劳动合同设置的必备条款的项目不可商量,这是法定的,缺一不可。根据《劳动合同法》的规定,用人单位与劳动者订立劳动合同,应当具备以下条款:

一、用人单位的名称、住所和法定代表人或者主要负责人。用人单位在与劳动者订立劳动合同时,必须明确用人单位的基本信息,单位名称必须是全称,避免用简称或者别名,单位名称要与注册名称保持一致。单位住所是指用人单位主要办事机构所在地,具体住所尽可能与单位在登记注册机构注册的住所地址保持一致。法定代表人是指依照法律或者法人组织章程规定代表法人行使职权的负责人,同样必须在劳动合同中载明。对于一些非法人机构,可以在劳动合同上载明注册登记的负责人名称。

二、劳动者姓名、住址和居民身份证或者其他有效身份证件号码。劳动者作为订立劳动合同的另一方当事人,按照平等原则同样要载明其基本信息。劳动者的姓名信息必须与其提供的身份证载明的姓名信息保持一致,没有变通余地。地址信息可以用劳动者身份证中载明的信息,也可以用劳动者现住所信息。居民身份证号码是国家为每个公民从出生之日起确定的唯一的、终身不变的身份代码。自 1999 年建立和实行以来,居民身份号码制度在我国政治经济社会生活的各个领域广泛应用,并得到普遍认可,已经成为确认居民身份信息的一个重要依据。其他有效身份证件号码,通常用于台港澳和境外劳动者,主要是指《台湾居民来往大陆通行证》《港澳同胞回乡(通行)证》和护照等有效身份证件的号码。

三、劳动合同期限。劳动合同期限是劳动合同的关键条款,劳动合同期限是指劳动合同自始至终的时间。根据《劳动合同法》,劳动合同期限分为三种期限,即三个类型的劳动合同:固定期限、无固定期限和以完成一定工作任务为期限。

四、工作内容和工作地点。工作内容是指劳动者在劳动合同中约定的具体从事的工种、岗位、职责和任务。工作地点是劳动者在劳动合同中约定的所在工作岗位的具体地理位置,也就是劳动合同履行地。现实生活中,常常会发生工作地点调整变动的情况,有些工作岗位的地点变动范围较大或者变动频率较高,都需要订立劳动合同的当事双方经过平等协商来确定,并在合同文本中注明。

五、工作时间和休息休假。除了要遵守国家规定的最基本的工作时间和休息休假要求,用人单位与劳动者可以就具体工作时间和休息休假进行约定,包括工作班制、工作日和休息休假安排等。

六、劳动报酬。劳动报酬在日常生活中称为工资,工资是劳动者劳动收入的主要组成部分,也是用人单位与劳动者订立劳动合同的关键条款。具体条款包括报酬形式、构成、数额、支付周期和支付方式等方面。在劳动报酬条款中，现行法律法规规定，用人单位与劳动者在劳动报酬约定时，不能低于最低工资标准，这是一个底线。所谓最低工资标准，是指劳动者在法定工作时间或依法签订劳动合同约定的工作时间内提供了正常劳动前提下，用人单位依法应支付的最低劳动报酬。最低工资标准和调整方案由各省级人民政府劳动保障行政部门会同同级相关部门拟订，并报国家劳动保障行政部门同意后颁布。应该说，《劳动合同法》实施以来，有关最低工资标准的贯彻与落实取得了显著成效，但是有一个问题需要引起关注，即在约定劳动报酬时，不少用人单位常常以最低工资标准作为劳动报酬的约定标准，大有泛化之势。出现这种现象，有多种因素，显然是有损劳动者合法权益的，应当及时纠正，合理约定劳动者的劳动报酬。

七、社会保险。社会保险是国家通过立法强制建立社会保险基金，对与用人单位建立劳动关系的劳动者在丧失劳动能力、失业或者遭遇劳动风险时给予必要帮助的一项社会保障制度。参加社会保险是用人单位和劳动者的法定义务，现行社会保险包括基本养老保险、基本医疗保险、失业保险、工伤保险和生育保险五大险种。这五大险种，对用人单位和劳动者而言，是强制性的，没有讨价还价的余地，必须无条件参加，在订立劳动合同时是作为必备条款订立的。用人单位与劳动者在社会保险条款方面可以就用人单位补充社会保险的项目、缴费金额等方面进行约定。

八、劳动保护、劳动条件和职业危害防护。劳动保护、劳动条件和职业危害防护是用人单位为劳动者从事劳动提供的必要劳动条件，现行法律法规在这方面有一系列严格的规范和标准，同时,要求用人单位应当将职业病危害及其后果、职业病防护措施和待遇在劳动合同中写明,如实告知劳动者。劳动者有权拒绝从事存在职业病危害的作业,用人单位不得因此解除或者终止与劳动者所订立的劳动合同。

九、法律、法规规定的应当纳入劳动合同的其他事项。这是一个兜底条款,它为现行劳动保障法律法规没有穷尽的事项和其他法律法规涉及劳动合同的事项,留了一个开放性空间。

第三节　劳动合同的约定条款

一、试用期

(一)试用期的含义

试用期是用人单位和劳动者建立劳动关系后为相互了解、选择而约定的不超过六个月的考察期。试用期的存在是以劳动关系双方当事人的约定为前提的。试用期的作用也是双向的,用人单位与劳动者可以通过约定试用期进行相互考察和熟悉,为稳定劳动关系打好基础,从而最大限度地防范劳动者的劳动风险和用人单位的用工风险。

(二)试用期的基本规定

在订立劳动合同过程中,试用期不是必备条款,而是约定条款,法律法规没有对订立试用期条款设置强制性规定,可订可不订,但对试用期的期限设置了一些限制性规定。现实生活中,部分用人单位为了甄别劳动者,常常通过约定试用期对劳动者进行进一步考察,这是法律允许的,但前提是用人单位必须首先与劳动者订立劳动合同,在订立劳动合同的过程中,可以通过双方协商约定试用期。需要强调的是,用人单位与劳动者不能订立单独的试用期劳动合同,试用期作为一个约定条款可以放在劳动合同之中,单独的试用期劳动合同是不允许存在的,也是违法的。

通常情况下,试用期的期限与劳动合同的期限是成正比的,并受试用期最高期限所限制,也就是说,试用期最长期限不得超过法律的规定,最长不能超过六个月。同时,订立劳动合同的当事双方不能随意约定试用期限,只能依据劳动合同的期限进行相应的试用期约定。根据《劳动合同法》,劳动合同期限三个月以上不满一年的,试用期不得超过一个月;劳动合同期限一年以上不满三年的,试用期不得超过两个月;三年以上固定期限和无固定期限劳动合同,试用期不得超过六个月。

(三)试用期的相关注意事项

试用期对于用人单位而言,具有十分重要的意义,但是试用期也是一把双刃剑,用得好,自然有正面作用,用得不好,会给用人单位带来用工风险和法律责任。因此,必须把握好试用期的相关注意事项。

1. 要把握好试用期的适用条件。试用期一般针对初次就业或者再次到不同用人单位就业的劳动者,同一劳动者在同一用人单位只能约定一次试用期。同一用人单位与同一劳动者,不论他们之间的劳动合同期间有无间隔或者间隔时间多长,也不论岗位变化与否,他们之间的试用期只能约定一次。以完成一定工作任务为期限的劳动合同、劳动合同不足三个月的或者非全日制用工,不得约定试用期。用人单位与劳动者约定的试用期不得延长,约定多长期限,就执行多长期限,约定期限届满,试用期自然结束。

2. 要把握好试用期期间劳动者的工资权益。劳动者在试用期工资不得低于本单位相同岗位最低档工资或者劳动合同约定工资的80％，并不得低于用人单位所在地的最低工资标准。试用期期间劳动者的工资支付与用人单位其他员工一样，必须足额及时支付，不得延迟发放和抵押扣发。

3. 要把握好试用期期间劳动者的社会保险权益。试用期的劳动者除了工资约定，有依法参加社会保险的权利和义务。用人单位不得以试用期为借口，不履行为劳动者办理社会保险的义务，必须按照《社会保险法》的规定，及时为劳动者到社会保险经办机构办理登记，并按规定缴纳社会保险费。

4. 要把握好试用期期间劳动者的相关权益。除了劳动报酬和社会保险这两个基本权益，还有其他相关权益也要关注。这些权益包括休息休假的权利、获得劳动安全卫生保护的权利、接受职业技能培训的权利、提请劳动争议处理的权利，以及法律法规规定的其他劳动权利。还应包括依照法律规定，通过职工大会、职工代表大会或者其他形式，参与民主管理或者就保护劳动者合法权益与用人单位进行平等协商的权利。不能因为劳动者试用期的身份而加以限制，与其他劳动者区别对待。

5. 要把握好试用期期间解除劳动者劳动合同的相关规定。用人单位在试用期内解除劳动者劳动合同的情形和实体条件必须按照《劳动合同法》明确的规定实施，同时要全面把握解约时间、解约理由和解约程序等重要环节。首先解约时间需要把握好，对试用期劳动者的评价适当提前，避免错过决定时间。其次，在试用期与劳动者解除合同需要说明解除理由，包括在试用期内被证明不符合录用条件的、具有过错性解除情形的和具有非过错性解除情形的。第三,解约程序虽然没有具体要求,也无须提前通知,但最好将解除合同的理由以书面形式进行说明,以便举证之需。劳动者在试用期内解除合同占有较大优势,只需提前三日通知用人单位,书面与口头皆可,即可解除劳动合同。与劳动者相比,用人单位解除劳动合同的情形和实体条件相对苛刻,也较复杂,其目的在于保护劳动者的辞职自由,限制用人单位辞退劳动者的权利,以稳定劳动关系。

6. 把握好用人单位违反试用期规定的法律责任。用人单位违反劳动合同法规定与劳动者约定试用期的,由劳动行政部门责令改正;违反约定试用期已经履行的,由用人单位以劳动者试用期满月工资为标准,按已经履行的超过法定试用期的期限向劳动者支付赔偿金。

案例选读:单独的试用期劳动合同是不允许存在的

赵某,女,1999 年出生,2022 年 7 月大学毕业后,经熟人介绍进入一家民营企业工作。2022 年 8 月正式入职,担任公司公共关系部文员一职,主要处理公司对内、对外关系协调,协助部门领导开展企业文化建设。公司看中她,主要是看中她在大学期间,是所在大学的文艺骨干,能唱能跳,并多次担任学校组织的文艺活动主持人。由于公司负责人对她的认可度比较高,加上熟人引荐,赵某入职一个星期内,公司就按照先订三年合同的计划,与她订了半年的试用期劳动合同,但没有正式签订三年期的劳动合同。公司分管人力资源管理的副总经理认为,试用期劳动合同也是劳动合同,待试用期结束后再正式签订三年固定期限劳动合同也不迟。在签订的试用期劳动合同中,约定每月工资 4 200 元,也没有参加社会保险。

半年时间很快就过去了,转眼就到了 2023 年 3 月下旬,公司本来按计划在 2 月底就准备与赵某签订正式劳动合同,但不巧的事情发生了。2 月底赵某在处理公司一件突发事件时,由于没有向领导请示,擅自做主,将一件本来可以及时平息的突发事件演变为公司危机事件,为此,公司负责人极为恼火,认为赵某不适合岗位要求,正好试用期刚刚结束,就作出不予录用的决定。

赵某满心委屈,后找到当地劳动监察机构投诉。劳动监察机构经过到公司调查取证,认为公司存在明显的违法行为,下发了责令整改通知书,作出以下处理决定:责令公司按两倍工资标准,扣除已经发放的部分,补发 7 个月工资,并补缴各项社会保险费用。公司起初不服,后请教专业人士才知道,单独的试用期劳动合同是不允许存在的,并且是违法的。试用期除了工资约定可以按照同岗位工资的 80% 处理,当事人的社会保险必须依法缴纳。于是按照劳动监察机构的责令整改通知书执行了所有事项。

二、培训和服务期

(一)培训和服务期的含义

培训和服务期作为劳动合同的约定条款,有其特定的含义。这里所说的培训,是指用人单位为劳动者提供的专项培训,至少包含这样几层含义:一是这个专项培训的费用必须是专项费用,专项用于劳动者培训,且能够被专项计算;二是培训的性质必须是专业技术培训,包括专业技术培训和职业技能培训;三是在订立劳动合同中有专门约定,对这种专项培训费用的责任承担有具体的约定。

服务期是指劳动合同当事双方通过协商约定的劳动者为用人单位必须服务的期限。这里需要说明的是,服务期限与劳动合同期限是两个不同的法律概念,与劳动合同期限相比较,服务期有这样一些特点:一是服务期是劳动者享受用人单位的特殊待遇而作出的承诺;二是服务期与劳动合同期限不同,有可能短于劳动合同期限,也有可能长于劳动合同期限,服务期限要看用人单位为劳动者提供的专项培训费用设定的具体期限;三是服务期一经约定,对劳动者具有约束力,劳动者在服务期内负有履行服务的义务,如有违反,必须支付违约金。

(二)培训和服务期的相关规定

1. 要按照现行法律法规规定约定服务期。服务期虽然是劳动合同的约定条款,但是约定服务期的条件是法律法规确定的。《劳动合同法》明确规定,用人单位为劳动者提供专项培训费用,对其进行专业技术培训的,可以与该劳动者订立协议,约定服务期。这里所说的专业技术培训至少包含两个要件,一是培训内容是专业技术培训,二是培训费用是由用人单位提供且为专项培训所支付的费用。日常生活中,用人单位为劳动者提供的上岗前培训、劳动安全培训、转岗培训等等,是用人单位按照国家现行法律法规规定进行的职业培训,与这里所说的专业技术培训有着本质的区别,虽然此类职业培训也要花费一定的培训费用,可以按照国家规定提取和使用职业培训经费,但不可以约定服务期。

2. 要严格遵守服务期的相关义务。用人单位为劳动者提供专业技术培训,是基于用人单位生产经营的需要和人力资源投入的需要。实施培训一般发生于劳动合同履行过程中,选择哪一个或哪一部分劳动者进行培训,是用人单位对劳动者的信任。由于需要付出一定的成本,设定服务期在情理之中,也受法律保护。服务期一经约定,必须严格遵守,就劳动者而言,必须履行服务期内的相关义务来回报用人单位的信任。现实生活中,服务期与劳动合同期限通常是不一致的,如果服务期限短于劳动合同期限,这个问题自然好解决。如果服务期限长于劳动合同期限,这个问题需要双方本着公平合理的原则,可以通过变更劳动合同期限或者续订劳动合同来商定。

3. 要让劳动者承担违约责任并支付违约金。根据《劳动合同法》,劳动者违反服务期约定,应当按照约定向用人单位支付违约金。违约金的数额不得超过用人单位提供的培训费用。违约金的数额是与劳动者已经履行的期限成比例递减的,用人单位要求劳动者支付的违约金不得超过服务期尚未履行部分应分摊的培训费用。这一规定是对用人单位合法权益的保护,用人单位在为劳动者提供专业技术培训时,要注意各种专项技术培训费用凭证的收集和留存,以保存相关举证证据。

4. 要保障劳动者服务期期间的劳动报酬待遇。用人单位与劳动者约定服务期的,不影响按照正常的工资调整机制提高劳动者在服务期期间的劳动报酬。通常情况下,约定服务期的劳动者是用人单位的业务骨干和专业人才,用人单位应该适当提高此类劳动者的劳动报酬,以最大限度防止人才流失。感情留人很重要,待遇留人也不可缺少。

案例选读:特定岗位的适应性培训应当认定为专业技术培训

　　王某于 2020 年 8 月 10 日入职被申请人某石化公司,从事气化航天炉操作工作。同年 8 月 25 日,公司为使王某达到岗位标准,与王某签订《外派实习培训协议书》,该协议书注明为双方自愿的原则下签订,协议约定内容包括:公司安排王某赴山西某化工公司参加同装置生产实习专业技术培训;培训时间为 2020 年 9 月 10 日至 2021 年 2 月 9 日;培训费用 49 000 元,由公司支付;王某培训后至少服务 30 个月(服务期限以培训管理制度中实际发生费用对应服务期限为准);培训费 20 001—50 000 元,服务期限为 30 个月……若王某违反劳动合同、违反公司规章制度或提前解除劳动合同,导致培训后服务期限不满,王某须按照比例分摊支付因培训所产生的费用,费用包括:培训学费,办理相关证件费用,住宿、伙食、交通等费用。违约金=(培训费用总额/服务期总月数)×培训服务期未履行的月数。员工在公司的实际服务期以月计算,不足 1 月的按日计算。2020 年 9 月 10 日至 2021 年 2 月 9 日期间,王某参加了同装置生产实习专业技术培训,公司支付培训学费、住宿费、餐补费、交通费和往返路费。

　　2021 年 12 月 13 日,王某因故离开该公司,并按照《外派实习培训协议书》的约定支付 32 000 元违约金后离开。但王某认为外出实习培训属于一般岗前培训,约定服务期不合法,于是向劳动人事争议仲裁委员会申请仲裁,要求公司返还离职时赔偿的违约金 32 000 元。

　　仲裁委员会裁决,对王某的仲裁请求不予支持。申请人不服起诉至人民法院,人民法院驳回申请人的诉讼请求。申请人未上诉。

《劳动合同法》第二十二条第一款规定,用人单位为劳动者提供专项培训费用,对其进行专业技术培训的,可以与该劳动者订立协议,约定服务期。专业技术培训不同于一般职业培训,通常与员工工作岗位密切相关,培训对象具有特殊指定性,通过专业的、有针对性的技术学习训练达到提升特定岗位所需技术目的。

公司安排王某参加培训,当事人得以具备熟练掌握气化航天炉操作及故障处理方法技能,符合专业技术培训的性质。因此,公司与王某签订《外派实习培训协议书》并约定服务期符合法律规定,仲裁委员会依法认定协议合法有效。

(江苏省人社厅调解仲裁管理处提供)

三、竞业限制

(一)竞业限制的含义

竞业限制是用人单位对负有保守用人单位商业秘密的劳动者,在劳动合同、知识产权权利归属协议或者技术保密协议中约定的竞业限制条款。即负有竞业限制义务的劳动者在解除或终止劳动合同后的一定时期内,不得在生产同类产品、经营同类业务或者有其他竞争关系的用人单位任职,也不得自己开业生产与原单位有竞争关系的同类产品或经营同类业务。限制时间由当事人事先约定,但不得超过两年。竞业限制条款在劳动合同中是一个约定条款,也是一个延迟生效条款,一般是在劳动合同的其他条款法律约束力终结后才开始生效。

（二）竞业限制的相关规定

1. 竞业限制的范围。《劳动合同法》规定，用人单位与劳动者可以在劳动合同中约定保守用人单位的商业秘密和与知识产权相关的保密事项。对负有保密义务的劳动者，用人单位可以在劳动合同或者保密协议中约定竞业限制条款。可见，承担竞业限制义务应当以负有保密义务为前提，而负有保密义务应当以知晓用人单位的商业秘密和与知识产权相关的保密事项并且有劳动合同约定为前提。并不是用人单位所有劳动者都属于竞业限制的义务主体范围，而仅仅是商业秘密的知晓者。一般来讲，是用人单位的高级管理人员、高级专业技术人员和其他负有保密义务的人员。

2. 商业秘密的构成要件。所谓商业秘密，是指不为公众所熟悉，能为用人单位带来经济利益，具有实用性并经用人单位采取保密措施的技术信息和经营信息。商业秘密的构成要件有三个。一是非公开性，即该信息是不能从公开渠道直接获取的。二是实用性，即该信息能为权利人带来现实或者潜在的经济利益和竞争优势。三是保密管理性，权利人对该信息采取了保密措施，包括订立保密协议，建立保密制度及采取其他合理的保密措施。商业秘密属于企业的无形资产，主要包括技术信息和经营信息，具体来讲包括设计、程序、产品配方、制作工艺、制作方法、客户名单、货源情报、产销策略、招投标中的标底和标书内容等信息。需要指出的是，随着时代的发展和科技的日新月异，商业秘密的范围无时无刻不在变化，就具体界定商业秘密来讲，一方面要根据商业秘密的三大特征，另一方面要注意时代发展的变化及时更新,一般采用列举式和概念式为多。

3. 竞业限制的补偿。用人单位可以与劳动者约定保密协议和竞业限制条款。竞业限制对劳动者而言,意味着再次就业或者另谋发展要受到一定的限制,特别是不能再从事自己原来熟悉或具有优势的专业岗位。因此,用人单位必须给予合理的经济补偿。如果在实践中,用人单位没有支付合理的经济补偿,那么该协议就难以产生法律约束力。具体数额法律没有明确规定,可以自行商量,以往流行的惯例是在竞业限制年限内,补偿额一般不低于受竞业限制人员原工资的50%。一般情况下,关于竞业限制的经济补偿金,通常是在劳动者与用人单位解除或终止劳动合同后支付,可以在竞业限制期间按月支付,也可以一次性支付。

4. 竞业限制的违约责任。用人单位和劳动者一旦构成竞业限制违约,都将会产生否定性的法律后果,但具体承担的方式是有区别的。劳动者违反竞业限制义务的,用人单位可按照劳动合同中关于竞业限制条款的规定主张劳动者的违约责任,并支付违约金。需要提醒用人单位的是,用人单位要求职工履行竞业限制协议的,必须事先与职工签订竞业限制协议,如果事先没有竞业限制协议,用人单位就不能要求职工履行竞业限制的义务。

5. 竞业限制的期限。竞业限制的期限可以由当事双方根据商业秘密的价值、竞争优势的持续时间、员工知悉秘密的程度来加以协商确定,但最长不能超过两年。

案例选读:普通岗位劳动者不属于"竞业限制"人员

杨某系某美发店员工,岗位为发型师。2020年5月4日,双方签订《竞业限制协议》,约定杨某不得到与该美发店生产或者经营同类产品、从事同类业务的有竞争关系的其他用人单位、组织任职，或者自己开业生产或者经营同类产品、从事同类业务；竞业限制期限为双方劳动合同期内及离职后3年；杨某违反竞业限制约定给申请人造成损失的，赔偿该美发店实际损失，同时应另外承担惩罚性违约金，金额为杨某在职期间年薪的2倍。

2021年1月，杨某离职，并于2月入职另外一家美发店，该美发店认为杨某违反竞业限制协议，要求赔偿经济损失。杨某认为自己不属于竞业限制人员，当时所签协议属于无奈之举，不同意支付赔偿。该美发店向劳动人事争议仲裁委员会申请仲裁，请求裁决被申请人继续履行竞业限制协议，并支付违反竞业限制违约金30万元。

仲裁委员会裁决，该美发店的仲裁请求不予支持。双方当事人未向人民法院提起诉讼，仲裁裁决依法生效。

《劳动合同法》第二十四条规定，竞业限制人员限于用人单位的高级管理人员、高级技术人员和其他负有保密义务的人员。杨某作为美发店的工作人员，所具有的理发美发技术并非该美发店给予的属于商业秘密的技术信息，而杨某为客户提供美发理发服务，其接触的客户信息属于工作过程中必然接触的基本信息，该信息也不属于法律意义上的商业秘密。其次杨某并不属于法律规定的用人单位的高级管理人员、高级技术人员。综上，杨某不属于法律规定的竞业限制人员，双方约定的竞业限制条款对杨某不具有约束力，仲裁委员会依法对该美发店的仲裁请求不予支持。

（江苏省人社厅调解仲裁管理处提供）

参考文本：全日制劳动合同书

编号：

全日制劳动合同书

（参考文本）

甲方（用人单位）

用人单位名称		
用人单位住所		
工商登记	注册类型	
	法定代表人或负责人	

乙方（劳动者）

姓名		性别	
出生年月		文化程度	
户籍所在地址			
现居住地址		居民身份证号码	
社会（养老）保险号码		就业登记证号码	
联系方式			

甲、乙双方根据《中华人民共和国劳动合同法》和有关法律、法规规定,在平等自愿、公平公正、协商一致、诚实信用的基础上,签订本合同。

一、劳动合同期限

甲乙双方约定按下列_____种方式确定"劳动合同期限"：

A. 有固定期限的劳动合同自_____年_____月_____日起至_____年_____月_____日止。并约定试用期自_____年_____月_____日起至_____年_____月_____日止。

B. 无固定期限的劳动合同自_____年_____月_____日起。并约定试用期自_____年_____月_____日起至_____年_____月_____日止。

C. 以完成_____工作任务为劳动合同期限,自_____年_____月_____日起至完成本项工作任务之日即为劳动合同终止日。

二、工作地点

甲乙双方约定劳动合同履行地为_____。

三、工作内容

(一)乙方根据甲方要求,经过协商,从事_____工作。甲方根据工作需要,按照合理诚信原则,可依法变动乙方的工作岗位。

(二)甲方安排乙方所从事的工作内容及要求,应当符合国家法律法规规定的劳动基准和甲方依法制订的并已公示的规章制度。乙方应当按照甲方安排的工作内容及要求履行劳动义务。

(三)_____

_____

_____

四、工作时间和休息休假

(一)甲乙经协商确认执行_____条款,平均每周工作不超过四十小时。

A. 甲方实行每天_____小时工作制。

具体作息时间,甲方安排如下:

每周周_____至周_____工作,上午_____,下午_____。

每周周＿＿＿＿＿＿＿＿＿＿＿为休息日。

B. 甲方实行三班制,安排乙方实行＿＿＿＿＿＿班＿＿＿＿＿＿运转工作制。

(二)甲方安排乙方的＿＿＿＿＿＿＿＿工作岗位,属于不定时工作制,双方依法执行不定时工作制规定。

(三)甲方安排乙方的＿＿＿＿＿＿＿＿工作岗位,属于综合计算工时制,双方依法执行综合计算工时工作制规定。

(四)甲方严格遵守法定的工作时间,控制加班加点,保证乙方的休息与身心健康,甲方因工作需要必须安排乙方加班加点的,应与工会和乙方协商同意,依法给予乙方补休或支付加班加点工资。

(五)甲方依法为乙方安排带薪年休假,具体休假时间双方协商决定。

五、劳动保护、劳动条件和职业病危害防护

(一)甲方对可能产生职业病危害的岗位,应当向乙方履行如实告知的义务,并对乙方进行劳动安全卫生教育,防止劳动过程中的伤亡事故,减少职业病危害。

(二)甲方必须为乙方提供符合国家规定的劳动安全卫生条件和必要的劳动防护用品,安排乙方从事有职业危害作业的,应定期为乙方进行健康检查,并在乙方离职前进行职业健康检查。

(三)乙方在劳动过程中必须严格遵守安全操作规程。乙方对甲方管理人员违章指挥、强令冒险作业,有权拒绝执行。

(四)甲方按照国家关于女职工、未成年工的特殊保护规定,对乙方提供保护。

(五)乙方患病或非因工负伤的,甲方按照国家关于医疗期的规定执行。

六、劳动报酬

甲方应当每月至少一次以货币形式支付乙方工资,不得克扣或者无故拖欠乙方的工资。乙方在法定工作时间或依法签订劳动合同约定的工作时间内提供了正常劳动,甲方向乙方支付的工资不得低于当地最低工资标准。

(一)甲方承诺每月_____日为发薪日。

(二)乙方在试用期内的工资为每月_____元。

(三)经甲乙双方协商一致,对乙方的工资报酬选择确定_____条款:

A. 乙方的工资报酬按照甲方依法制定的规章制度中的内部工资分配办法确定,根据乙方的工作岗位确定其每月工资为_____元。

B. 甲方对乙方实行基本工资和绩效工资相结合的内部工资分配办法,乙方的基本工资确定为每月_____元,以后根据内部工资分配办法调整其工资;绩效工资根据乙方的工作业绩、劳动成果和实际贡献按照内部分配办法考核确定。

C. 甲方实行计件工资制,确定乙方的劳动定额应当是本单位同岗位百分之九十以上劳动者在法定工作时间内能够完成的,乙方在法定工作时间内按质完成甲方定额,甲方按照约定的定额和计件单价,根据乙方的业绩,按时足额支付乙方的工资报酬。

D. ……

(四)甲方根据企业经营效益、当地政府公布的工资指导线、工资指导价位等,合理提高乙方工资。乙方的工资增长办法按照_____(工资集体协商协议、内部工资正常增长办法)确定。

七、社会保险

（一）双方依法参加社会保险，按时缴纳各项社会保险费，其中依法应由乙方缴纳的部分，由甲方从乙方工资报酬中代扣代缴。

（二）甲方应当依法为乙方缴纳各项社会保险费，并每年向职工公布本单位全年社会保险费缴纳情况，接受职工监督。

（三）如乙方发生工伤事故，甲方应负责及时救治，或提供可能的帮助，并在规定时间内，向劳动保障行政部门提出工伤认定申请，为乙方依法办理劳动能力鉴定，并为享受工伤医疗待遇履行必要的义务。

八、双方协商一致，约定下列_____条款

A. 乙方工作涉及甲方商业秘密和与知识产权相关的保密事项的，甲方可以事前与乙方依法协商约定保守商业秘密或竞业限制的事项，并签订保守商业秘密协议或竞业限制协议。

B. 由甲方出资对乙方进行专业技术培训，并要求乙方履行服务期的，应当事前征得乙方同意，并签订协议，明确双方权利义务。

C. 甲方同意为乙方办理补充养老保险（企业年金）和补充医疗保险，具体标准为：_____

_____

D. 甲方依法执行国家有关福利待遇，并同意为乙方提供如下福利待遇：

_____

_____

E. 甲乙双方需要约定的其他事项：

_____

_____

九、劳动争议处理

（一）劳动合同依法订立，即具有法律约束力，双方应当全面履行，并严格依法执行劳动合同的变更、解除、终止、续订和给付经济补偿的规定。

（二）甲乙双方因履行本合同发生劳动争议，可以协商解决。不愿协商或者协商不成的，可以向本单位劳动争议调解委员会申请调解；调解不成的，可以向劳动争议仲裁委员会申请仲裁。甲乙双方也可以直接向劳动争议仲裁委员会申请仲裁。提出仲裁要求的一方应当自劳动争议发生之日起六十日内向劳动争议仲裁委员会提出书面申请。对仲裁裁决不服的，可以自收到仲裁裁决书之日起十五日内向人民法院提起诉讼。

（三）甲方违反劳动法律、法规和规章，损害乙方合法权益的，乙方有权向劳动保障行政部门和有关部门投诉。

十、其他事项

（一）劳动合同期内，乙方户籍所在地址、现居住地址、联系方式等发生变化，应当及时告知甲方，以便于联系。

（二）本合同未尽事宜，均按国家有关规定执行，国家没有规定的，通过双方平等协商解决。

（三）本合同不得涂改。

（四）本合同如需同时用中文、外文书写，内容不一致的，以中文文本为准。

（五）本合同一式两份，具有同等法律效力，甲乙双方各执一份。

（六）本合同附件包括：_____

法定代表人或负责人签名：　　　　　　　　乙方签名：

甲方盖章：

签章日期：　　　　　　　　　　　　　　签名日期：

（江苏省人社厅劳动关系处提供）

第四节　劳动合同的类型选择

一、劳动合同的主要类型

劳动合同的类型或者种类是按照劳动合同的期限来划分的。《劳动合同法》规定：劳动合同分为固定期限劳动合同、无固定期限劳动合同和以完成一定工作任务为期限的劳动合同。何谓劳动合同期限？即合同的有效时间，是劳动合同在法律上的时效概念，自合同生效之日起，到合同终止时结束。通俗地讲，劳动合同的期限就是劳动合同从哪一天开始到哪一天结束。劳动合同的期限决定企业和劳动者劳动关系存续的时间，是劳动关系当事人双方享有权利和履行义务的时间。

任何劳动过程，都是在一定的时间和空间中进行的，劳动合同是以实现劳动过程为目的，必然通过一定的具体时间表现出来，这个期限就是对劳动过程的确定。也正因为如此，《劳动合同法》把劳动合同期限作为劳动合同的必备条款之一作出规定。在现行法律框架下，劳动合同期限选择是否科学、合理，对企业影响很大。比如签订无固定期限的劳动合同，如果没有法定条件及约定条件出现,用人单位无法随意解除劳动合同,而劳动者则可以提前30天解除劳动合同。再比如,如果企业选择一年一签劳动合同,那么连续两次签订劳动合同后,再次续签劳动合同时,劳动者提出签订无固定期限劳动合同的,用人单位就需要签订无固定期限劳动合同。就具体企业而言,与什么样的员工签订什么类型的劳动合同,对企业的生存与发展至关重要。

（一）固定期限的劳动合同

固定期限劳动合同,是指用人单位与劳动者约定合同终止时间的劳动合同。固定期限劳动合同是定期的劳动合同,是日常生活中最常见的劳动合同。固定期限劳动合同可以是较短时间的,比如1年、半年,甚至3个月。也可以是较长时间的,比如3年、5年、10年,甚至更长时间的。无论时间长短,起始和终止日期是固定的。具体期限由当事人双方根据工作需要和实际情况而定。

（二）无固定期限劳动合同

无固定期限劳动合同,是指用人单位与劳动者约定无确定终止时间的劳动合同。无固定期限劳动合同虽然没有终止日期,但应明确劳动合同的开始期限,也可以明确终止条件。用人单位与劳动者签订无固定期限劳动合同,关键是要设定好无固定期限劳动合同的条件,值得注意的是有的企业将法律规定的劳动合同解除情形作为终止的条件,显然是错误的。劳动合同的终止条件必须是劳动法律法规规定的劳动合同解除情形以外的情形,否则其约定无效。一般情况下,这种劳动合同如果不发生解除的情形,可持续到劳动者退休。无固定期限劳动合同并非"铁饭碗",只要具备法定的解除情形,就可以解除。

（三）以完成一定的工作任务为期限的劳动合同

以完成一定的工作任务为期限的劳动合同,是指用人单位与劳动者约定以某项工作的完成为合同期限的劳动合同。这实际上是一种特殊形式的定期劳动合同,只不过合同终止日期未预先具体确定,而限于特定工作的完成,故无须续订。以完成一定的工作任务为期限的劳动合同,不是以岗位需要而定,而是以完成某一特定的工作为标准,工作完成了,劳动合同也就终止。

案例选读：

签订两次固定期限合同后必须签订无固定期限劳动合同

顾某于 2014 年 11 月进入某公司工作,双方分别于 2015 年 1 月 16 日、2016 年 1 月 16 日签订两份固定期限劳动合同,第二份劳动合同约定：合同期限为 2016 年 1 月 16 日至 2018 年 1 月 15 日止。劳动合同到期后,某公司拒绝与顾某签订新的劳动合同,并于 2018 年 1 月 24 日出具《职工解除或终止劳动合同证明》。2018 年 4 月 2 日,顾某向仲裁委提出仲裁申请,要求某公司支付赔偿金 19 320 元。仲裁委于 2018 年 5 月 31 日作出《仲裁裁决书》,裁决某公司一次性支付顾某赔偿金 19 320 元。

案例点评：《劳动合同法》第十四条规定,连续订立两次固定期限劳动合同,续订劳动合同的,应当订立无固定期限劳动合同。该法第八十七条规定,用人单位违反规定解除或者终止劳动合同的,应当依照经济补偿标准的两倍向劳动者支付赔偿金。顾某与某公司在签订二次固定期限劳动合同后,某公司拒绝与顾某继续劳动合同,顾某主张的赔偿金标准未超过法律规定的限额,予以支持。

现行法规明确规定，劳动合同期满，劳动者继续在用人单位工作的，用人单位应及时与劳动者续签劳动合同。连续订立两次固定期限劳动合同，续订劳动合同的，应当订立无固定期限劳动合同。应当订立无固定期限劳动合同的情形，用人单位应及时与劳动者订立无固定期限劳动合同。如用人单位违反规定，则要承担相应的法律责任。

二、劳动合同类型的选择

（一）不同类型劳动合同的特点

不同类型的劳动合同各有各的特点，企业究竟如何合理选择？应该说，现行的三种类型劳动合同各有千秋，各有优劣。无固定期限劳动合同给人以稳定感，能够增强企业的凝聚力，但对企业灵活用工不利。固定期限劳动合同相对无固定期限劳动合同而言，应变能力比较强，既能保持劳动关系相对稳定，又能促进劳动力的合理流动，同时也能减少不必要的劳动纠纷。以完成一定的工作任务为期限的劳动合同，最为灵活，既不受"连续订立两次"的约束，可避免无固定期限劳动合同，又不需要支付任何经济补偿金，但是它的局限性很大，且存在诸多不确定因素。从我们平时的接触和工作实践来看，在这三种类型劳动合同中，固定期限劳动合同应用范围最广，成为目前最普遍、最流行的一种劳动合同。以完成一定的工作任务为期限的劳动合同，尚未受到用人单位关注，应用范围很小。而无固定期限劳动合同，最不受用人单位欢迎，甚至受抵制和排斥。但现在最大的问题是，《劳动合同法》恰恰对这一最不受欢迎的无固定期限劳动合同进行了强力推动，其意图是想把无固定期限劳动合同作为将来的主要用工形式。这也是《劳动合同法》颁布和实施以来引起广泛争议的最主要原因所在。其实,立法者的初衷主要是基于现有国情的考量,我国尚处于社会主义初级阶段,与西方发达国家相比,生产力发展水平和社会保障水平差距很大,远远不是短时间内可以弥补上来的,缩小差距将是我们相当长一段时期需要奋斗的任务。解决生存问题是最大的问题,所以,必须通过各种强有力的手段,包括制度安排、政策设计和行政行为,最大限度地解决就业问题,解决全民长期稳定就业的问题。所以,从宏观层面上来看,强力推行无固定期限劳动合同是面对国情做出的明智选择。此项工作经过十多年的推进,如今无固定期限劳动合同已经成为企业用工所采用劳动合同类型的主流,广大劳动者就业的稳定性、归属感普遍增强,企业也从中获益良多。

（二）劳动合同类型的科学选择

就用人单位而言,劳动合同类型如何选择？我们认为,在树立企业社会责任基本理念的同时,应该遵循这样几个原则:一是有利于生产经营原则;二是三种劳动合同合理配置原则;三是长期、中期、短期劳动合同并用原则。具体来讲,用人单位应当按照自身生产经营的特点和规划对劳动用工进行合理安排,并根据劳动用工计划对劳动合同期限类型进行选择。（1）固定期限劳动合同是最常用的劳动合同,但是具体合同期限不宜一刀切,对于每一位员工,用人单位应该根据岗位的要求和员工的自身特点,选择确定不同的劳动合同期限。具体期限可以是短期的（3年以下）,也可以是中期的（3—5年）和长期的（5—10年,甚至10年以上）。固定期限劳动合同,必须服从、服务于用人单位生产经营的实际需要和长远发展。（2）无固定期限劳动合同的签订,首先必须遵守法律所规定的各种情形，包括可以订立的情形、应当订立的情形和视为订立的情形。这一点需要严格执行，切忌与现行法律相冲突，造成不必要的法律责任与后果。同时对于保密性强、技术复杂、需要保持人员长期稳定的岗位，用人单位应当主动积极地与劳动者达成协议，以谋共同发展。（3）以完成一定的工作任务为期限的劳动合同，一般适用于以项目工程形式经营的用人单位。就具体用人单位而言，在实践中，有这样几种情形可以签订这一类型的劳动合同：一是以完成单项工作任务为期限的劳动合同；二是以项目承包方式完成承包任务；三是因季节原因临时用工的劳动合同；四是其他双方约定的以完成一定工作任务为期限的劳动合同。

需要提醒的是，用人单位在与劳动者确定劳动合同期限时，除需要考虑企业自身因素外，还需要考虑劳动者的一些关键因素，比如年龄因素（严禁使用童工，避免使用超过法定退休年龄人员，以及有关劳动者的年龄节点）、专业技术因素、性别因素和身体因素等等。

第五节　劳动合同订立不当的法律风险

一、不订立或者不续订劳动合同的风险

不订立或者不续订劳动合同，主要表现为这样几种情形：一是用人单位和劳动者仅仅口头约定，没有签订书面劳动合同；二是劳动合同签订不及时，延迟签订；三是只签订单独的试用期劳动合同；四是劳动合同到期后继续留用劳动者，但不及时续订劳动合同。

订立劳动合同是《劳动合同法》强调的核心问题，也是现实生活中最重要的问题。《劳动合同法》明确规定，用人单位自用工之日起即与劳动者建立劳动关系，应当自用工之日起一个月内订立书面劳动合同。这些都是法律明确的硬性规定，是守法底线。就用人单位而言，来不得半点含糊、侥幸，必须不折不扣地按照法律规定严格执行。显然，口头约定是无效的，延迟签订是违法的。

关于只签订单独的试用期劳动合同，是少数用人单位在用工管理方面的认识误区。事实上，少数用人单位只签订单独的试用期劳动合同，或者以试用期为借口，不签劳动合同，是利用试用期这一概念规避劳动保障法定义务，不让劳动者参加社会保险，不享受用人单位福利待遇等，以此节约用工成本。这一做法，同样是违法的。《劳动合同法》明确规定，试用期不是劳动合同的必备条款，只是劳动合同的约定条款，订立劳动合同可以约定试用期，也可以不约定试用期。但是，订立劳动合同是约定试用期的前提和基础，试用期只在劳动合同中约定，并且试用期的期限必须与劳动合同期限相对应。单独的试用期合同是违法的，也是不允许存在的，试用期在劳动合同期限中。

关于不及时续订劳动合同，就用人单位而言，同样存在法律风险。一般情况下，劳动合同到期前，用人单位应与劳动者沟通，商议是否继续用工。劳动者愿意继续留用的，必须按照法律规定再次订立劳动合同，其中，符合订立无固定期限劳动合同情形的，必须订立无固定期限劳动合同。如果劳动者不愿意续签的，用人单位应当书面通知劳动者终止劳动关系，并办理相关手续。需要提醒的是，不及时续签劳动合同，在法律意义上来讲，就是没有签订劳动合同。

二、劳动合同文本缺少必备条款的风险

现行法律法规强调，书面劳动合同非订不可，劳动合同必备条款缺一不可。劳动合同的必备条款包括：1. 用人单位的名称、住所和法定代表人或者主要负责人；2. 劳动者的姓名、住址和居民身份证或者其他有效身份证件号码；3. 劳动合同；4. 工作内容与工作地点；5. 工作时间与休息休假；6. 劳动报酬；7. 社会保险；8. 劳动保护、劳动条件和职业危害防护；9. 法律法规应当纳入劳动合同的其他事项。八个具体条款加一个兜底条款，这是法律规定的基本要求，没有任何商量余地。设置劳动合同的必备条款，对用人单位和劳动者都是一个约束，如果在履行劳动合同期间发生劳动争议，劳动合同所订立的必备条款，自然也就成为处理劳动争议的主要证据。有了证据，对于妥善处理矛盾，显然是有利的。

用人单位提供的劳动合同文本未载明法律规定的劳动合同必备条款或者用人单位未将劳动合同文本交付劳动者的，由劳动行政部门责令改正；给劳动者造成损害的，应当承担赔偿责任。

三、劳动合同固定期限连续化的风险

《劳动合同法》自 2007 年 6 月 29 日公布，自 2008 年 1 月 1 日起施行，已经有若干年头了，《劳动合同法》所倡导和推行的无固定期限劳动合同应该成为用人单位最主要、最常用的劳动合同。就具体用人单位而言，除了部分新员工（包括已经签订过第一次劳动合同的员工），通常情况下，其他大多数员工与用人单位所签订的劳动合同应该都是无固定期限劳动合同。凡是符合《劳动合

同法》应当订立无固定期限劳动合同规定的情形，必须无条件地订立无固定期限劳动合同。现实生活中，也有少数用人单位不愿意或者回避签订无固定期限劳动合同，其表现形式是一直与劳动者签订固定期限劳动合同，或者一年一签，或者两年一签，连续不断签订固定期限的劳动合同。显然，这一做法是错误的，也是违法的。

《劳动合同法》就违约金的设定规定了两种情形：

第一，用人单位为劳动者提供专项培训费用，对其进行专业技术培训的，可以与劳动者订立协议，约定服务期。劳动者违反服务期约定的，应当按照约定向用人单位支付违约金。

第二，用人单位与劳动者可以在劳动合同中约定保守用人单位的商业秘密和与知识产权相关的保密事项。对负有保密义务的劳动者，用人单位可以在劳动合同或者保密协议中与劳动者约定竞业限制条款，并约定在解除或者终止劳动合同后，在竞业限制期限内按月给予劳动者经济补偿，劳动者违反竞业限制约定的，应当按照约定向用人单位支付违约金。

除了上述两种情形，用人单位不得设定其他由劳动者承担的违约金责任。但是，现实生活中，仍有一些用人单位假借各种名目变相设定违约金，包括风险抵押金、交通工具风险保护费、工作保证金等等。其目的是将用人单位的相关成本和风险转嫁给劳动者。殊不知，这是用工管理之大忌，结果只会害人又害己。

四、劳动合同强签、代签、代保管的风险

劳动合同制度在《劳动合同法》的强势推进下取得显著成效，近几年来用人单位的劳动合同签订率逐年上升，并且一直在高位运行。但是,在劳动合同制度推进过程中,部分用人单位在用工理念和用工管理方面还存在一定的误区或者疏忽,以致在具体落实时,还会发生类似情形的违法行为。比如,有些用人单位新录用员工时,在新员工对劳动合同尚不知情的情况下,指定新员工在某一时间段某一工作场所强行签订,所用劳动合同一律格式化、空洞化,千篇一律,没有行业和企业的特点,也无视劳动者的合理需求,甚至设置与法律相冲突的霸王条款,即强签。比如,随意安排车间主任、班组长或者工友代劳动者签订劳动合同,即代签。再比如,用人单位与劳动者签订劳动合同完成后,将本来应该交由劳动者的另一份劳动合同转为用人单位自行保管,即代保管。

需要指出的是,强签劳动合同的行为,严重违反订立劳动合同有关平等协商的基本原则,不仅伤害劳动者的意愿和感情,还会影响劳动合同的有效履行。代签劳动合同的行为,实际法律后果就是没有签订劳动合同,违法成本较大,且后患无穷。代保管劳动合同,更是多余之举,非但起不到约束劳动者的作用,反而会让用人单位陷入违法泥潭,并且要付出违法代价。

本章小结

1. 劳动合同非订不可,期限为用工之日起一个月内。劳动者拒绝签订劳动合同的,用人单位应依法与其终止劳动关系,及时办理终止劳动关系手续。

2. 订立劳动合同需要遵守五项原则,即合法、公平、平等自愿、协商一致和诚实信用。

3. 订立劳动合同的形式要求有两种,一是书面劳动合同,二是电子劳动合同,二选一即可。

4. 劳动合同有八个必备条款和一个兜底条款,必备条款缺一不可,约定条款可以根据实际需要自行选择。用人单位提供的劳动合同文本未载明法律规定的劳动合同必备条款的,由劳动行政部门责令改正;给劳动者造成损害的,应当承担赔偿责任。

5. 劳动合同的类型有三种,即固定期限劳动合同、无固定期限劳动合同和以完成一定的工作任务为期限的劳动合同,类型选择由用人单位依法根据实际情形而定。

6. 劳动合同由用人单位与劳动者协商一致,并经用人单位与劳动者在劳动合同文本上签字或者盖章生效。劳动合同文本由用人单位和劳动者各执一份。用人单位不可单方将劳动合同文本自行保管。

7. 以欺诈、胁迫的手段或者乘人之危,使对方在违背真实意愿的情况下订立或者变更劳动合同的无效;用人单位免除自己的法定责任、排除劳动者权利的无效;违反法律、行政法规强制性规定的无效。

8. 劳动合同被确认无效,劳动者已付出劳动的,用人单位应当向劳动者支付劳动报酬。劳动报酬的数额,参照本单位相同或者相近岗位劳动者的劳动报酬确定。劳动合同被确认无效,给对方造成损害的,有过错的一方应当承担赔偿责任。

9. 试用期不是必备条款,只是约定条款。单独的试用期劳动合同是不允许存在的,也是违法的。试用期以劳动合同的存在为前提,并包含在劳动合同期限之内,订立劳动合同,可以约定试用期,也可以不约定试用期。试用期的期限应与劳动合同期限相对应。同一用人单位与同一劳动者只能约定一次试用期。以完成一定工作任务为期限的劳动合同、劳动合同不足 3 个月的或者非全日制用工，不得约定试用期。试用期工资不得低于单位同工种同岗位最低档工资的 80%，并不得低于当地最低工资标准。试用期期间必须依法参加社会保险。

10. 培训和服务期作为劳动合同的约定条款，有其特定的含义。一般是指用人单位为劳动者提供的专项培训。用人单位为劳动者提供专项培训费用，对其进行专业技术培训的，可以与该劳动者订立协议，约定服务期。服务期一经约定，必须严格遵守，就劳动者而言，必须履行服务期内的相关义务来回报用人单位。劳动者违反服务期约定的，应当按照约定向用人单位支付违约金。

11. 用人单位可以对负有保守用人单位商业秘密的劳动者，在劳动合同、知识产权权利归属协议或者技术保密协议中约定竞业限制条款。竞业限制的义务主体范围，是商业秘密的知晓者。一般来讲，是用人单位的高级管理人员、高级专业技术人员和其他负有保密义务的人员。限制时间由当事人事先约定，但不得超过两年。用人单位和劳动者一旦构成竞业限制违约，都将会产生否定性的法律后果。

第三章　劳动合同的履行与变更

第一节　劳动合同的履行

一、劳动合同履行的基本原则

（一）亲自履行原则

劳动合同的履行,是指劳动合同的双方当事人按照合同约定完成各自义务的行为。只有双方当事人按照合同约定,全面、实际地履行了自己的义务,劳动过程才能顺利实现。劳动合同不同于一般性的经济合同,它是特定主体间的合同,是用人单位与劳动者按照现行法律法规订立的合同,劳动合同一方面具有人身隶属关系性质,另一方面具有权利和义务的统一性、对应性,当事双方必须履行了义务,才能获取权利,一方的权利是另一方的义务。所以,亲自履行成为劳动合同履行的首要原则。劳动者的义务只能由劳动者自己去履行,不能将应由自己完成的义务交由第三方代办。同样,用人单位只能由用人单位的管理者代表用人单位去履行,不能将自己对劳动者承担的义务转嫁第三方承担。订立劳动合同的当事双方必须按照劳动合同约定的条件以各自的实际行为履行应尽义务,完成劳动合同约定的任务。

（二）全面履行原则

用人单位与劳动者订立劳动合同,自用工之日起,就建立了劳动关系,其劳动合同的效力也就形成了。劳动合同虽然是一种民事法律行为,但具有严格的法律约束力,劳动合同一经当事双方签订,全面遵守和履行劳动合同约定是当事双方共同的选择,也是法定的要求。只有当事双方按照劳动合同约定的各项条款,包括必备条款和约定条款,并且按照约定的时间、地点和方式,按质按量来履行全面义务,才能算是全面履行了劳动合同。

（三）合作履行原则

劳动合同当事双方在履行劳动合同过程中,有相互协作、相互配合、共同完成劳动合同规定的义务,当事双方必须保证自己亲自、全面履行劳动合同约定的条款与内容。自己应尽的职责和义务要做好,同时要为对方履行劳动合同创造基础和条件。就用人单位而言,必须关心职工,要为劳动者劳动权利的实现提供保障;要为劳动者提供安全卫生的劳动条件和生产设备,发放安全卫生的防护用品,保证劳动者在劳动过程中的安全卫生;要为劳动者建立职业培训计划,按照国家规定提取和使用职业培训经费,并且有计划地对劳动者进行职业培训;要为劳动者按照国家规定参加社会保险缴纳社会保险费等等。就劳动者而言,要遵守用人单位的规章制度和劳动纪律,服从管理和指挥;要加强岗位知识和业务学习,不断提高劳动技能,最大限度地满足岗位要求。在劳动合同履行过程中遇到问题时,当事双方必须相互协商,共同找到解决问题的办法,及时纠偏,相互补台。

二、劳动合同履行的注意事项

（一）劳动合同履行的条件

劳动合同履行必须建立在有效的劳动合同基础之上，无效的劳动合同不具有任何法律效力，用人单位和劳动者任何一方都可以拒绝履行。

根据《劳动合同法》规定，劳动合同无效主要包括这样几种情形：

1. 以欺诈、胁迫的手段或者乘人之危，使对方在违背真实意愿的情况下订立或者变更的劳动合同。

2. 用人单位免除自己的法定责任、排除劳动者权利的。

3. 违反法律、行政法规强制性规定的。

劳动合同无效或者部分无效、有争议的，由劳动争议仲裁机构或者人民法院确认。无效的劳动合同，从订立之初就没有法律约束力，订立劳动合同的任何一方都无须履行无效的劳动合同。确认劳动合同部分无效的，如果不影响其余部分的效力，其余部分仍然有效。劳动合同被确认无效，劳动者已付出劳动的，用人单位应当向劳动者支付劳动报酬。劳动报酬的数额，参照本单位相同或者相近岗位劳动者的劳动报酬确定。劳动合同有效，包括主体合法、内容和形式合法、订立程序合法。具体来讲，一是订立劳动合同的双方符合法律规定的主体要求。二是实体内容所规定必备条款缺一不可，且不能与现行法律法规相冲突。三是订立程序必须严格遵守合法公平、平等自愿、协商一致、诚实信用的原则。只有在这样情形下订立的劳动合同才有效，也才能为劳动合同的有效履行创造可靠的条件。

（二）用人单位履行劳动合同的应尽义务

依法订立的劳动合同具有约束力,也是劳动合同履行的必要条件。用人单位与劳动者订立劳动合同,并从实际用工之日起,必须严格履行劳动合同约定的义务。就用人单位而言,必须履行以下义务:

1. 用人单位应当依法建立和完善劳动规章制度,保障劳动者享有劳动权利、履行劳动义务。

2. 用人单位在制定、修改或者决定有关劳动报酬、工作时间、休息休假、劳动安全卫生、保险福利、职工培训、劳动纪律以及劳动定额管理等直接涉及劳动者切身利益的规章制度或者重大事项时,应当经职工代表大会或者全体职工讨论,提出方案和意见,与工会或者职工代表平等协商确定。

3. 在规章制度和重大事项决定实施过程中,工会或者职工认为不适当的,有权向用人单位提出,通过协商予以修改完善。需要提醒的是,在规章制度这一环节中,如果用人单位未经公示或者未履行对劳动者的告知义务,该规章制度不能生效。

4. 用人单位应当将直接涉及劳动者切身利益的规章制度或者重大事项决定公示,或者告知劳动者。

5. 用人单位应当按照国家规定和劳动合同约定,向劳动者及时足额支付劳动报酬。用人单位拖欠或者未足额支付劳动报酬的,劳动者可以依法向当地人民法院申请支付令,人民法院应当发出支付令。

6. 用人单位应当严格执行劳动定额标准,不得强迫或者变相强迫劳动者加班。

7. 用人单位不得对劳动者违章指挥、强令冒险作业,不得要求劳动者从事危害生命安全和身体健康的劳动。

8. 用人单位变更名称、法定代表人、主要负责人或者投资人等事项,不影响劳动合同的履行。

9. 用人单位发生合并或者分立等情况,原劳动合同继续有效,劳动合同由承继权利和义务的用人单位继续履行。

现实生活中,有三项基本义务是用人单位在劳动合同履行中必须高度关注的:(1) 安排适当工作的义务;(2) 给付劳动报酬的义务;(3) 保护劳动者的义务。这三项基本义务不能切实履行,劳动者可以拒绝履行其约定的劳动义务,这种情形是受法律保护的。

(三)用人单位订立无效劳动合同的法律责任

用人单位由于订立无效劳动合同,对劳动者造成损害的,应当承担赔偿责任。《违反〈劳动法〉有关劳动合同规定的赔偿办法》规定,用人单位的赔偿责任包括:

1. 造成劳动者工资收入损失的,按劳动者本人应得工资收入支付给劳动者,并加付应得工资收入的 25％的赔偿费用。

2. 造成劳动者劳动保护待遇损失的,应按国家规定补足劳动者的劳动保护津贴和用品。

3. 造成劳动者工伤、医疗待遇损失的,除按国家规定提供工伤、医疗待遇外,还应支付劳动者相当于医疗费用的 25％的赔偿费用。

4. 造成女职工和未成年工身体健康损害的,除按国家规定提供治疗期间的医疗待遇外,还应支付相当于其医疗费用的 25％的赔偿费用。

5. 劳动合同约定的其他赔偿费用。

（四）用人单位要妥善处理好劳动合同履行地的问题

作为市场主体的用人单位，随着我国社会主义市场经济的深入发展，投资多元化、生产多元化、用工多元化成为一个流行和趋势。劳动合同履行地和用人单位注册地经常会发生不一致情形，出现了许多新型的生产模式和用工方式。用人单位异地用工现象不在少数。因此，如何确定和处理好劳动合同履行地，以及遵守相关劳动标准问题，成为用人单位必须关注的重要问题。确定劳动者的劳动合同履行地，不仅要看用人单位的注册地，同时要看劳动者的实际劳动场所、劳动者工资发放地，以及工作场所与岗位职责的关联度等因素。一般情形下，劳动合同的履行地应当为劳动者实际工作场所所在地，当然，对于经常跨区域工作的劳动者需要看具体情形确定。关于劳动合同履行地与用人单位注册地不一致的情形如何遵守相关劳动标准问题，现行法律法规也有明确规定，即有关劳动者的最低工资标准、劳动保护、劳动条件、职业危害防护和本地区上年度职工月平均工资标准等事项，按照劳动合同履行地的有关规定执行。用人单位注册地的有关标准高于劳动合同履行地的有关标准，且用人单位与劳动者约定按照用人单位注册地的有关规定执行的，从其约定。

（五）关于处理劳动合同中止的注意事项

劳动合同中止是指劳动合同双方由于某些特殊情形的出现，暂时不能履行劳动合同约定的义务，在这一过程中，劳动者与用人单位不能或者不愿意解除劳动合同，即双方劳动关系依旧存在，而劳动者未尽劳动义务。通俗地讲是一种有名无实的劳动关系。这种情形往往是暂时的、短暂的，一旦中止情形消失，劳动合同或将恢复履行或将变更处置，也有可能就此解除劳动合同。虽然《劳动合同法》等国家法律法规,并没有采用劳动合同中止这一概念,但在部分省市的地方性法规、规章中有所涉及。现实生活中,仍有部分用人单位与劳动者通过签订劳动合同中止协议,以处理这种特殊情形下的劳动关系。

有关劳动合同中止需要处理的问题,主要包括中止情形的认定、工资、社会保险等问题。综合现行国家相关法律法规和部分地方性法规规章的意见,可以考虑采取以下处理意见。

1. 劳动合同履行中止的情形主要有四项:(1)经双方当事人协商一致的;(2)劳动者因涉嫌违法犯罪被限制人身自由的;(3)发生不可抗力暂时不能履行的;(4)法律法规规定或者劳动合同约定的其他中止情形。

2. 劳动合同履行中止后的工资问题。既然中止期间,劳动者未能履行劳动义务,用人单位也就无须履行支付工资的义务。

3. 劳动合同中止后的社会保险问题。本着权利与义务对等原则,应该取消当事人参加社会保险的权利。但这一工作在实际操作中有一定难度,如果中止时间超过一个月,用人单位可以办理社会保险账户暂停结算(封存)手续。但如果中止时间在一个月之内,甚至更短的时间,而现行社会保险经办机构是按月结算社会保险费用的,这就需要与当事人协商,寻求一个妥善的处理办法。

与劳动合同终止这一概念不同,劳动合同中止是一种特殊情形,现实生活中出现的概率虽然不大,但也是客观存在的,对此,我们应该给予一定的关注。其实,这也是对出现此类情形劳动者的一种保护。中止不是终止,合同中止期间,劳动关系保留。中止履行的情形消失,仍具备继续履行劳动合同条件的,应当继续履行;不具备条件的,劳动合同终止。当事人继续履行劳动合同的,劳动合同中止的时间不计入劳动合同期限。

案例选读:

劳动合同订立时所依据的客观情况发生重大变化,致使劳动合同无法履行的,劳动者与企业之间该如何协调?

赵某系 A 公司某地门店的员工,双方签订了劳动合同并参加了社会保险,劳动合同约定赵某的主要工作地点为华东地区或 A 公司某地门店及各相关区域,赵某自入职开始即在 A 公司某地门店履行上述劳动合同义务。

2017 年 3 月起,A 公司某地门店因"消防不合格"召开职工大会,通知赵某等员工放假。该公司于 2018 年 8 月 29 日被 B 商贸有限公司收购接手,即第三人 B 公司。

2018 年 10 月 31 日,B 公司要求赵某等人在 11 月 2 日上午到 B 公司在外地的另一家门店报到上班,岗位及薪资不变,公司提供住宿。同年 11 月 3 日,B 公司向赵某等人再次发出通知,要求在 11 月 6 日上午到 B 公司外地门店报到上班,但赵某等人拒绝执行。

2018 年 11 月 7 日,A 公司某地门店以赵某等人连续旷工 3 天以上为由决定与其解除劳动合同,并将上述事宜告知了 B 公司工会及属地总工会。同年 11 月 9 日,A 公司某地门店向赵某发出《解除劳动合同通知书》,决定自 11 月 9 日起解除与其的劳动合同。

2019 年 1 月 7 日,赵某等人向某地劳动人事争议仲裁委员会申请劳动仲裁,要求确认 A 公司某地门店解除劳动合同违法,并要求 A 公司某地门店支付赔偿金。庭审中,双方当事人一致确认了赵某离职前的平均工资与工作年限。2019 年 3 月 7 日,某地劳动人事争议仲裁委员会作出裁决:A 公司某地门店与甲解除劳动合同行为系违法,并裁决 A 公司某地门店支付赔偿金。A 公司某地门店不服上述裁决,向一审法院提起诉讼。

争议焦点:劳动合同订立时所依据的客观情况发生重大变化,致使劳动合同无法履行的,劳动者与企业之间该如何协调?

一审法院认为:工作地点不仅是劳动者的工作场所,亦是劳动者家庭生活和社会交往的依托,不能以强调劳动者必须无条件服从等方式要求劳动者牺牲其合法权益去满足企业的经营需要。因此,工作地点的变更,应从适当性以及必要性之角度去衡量企业经营利益与造成劳动者的家庭以及社会关系不利变更之间的关系,兼顾双方的利益而达到共赢。本案中,A 公司与后接手的 B 公司未能通过召开全体员工会议、员工代表大会等方式与包括赵某在内的全体员工就异地上班等事宜作出具体明确、合理有效的安排;其次,赵某与 A 公司某地门店之间的劳动合同虽约定了工作地点为华东地区,但赵某事实居住在江苏某地,案涉劳动合同经过长期履行后,约定的工作地点也因实际履行行为而得到进一步确认。而 B 公司在未与员工进行充分沟通的情况下,仅仅通过两次寄送返岗上班通知的形式要求赵某等人直接到 B 公司在外地的另一家分公司上班,B 公司对员工工作地点的变更应属于对劳动合同的重大变更,需征得劳动者的同意。一审法院认为,双方劳动合同解除的原因应当归责于 A 公司某地门店,其关于赵某"旷工至今、严重违反规章制度"的解除理由没有事实依据,该解除行为违法。

二审法院认为:劳动合同订立时所依据的客观情况发生重大变化,致使劳动合同无法履行,经用人单位与劳动者协商,未能就变更劳动合同内容达成协议的,用人单位提前三十日以书面形式通知劳动者本人或者额外支付劳动者一个月工资后,可以解除劳动合同并应向劳动者支付经济补偿。本案原劳动合同订立时所依据的客观情况已经发生重大变化,致使原劳动合同无法履行,本案劳动合同内容变更涉及用工主体与工作地点两项重大变更,该两项变更在未取得赵某同意的情况下,赵某与 B 公司在外地的门店并未建立劳动关系,至 B 公司在外地门店报到上班并非赵某的义务,故一审认定 A 公司某地门店以赵某连续旷工、严重违反规章制度为由解除劳动合同没有事实依据,并认定 A 公司某地门店应向甲支付违法解除劳动合同赔偿金,并无不当。

(苏州市人社局劳动关系与监察处提供)

第二节　劳动合同的变更

一、劳动合同变更的情形

劳动合同的变更,是指劳动合同双方当事人就已经订立的劳动合同条款进行修改或补充协议的法律行为。一般来讲,劳动合同一经依法订立,即具有法律约束力,受法律保护。订立劳动合同的双方当事人应当信守合同、严格履行,任何一方不得轻易变更,不可随意变更劳动合同约定的内容。但是,天有不测风云,市场经济和社会生活也会经常发生变化,造成订立劳动合同所依据的客观情况也发生一定的变化,致使劳动合同难以履行或者难以全面履行,或者使劳动合同的履行人在权利和义务方面出现较大的不平衡。这就需要原来订立劳动合同的双方当事人对劳动合同的部分内容进行适当的调整,也即作一定的变更,以促成变更后的劳动合同适应新情况的变化,从而保证劳动合同有效履行。变更后的内容与原来劳动合同的其他条款具有同样的法律效力,对当事双方具有约束力。劳动合同变更是对原劳动合同的延伸与扩展。一般情况下,劳动合同变更主要有以下情形。

（一）双方协商一致变更的情形

一般情况下,只要用人单位与劳动者协商一致,就可以变更劳动合同的内容,包括必备条款和约定条款的内容与细节。劳动合同本身就是通过协商达成的协议,自然可以通过协商进行变更。劳动合同变更,不是重新签订新的劳动合同,不是推倒重来,而是在原劳动合同的基础上对原先约定的条款与内容进行部分修改、删减或者补充。原来劳动合同没有变更的部分仍然有效,新修改或者调整的内容作为原有劳动合同的延伸与扩展,与原有劳动合同一样具有法律效力。劳动合同变更,除了法律规定的特定情形,必须是在双方协商一致前提下的变更,才能生效,任何一份劳动合同如果只是单方变更,那是违约的,也是无效的,任何一方没有经过协商擅自变更劳动合同的行为,在法律上,对另一方没有任何约束力,现实生活中也是不允许的。劳动合同的变更与劳动合同的订立一样,是双方当事人的法律行为,其核心要点在于,劳动合同一经订立,不是雷打不动,不可变更,而是必须在当事双方协商一致的前提下,才可以变更。也正因为此,协商一致变更劳动合同成为劳动合同变更的一个主要情形。很多时候，协商一致，什么事情都好说。

（二）客观情况发生变化的情形

《劳动合同法》规定，劳动合同订立时所依据的客观情况发生重大变化，致使劳动合同无法履行，经用人单位与劳动者协商，未能就变更劳动合同内容达成协议的，用人单位可以提前三十日以书面形式通知劳动者本人或者额外支付劳动者一个月工资后，解除劳动合同。这是法律赋予用人单位在特定情形下单方面解除，包括变更劳动合同的权利。这里所说特定情形是劳动合同订立时所依据的客观情况发生了重大变化，所谓客观情况发生重大变化，同样有特定的内容。具体来讲，主要包括以下内容：

1. 订立劳动合同时所依据的法律法规已经修改或者废止。劳动合同作为一项民事法律行为，属于私法范畴，但由于其特别属性，同时受到公法的干预和保护。用人单位和劳动者依法享有订立劳动合同的自由，依法自愿订立劳动合同，并可以就劳动合同的内容和期限进行修改变更。这无疑是用人单位和劳动者天然的权利，但是，双方都需要遵守法律在这方面设置的具体规定，所以，劳动合同的订立与履行必须以现行法律法规为前提。如果订立劳动合同时所依据的法律法规已经修改或者废止，原定劳动合同中有关条款与内容有可能不符合现行法律法规的规定，甚至相冲突，这种情形下，如果再继续履行，显然是无效的，也是没有意义的。所以，根据法律法规的变化适时对劳动合同的条款与内容进行变更，是法律法规的要求，也是订立劳动合同当事双方的现实需要。

2. 用人单位方面的原因。用人单位根据市场变化决定转产、调整生产任务或者生产经营项目等。市场经济条件下，用人单位的生产经营不是一成不变的，而是可能根据市场变化经常调整自己的经营策略和产品结构。很多时候，部分企业特别是国有企业还要根据上级主管部门或者地方政府的要求进行生产调整，包括为了城市规划调整、治理环境污染等因素。这就不可避免地发生转产、调整生产任务或者生产经营项目的情况。在这种情形下，有些工种、产品生产岗位就可能因此而撤销，或者为其他新的工种、岗位所替代，有的用人单位甚至可能需要进行厂区搬迁，整体迁移，对原订劳动合同约定履行的工作场所进行一定的调整和变动在所难免。原劳动合同就可能因签订条件的改变而发生变更。

3. 劳动者方面的原因。劳动者方面的原因多种多样，有负面因素，也有正面因素。比如，劳动者的身体健康状况发生变化、劳动能力部分丧失、所在岗位与其职业技能不相适应造成原劳动合同不能履行；劳动者的职业技能提高了一定等级，如果继续履行原合同规定的义务对劳动者明显不公平，劳动者出于自身原因要求调整工作岗位，等等。

4. 客观方面的原因。客观方面原因，是指与用人单位和劳动者无关的客观情况的发生，使得当事双方难以甚至不可能继续履行原来在劳动合同中约定的权利义务。这就应该允许当事双方对劳动合同有关条款与内容进行变更。此类客观方面的原因，一般包括两点。(1) 不可抗力的发生，使得原来合同的履行成为不可能或者失去意义。不可抗力是指当事人所不能预见、不能避免并不能克服的客观情况，如自然灾害、意外事故、战争等。(2) 生产成本和物价大幅度变动，包括客观经济情况变化，致使劳动合同的履行失去经济上的价值。生产成本上升,生产出现巨额亏损,生产产品遭淘汰,发生滞销等等。

案例选读:企业搬迁未对员工上下班造成重大影响,可不予支付经济补偿金

陈某系某模具公司员工。该模具公司原厂址位于相城区北桥街道,系租赁另一家公司的厂房,后该模具公司被要求搬离该场所。2022 年 6 月 15 日,该模具公司向全厂公告,新厂址将搬至常熟市,距原址 15 公里,并向员工提供住宿、交通补贴、班车等便利措施,确保不因搬迁给员工造成影响。但陈某不同意随该模具公司搬迁,于 2022 年 7 月 22 日向该模具公司提出解除劳动合同,解除理由为公司搬迁,改变工作地点,增加了上下班时间。因双方协商不成,陈某遂申请劳动仲裁,主张解除劳动合同的经济补偿金。

经审理,仲裁委认为,该模具公司的搬迁系因公司经营过程中不可控的客观因素,且公司新地址距离原地址并不远,该模具公司也书面向员工承诺,搬迁后会向员工提供宿舍、交通补贴、班车等保障措施,以减轻对员工的影响。仲裁委认为,该搬迁行为不会对陈某上下班造成重大影响,故对其解除劳动合同的经济补偿金未予支持。

用人单位搬迁属于劳动合同必备条款所规定的客观情况发生重大变化的情形,需考量用人单位的搬迁是否对劳动者的工作和生活造成重大影响,例如,用人单位搬迁的实际距离,是否提供住宿、班车等保障措施。如果搬迁距离不远,用人单位亦提供住宿、班车等相关保障措施,没有对劳动者上下班造成重大影响,属于劳动合同对工作地点的合理变更,则不予支持经济补偿金。

（苏州市相城区人社局提供）

二、劳动合同变更的注意事项

（一）劳动合同变更有一定的程序要求

劳动合同变更,是双方当事人的法律行为。与订立劳动合同一样,有严格的法定程序和要求。(1)请求。任何一方都可以提出变更劳动合同的请求,提出变更要求的一方,应当提前通知对方,说明变更的内容、理由和条件,并请求对方在一定期限内给予答复。(2)答复。一方接到另一方请求后,应当及时答复,明确告知对方的态度,就变更请求表示同意或者不同意。(3)协商。当事双方坐下来,就劳动合同变更的条款和内容进行具体协商,协商就是开诚布公,相互尊重、相互理解、相互妥协,以获得最大公约数,从而取得一致意见。(4)达成协议。当事双方经过平等协商,取得一致意见后即可签订变更协议,这一协议同样必须是书面形式,任何口头形式的变更协议是无效的。协议必须载明变更的具体条款和内容,以及变更协议的生效日期,并经双方签字或盖章后生效。变更后的劳动合同文本由用人单位和劳动者各执一份。

（二）劳动合同变更需要及时办理

劳动合同变更,一般是发生在劳动合同签订后,在履行劳动合同或者部分履行劳动合同的过程中,尚未订立或者已经履行完毕之时不存在劳动合同变更问题。劳动合同的变更必须在劳动合同没有履行或者尚未履行完毕之前的有效时间内进行。劳动合同的变更不是随意的,一般是订立劳动合同当事双方遭遇的实际情况发生了变化,往往需要通过变更劳动合同来适应实际情况的变化,调职、调岗、调薪是劳动合同变更的常见类型。订立劳动合同所依据的情况发生了变化,自然应该及时变更劳动合同,以适应实际需要。如果劳动合同不能及时变更,原定劳动合同继续有效,并发挥作用,由此引起的争议,显然是不必要的。所以,有了情况变化,用人单位人力资源管理部门理应高度重视,及时做出安排。

（三）用人单位单方面调整劳动者岗位必须合法合规

用人单位调整劳动者的工作岗位,是改变了劳动者的工作内容,属于变更劳动合同的范畴。工作内容和工作地点作为劳动合同的必备条款,一经签订,具有法律效用。用人单位与职工协商一致,可以变更劳动合同约定的内容,包括调整工作岗位。但是必须做好相关工作,取得劳动者的认可,协商一致才行。《劳动合同法》规定企业可以单方变更主要有以下两种情形。一是劳动者患病或非因工负伤,在规定的医疗期满后不能从事原工作,也不能从事由用人单位另行安排的工作的,用人单位可以单方解除劳动合同。根据该规定,劳动者患病或者非因公负伤不能从事原工作的,用人单位可以另行安排工作,调整工作岗位,对劳动合同进行变更。这可以是用人单位单方变更,当然与劳动者协调一致更妥当。二是劳动者不能工作,经过培训或者调整工作岗位,仍不能胜任工作的,用人单位可以单方解除劳动合同。原劳动部《关于职工因岗位变更与企业发生争议等有关问题的复函》中规定,因劳动者不能胜任工作而变更、调整职工工作岗位,属于用人单位的自主权。当然,一旦发生争议,用人单位对劳动者不能胜任工作应当承担举证责任。需要提醒的是,用人单位变更劳动者工作岗位时,必须以劳动合同约定,或者用人单位规章制度等有关规定作为依据。变更工作岗位时,不得随意降低劳动合同约定的劳动标准,否则存在法律风险。

参考文本:劳动合同变更协议书

用人单位(甲方):＿＿＿＿＿＿＿

地址:＿＿＿＿＿＿＿＿＿＿

员工姓名(乙方):＿＿＿＿＿＿

身份证号码:＿＿＿＿＿＿＿＿＿

经双方平等友好协商一致,同意变更甲方、乙方于＿＿＿＿年＿＿＿＿月＿＿＿＿日签订的劳动合同中的部分内容,本协议作为劳动合同的附件,具有法律效力。具体变更内容如下:

1. 第＿＿＿＿条第＿＿＿＿项变更为＿＿＿＿＿＿＿＿＿＿＿＿

＿＿＿＿＿＿＿＿＿＿＿＿＿＿＿＿＿＿＿＿＿＿＿＿＿＿＿＿＿＿

2. 第＿＿＿＿条第＿＿＿＿项变更为＿＿＿＿＿＿＿＿＿＿＿＿

＿＿＿＿＿＿＿＿＿＿＿＿＿＿＿＿＿＿＿＿＿＿＿＿＿＿＿＿＿＿

本变更协议正本一式两份,双方各执一份,具有同等法律效力。经甲乙双方签字盖章后生效。

甲方:(盖章)　　　　　　　　乙方:(签名)

法人代表(委托代理人)

＿＿＿＿年＿＿＿月＿＿＿日　　　＿＿＿＿年＿＿＿月＿＿＿日

本章小结

1. 用人单位与劳动者在履行劳动合同过程中必须把握三项原则,即实际履行原则、全面履行原则和合作履行原则。

2. 劳动合同履行必须建立在有效的劳动合同基础之上,无效的劳动合同不具有任何法律效力,用人单位和劳动者任何一方都可以拒绝履行。

3. 用人单位必须履行劳动合同的应尽义务。用人单位在劳动合同履行中的基本义务有三项:(1) 安排适当工作的义务;(2) 给付劳动报酬的义务;(3) 保护劳动者的义务。

4. 劳动合同履行中止的情形主要有四项:(1) 经双方当事人协商一致的;(2) 劳动者因涉嫌违法犯罪被限制人身自由的;(3) 发生不可抗力暂时不能履行的;(4) 法律法规规定或者劳动合同约定的其他中止情形。

5. 劳动合同中止期间,当事人的权利义务暂时停止,用人单位可以停止支付其工资,办理社会保险账户暂停结算(封存)手续。合同中止期间,劳动关系保留。中止履行的情形消失,仍具备继续履行劳动合同条件的,应当继续履行;不具备条件的,劳动合同终止。当事人继续履行劳动合同的,劳动合同中止的时间不计入劳动合同期限。

6. 劳动合同的变更,是指劳动合同双方当事人就已经订立的劳动合同条款进行修改或补充协议的法律行为。一般来讲,劳动合同一经签订,当事人均应信守合同,不得轻易更改,但由于一定的主客观情况的变化,原合同继续履行有一定困难时,则允许依法变更劳动合同。

7. 引起劳动合同变更的主客观情况是多方面的,有用人单位的原因(如生产转产、工作任务变动等),也有劳动者方面的原因(如要求调整工作岗位),还有国家法律法规调整方面的原因。

8. 劳动合同的变更与劳动合同的订立一样,是双方当事人的法律行为,提出变更要求的一方,应当提前通知对方,并须取得对方当事人的同意。根据《劳动合同法》,用人单位与劳动者协商一致,可以变更劳动合同约定的内容。变更劳动合同应当采用书面形式。

第四章　劳动合同的终止和解除

第一节　劳动合同终止的情形

一、劳动合同终止的情形

劳动合同终止是指当事双方按订立劳动合同约定期限届满，因原有劳动合同确立劳动关系的法律效力依法消失，当事双方原有的权利和义务也不再存在，劳动合同即可终止。劳动合同终止实质上就是终止劳动合同的法律效力，通俗来讲，原有劳动合同已经履行完毕，事情办完了，大家互不相欠，各奔东西。一般来讲，劳动合同订立后，双方当事人不得随意终止劳动合同，只有法律规定的情况出现，当事人才可以终止劳动合同。

劳动合同终止包括到期终止和逾期终止，都有特定的情形。与劳动合同解除这一行为相比，终止的法定事由是以法定解除事由以外的法定事实为依据，且当事双方在具备终止的法定情形时，无须当事双方合意，即可终止。而解除需要经双方当事人协商一致或者一方当事人依法行使解除权。劳动合同到期不续订就是终止,劳动合同没到期就散伙就是解除。

劳动合同的终止既是有条件的,又是无条件的。所谓有条件,是指劳动合同终止必须符合法定情形,才能依法终止,否则,任何一方不能单方面决定终止劳动合同。所谓无条件,是指只要符合法律规定的劳动合同终止条件出现,劳动合同即行终止,它不依当事人一方愿意或者不愿意为条件。除了按国家有关规定在劳动合同期满后不能终止的特殊情形,当劳动合同终止条件出现时,不管当事双方是否愿意,都可以由任何一方单方面终止。根据《劳动合同法》和《劳动合同法实施条例》,有下列情形之一的,劳动合同终止。

(一)劳动合同期满的

当事双方按照劳动合同约定的条款与内容履行了全部义务,实现了所应取得的权利,劳动合同期限届满,劳动合同也即宣告终止。这是一种自然终止,也是劳动合同终止最主要的形式。

(二)劳动者开始依法享受基本养老保险待遇的

这一规定最早出现在全国人大常务委员会 2007 年颁布的《劳动合同法》中,但在国务院 2008 年颁布的《劳动合同法实施条例》中作了一个调整,即劳动者达到法定退休年龄的,劳动合同终止。调整后设定的条件与原来的条件相比,更加宽泛,只要劳动者达到法定退休年龄,即不再具备劳动合同意义上的主体资格,劳动合同即行终止。这一调整,从严格意义上来说,具有一定的法律效力。但是,对这一问题的理解,在不同地区人民法院层面还存在一些争议,需要看具体情形确定。

(三)劳动者死亡,或者被人民法院宣告死亡或宣告失踪的

劳动者死亡,意味着订立劳动合同的当事一方已经消失,劳

动合同自然归于终止。被人民法院宣告死亡或者宣告失踪,是指经利害关系人申请,由人民法院宣告死亡或者失踪的一种民事制度。根据《民法通则》,当公民下落不明满四年的,或者因意外事故发生之日起满两年的,其配偶、父母、子女、兄弟姐妹、祖父母、外祖父母、孙子女、外孙子女,其他有民事权利义务关系的人可以申请人民法院宣告其死亡。《民法通则》还规定,当公民下落不明满两年的,其配偶、父母、子女、兄弟姐妹、祖父母、外祖父母、孙子女、外孙子女,其他有民事权利义务关系的人可以申请人民法院宣告其失踪。劳动者被人民法院宣告死亡或者失踪,从法律意义上来讲,主体资格消失或者暂时消失,即无法享受权利和继续履行义务。劳动合同自然终止。

（四）用人单位被依法宣告破产的

破产是指当债务人的全部资产不足以清偿到期债务时,依法经一定程序由人民法院宣告破产,消灭其主体资格。用人单位无法按原定劳动合同履行其权利和义务,只能终止劳动合同。用人单位被依法宣告破产,必须按照《公司法》《企业破产法》等相关法律法规的规定向人民法院申请破产,负责债务清算、公司注销等工作,并优先支付劳动者的劳动报酬。

（五）用人单位被吊销营业执照、责令关闭、撤销或者用人单位决定提前解散的

吊销营业执照是指登记主管机关依照法律法规的规定,对企业法人违反规定实施的一种行政处罚。对企业法人而言,吊销营业执照意味着其法人资格被强行剥夺,法人资格也就随之消失。用人单位被责令关闭,是指合法建立的企业在存续过程中,未能一贯严格遵守有关法律法规,被有关政府部门依法查处的一种行

政处罚行为。用人单位被撤销是指企业未经合法程序成立,或者形式合法但不符合相关法律法规的实体规定,被政府部门发现后受到查处。用人单位决定提前解散是指根据《公司法》规定,因公司章程规定的解散事由出现,用人单位提前解散的。不论用人单位是被吊销营业执照、责令关闭、撤销,还是提前解散的,其法人资格或者被剥夺,或者消亡,意味着作为民事主体和劳动关系的当事人无法按照劳动合同约定履行其权利和义务,只能终止劳动合同。

（六）法律、行政法规规定的其他情形

这是一个常规的兜底条款。

二、劳动合同不得终止的情形

劳动合同期限届满时,有特殊情形时,法律规定不能及时终止,而需要逾期终止或者延期终止。这是我国现行劳动保障法律对劳动者的一种有效的保护措施。对特殊劳动群体和劳动者特殊情形下的特别保护,是对一般性平等保护的必要补充,体现了法律的公平精神和平等精神。具体来讲,劳动者有下列情形之一的,用人单位不得终止劳动合同。

一是从事接触职业病危害作业的劳动者未进行离岗前职业健康检查,或者疑似职业病病人在诊断或者医学观察期的。

二是在本单位患职业病或者因公负伤并被确认丧失或者部分丧失劳动能力的。

三是患病或者非因工负伤,在规定医疗期内的。

四是女职工在孕期、产期、哺乳期的。

五是在本单位连续工作满十五年,且距法定退休年龄不足五年的。

六是法律、行政法规规定的其他情形。

通常情况下,劳动者有上述情形之一,用人单位不得与劳动者终止劳动合同,只有相关情形消失后,劳动合同才可终止。此时的终止,自然是逾期终止或者延期终止。

三、劳动合同终止的基本程序

一般情况下,劳动合同期限届满,或者当事人约定的劳动合同终止条件出现,劳动合同即行终止。《劳动合同法》等相关法律法规规定,劳动合同终止大体上有六种情形是属于正常或者符合法律法规规定的终止条件的,目前,在国家层面没有明确的硬性要求,用人单位和劳动者按照各地规定的程序办理即可。就用人单位而言,需要履行应尽义务并办理相关手续。具体来讲,需要做好以下几个事项。

第一,书面通知劳动者终止劳动合同。具体通知期限,各地规定不一,但至少是劳动合同期限未结束之前,切忌放在劳动合同期限结束之后。

第二,为劳动者出具终止劳动合同文书或者"离职证明",作为该劳动者按规定享受失业保险和失业登记、求职登记的凭证。证明书应当写明劳动合同期限、解除或者终止劳动合同的日期、工作岗位、在本单位的工作年限。

第三,在十五日内为劳动者办理档案和社会保险关系转移手续。

第四,依法向劳动者支付经济补偿金,在劳动者办结工作交接时进行支付。

第五,有关终止劳动合同的文书至少保存两年。

劳动合同终止,是用人单位与劳动者双方的事情,劳动者也要履行相关义务和手续。具体来讲，一是签署终止劳动合同文书。二是返还用人单位的财物和各类有效证件。三是与用人单位结清财务事项。四是与用人单位指定人员办理工作交接。

案例选读：用人单位与劳动者不得在劳动合同终止情形之外约定其他劳动合同终止的条件

吴某于 2018 年 12 月 31 日进入某公司工作，公司安排他某项劳务外包工作，双方签订的劳动合同期限自 2019 年 1 月 1 日至 2022 年 12 月 31 日。该合同约定，"本合同期内，如乙方（即吴某）所就职所从事的劳务外包项目结束，本合同终止。本合同期限届满或约定的终止条件出现，劳动合同即终止。经甲乙双方协商后，可以续签合同或者签订其他性质的劳务合同"。2020 年 5 月 31 日，袁某所从事的劳务外包项目结束，公司认为具备了双方约定的终止劳动合同的条件，于是要求袁某离职，袁某不服，于是向仲裁委员会提出仲裁申请，要求裁令某公司支付袁某终止劳动合同的补偿金，该仲裁委员会作出仲裁裁决，要求单位继续安排吴某的工作，直至双方所订立的劳动合同期限终止。对于袁某要求公司支付其经济补偿金的诉求不予支持。

案例点评：现行法律法规规定，用人单位与劳动者不得在《劳动合同法》规定的劳动合同终止情形之外约定其他的劳动合同终止条件。袁某、某公司期限自 2019 年 1 月 1 日至 2022 年 12 月 31 日的劳动合同中约定的项目终止劳动合同即终止的条款当属无效。双方劳动合同在 2020 年 5 月 31

日袁某原工作项目结束时并未终止,原劳务外包项目仅仅是劳动者的一个岗位,原岗位任务结束了,可另行安排其他工作岗位。

参考文本:劳动合同终止通知书

_____（劳动者）:

_____公司与您订立的劳动合同(合同期限:_____年____月_____日至_____年_____月_____日),即将届满。根据国家和地方的法律、法规、政策以及劳动合同的相关约定,依法与您终止劳动合同,届时由公司人力资源部通知办理相关离职手续。

特此通知。

_____公司

_____年_____月_____日

参考文本:终止劳动合同证明书

本单位与_____（劳动者）_____年_____月_____日签订的劳动合同,于_____年_____月_____日终止。

（单位盖章）

_____年_____月_____日

送达人_____　受送达人_____　送达时间_____

证明人_____

第二节　劳动合同解除的类型

劳动合同的解除,是指劳动合同签订以后,尚未履行完毕之前,由于一定事由的出现,提前终止劳动合同的法律行为。劳动合同的解除直接关系劳动者的前途和生活来源,也关系用人单位的生产经营与工作秩序,必须慎重处理。

一般来讲,劳动合同的解除主要有三种类型。一是双方协商解除劳动合同。二是劳动者单方解除劳动合同。三是用人单位单方解除劳动合同。当然,也存在用人单位不得解除劳动合同的情形。

一、双方协商解除劳动合同

双方协商解除劳动合同,是指劳动合同双方当事人通过协商一致,达成协议解除劳动合同的情形。双方协商解除劳动合同,现行法律法规没有限定具体条件,只要双方达成一致,内容、形式和程序不违反法律禁止性、强制性规定即可。但需要按法律法规的规定办理相关手续。协商一致,什么事情都好说,现实生活中,难就难在协商不一致,甚至出现冲突和矛盾,这就需要具体情况具体分析并拿出解决问题的具体办法来。

二、劳动者单方解除劳动合同

劳动者单方解除劳动合同,是指劳动者本人根据自身意愿或者其他因素单方面解除劳动合同的行为。根据现行法律法规,劳动者有单方面解除劳动合同的权利,无须征得用人单位同意,也无须双方协商达成一致意见。劳动者单方解除劳动合同一般有两种情形,即自愿辞职和被迫辞职。具体情形和要求如下。

(一)自愿辞职

自愿辞职是指劳动者在劳动合同期限之内,出于个人因素,不愿并不再继续履行劳动合同义务,或者另谋高就,向用人单位提出解除劳动合同的行为。一般情况下，劳动者需要提前30日以书面形式通知用人单位，如果劳动者在试用期内提出辞职，则需要提前3日通知用人单位。劳动者自愿辞职，用人单位无须支付经济补偿金。

（二）被迫辞职

被迫辞职是指由于用人单位不遵守《劳动法》或者劳动合同，造成劳动者被迫解除劳动合同的行为，具体情形如下：

1. 未按照劳动合同约定提供劳动保护或者劳动条件的。

2. 未及时足额支付劳动报酬的。

3. 未依法为劳动者缴纳社会保险费的。

4. 用人单位的规章制度违反法律法规的规定，损害劳动者权益的。

5. 用人单位以欺诈、胁迫的手段或者乘人之危，使劳动者在违背真实意愿的情况下订立或者变更劳动合同。

6. 用人单位在劳动合同中免除自己的法定责任。

7. 用人单位违反法律、行政法规强制性规定。

8. 用人单位以暴力、威胁或者非法限制人身自由手段强迫劳动者劳动。

9. 用人单位违章指挥、强令冒险作业危及劳动者人身安全。

10. 法律、行政法规规定的劳动者可以解除劳动合同的其他情形。

由于用人单位有过错情形，特别是用人单位以暴力、威胁或者非法限制人身自由的手段强迫劳动者劳动的，或者用人单位违章指挥、强令冒险作业危及劳动者人身安全的，劳动者可以立即解除劳动合同，不需要事先告知用人单位。由于是被迫辞职，劳动者有权要求用人单位支付经济补偿金或赔偿金,劳动者也不存在任何违约责任。

三、用人单位单方解除劳动合同

用人单位单方解除劳动合同,是指在法律规定的条件下,用人单位单方解除劳动合同的行为。具体来讲,有过错性解除、非过错性解除和经济性裁员三种情形。经济性裁员的情形下文将专节论述。

（一）过错性解除

过错性解除是指在劳动者有过错情形时,用人单位有权单方解除劳动合同的行为。具体来讲,有以下几种情形:

1. 劳动者在试用期期间被证明不符合录用条件的。

2. 劳动者严重违反用人单位的规章制度的。

3. 劳动者严重失职,营私舞弊,给用人单位造成重大损害的。

4. 劳动者同时与其他用人单位建立劳动关系,对完成本单位的工作任务造成严重影响,或者经用人单位提出,拒不改正的。

5. 劳动者以欺诈、胁迫的手段或者乘人之危,使用人单位在违背真实意愿的情况下订立或者变更劳动合同的。

6. 劳动者被依法追究刑事责任的。

用人单位因劳动者过错性原因解除其劳动合同,是法律赋予用人单位的自主权,用人单位也无须支付劳动者解除劳动合同的补偿金。但是,如果劳动者提出争议,用人单位需要负责提供举证责任。

（二）非过错性解除

非过错性解除是指劳动者本人无过错,但由于主客观原因使劳动合同无法继续履行,用人单位在法律法规规定的情形下,履行法律法规规定的程序后实施的单方解除劳动合同的行为。具体情形如下:

1. 劳动者患病或者非因工负伤,在规定医疗期满后不能从事原工作,也不能从事由原用人单位另行安排的工作的。

2. 劳动者不能胜任工作,经过培训或者调整工作岗位,仍不能胜任工作的。

3. 劳动合同订立时所依据的客观情况发生重大变化,致使劳动合同无法履行,经用人单位与劳动者协商,未能就变更劳动合同内容达成协议的。

用人单位因劳动者非过错性原因解除其劳动合同,除了必须具备上述法律法规规定的情形,在解除程序方面有严格的要求。具体来讲,用人单位应当提前三十日以书面形式通知劳动者本人,或者额外支付劳动者一个月工资后,才可以解除劳动合同。用人单位选择额外支付劳动者一个月工资解除劳动合同的,其额外支付的工资应当按照劳动者上个月的工资标准确定。同时,用人单位应当按相关规定支付劳动者的经济补偿金。

四、用人单位不得解除劳动合同的情形

用人单位有自主用工的权利,也有解除用工的权利,但都必须建立在遵守法律法规的基础之上。法律在保护用人单位用工自主权的同时,为了保护处于弱势一方的劳动者,专门设置了一些兜底保护或者最低救济措施。其目的是维护整个社会劳资关系的稳定与和谐。所以,在《劳动合同法》中专门设置了一个条款,用人单位不得依照《劳动合同法》有关劳动者非过

错性解除和经济性裁员的规定来解除相关人员的劳动合同。具体情形如下:

第一,从事接触职业病危害作业的劳动者未进行离岗前职业健康检查,或者疑似职业病病人在诊断或者医学观察期间的。

第二,在本单位患职业病或者因工负伤并确认丧失部分丧失劳动能力的。

第三,患病或者非因工负伤,在规定的医疗期内的。

第四,女职工在孕期、产期、哺乳期内的。

第五,在本单位连续工作满十五年,且距法定退休年龄不足五年的。

第六,法律、行政法规规定的其他情形。

用人单位只有在法律允许的情形下,才可以解除劳动合同。法律法规规定的不能解除劳动合同的情形,用人单位必须严格遵守。

参考文本:解除劳动合同通知书

（适用于企业动议协商解除的情形）

_____（劳动者）:

依据《劳动合同法》第三十六条的相关规定,_____公司于_____年_____月_____日与您提出协商解除此前与您订立的劳动合同(合同期限:_____年_____月_____日至_____年_____月_____日),您予以同意。

经协商一致后,您的劳动合同于_____年_____月_____日解除。

您需要结算以下薪资和补偿金事项:

1. 您薪资结算至_____年_____月_____日,计_____元。

2. 此种情形下公司需要支付您相当于_____月工资的经济补偿金,计_____元。

您需要办理以下交接手续:

1. _____;

2. _____;

3. _____。

以上事宜完成后,按照公司离职规定办理离职手续。

_____公司

_____年_____月_____日

本解除劳动合同通知书一式两份,公司和劳动者各执一份,具有同等法律效力。

参考文本:解除劳动合同通知书

(适用于企业单方解除的情形)

_____(劳动者):

依据《劳动合同法》相关规定,_____公司依法解除此前与您订立的劳动合同(合同期限:_____年_____月_____日至_____年_____月_____日)。

解除您的理由是:

1. 过错性解除

_____

_____。

2. 非过错性解除

_____

_____。

3. 经济性裁员

_____

_____。

您的劳动合同于_____年_____月_____日解除。

您需要结算以下薪资和补偿金事项：

1. 您薪资结算至_____年_____月_____日，计_____元。

2. 此种情形下：

(1) 公司需要支付您相当于_____月工资的经济补偿金，计_____元。

(2) 公司不需要支付经济补偿金。

您需要办理以下交接手续：

1. _____；

2. _____；

3. _____。

以上事宜完成后，按照公司离职规定办理离职手续。

_____公司

_____年_____月_____日

本解除劳动合同通知书一式两份，公司和劳动者各执一份，具有同等法律效力。

第三节 经济性裁员及注意事项

一、经济性裁员的情形

经济性裁员属于用人单位单方解除劳动合同的一种情形，之所以将经济性裁员单独拿出来作为一节来叙述，是因为它的特殊性和重要性所在。相对于用人单位单方解除劳动合同的其他两种情形而言,经济性裁员是解除劳动合同的一种特殊表现形式,具体来讲,是指用人单位在生产经营状况发生严重困难,需要一次性辞退部分劳动者以缓解运行压力,保护自身在市场竞争中的生存能力而采取的解除部分劳动者劳动合同的行为。经济性裁员的原因是用人单位的经济性原因,而不是劳动者的原因,更不是劳动者的过错。其表现形式是一次性批量辞退,具体情形如下。

（一）用人单位依照企业破产法规定进行重整的

根据《企业破产法》的规定,企业法人不能清偿到期债务或者明显缺乏清偿能力的,经人民法院批准可以直接进行重整或者在法院受理破产申请后进行重整。在重整期间,经债务人申请,人民法院批准,债务人可以在管理人的监督下自行管理财产和营业事务。企业通过一次性减少部分人员,可以减轻企业运行成本,让企业重新轻装上阵,走出困境。

（二）用人单位生产经营发生严重困难的

根据《劳动部关于〈劳动法〉若干条文的说明》的规定,"生产经营发生严重困难"可以根据地方政府自行规定的困难企业标准来确定,主要包括严重亏损、开工严重不足、产品严重积压等困难。这个时期,用人单位只有通过裁员,才能摆脱困境,裁员也才能成为用人单位的必需。

（三）企业转产、重大技术革新或者经营方式调整,经变更劳动合同后,仍需裁减人员的

企业转产、重大技术革新或者经营方式调整,是企业适应市场竞争的战略调整和自主行为,其间免不了各种风险的存在,也

免不了原有生产经营人员出现富余的情况，这个时期裁减冗员也是企业战略调整的一个重要举措。

（四）其他因劳动合同订立所依据的客观经济情况发生重大变化，致使劳动合同无法履行的

根据《劳动部关于〈劳动法〉若干条文的说明》的规定，致使劳动合同无法继续履行是指发生不可抗力或出现致使劳动合同全部或者部分条款无法履行的其他情况。主要包括企业搬迁、资产转移、企业改制、部门撤并、经营方向或经营战略重大调整、企业产品结构调整等。

二、经济性裁员的注意事项

（一）经济性裁员需要照顾的对象

裁减人员时，应当优先留用下列人员：

1. 与本单位订立较长期限的固定期限劳动合同的。

2. 与本单位订立无固定期限劳动合同的。

3. 以及家庭无其他就业人员，有需要抚养的老人或者未成年人的。

（二）经济性裁员的基本程序

1. 提前30日向工会或者全体职工说明情况，并提供有关生产经营状况的资料。

2. 提出裁减人员方案，内容包括被裁减人员、裁减时间及实施步骤，对符合法律法规规定和集体合同约定的被裁减人员的经济补偿办法。

3. 将裁减人员方案征求工会或者全体职工的意见，并对方案进行修改和完善。

4. 向当地劳动行政部门报告方案,并听取意见。

5. 由用人单位正式公布方案,与被裁减人员办理解除劳动合同手续,支付经济补偿金,出具相关手续。

(三)用人单位经济性裁员的后续工作

用人单位实施经济性裁员,不能一裁了之,善后工作必须及时跟进。

1. 用人单位有条件的,应为被裁减的人员提供培训或就业帮助。

2. 对于被裁减而失业的人员,参加失业保险,可到当地劳动就业服务机构登记,申领失业救济金。

3. 用人单位从裁减人员之日起,6 个月内需要新招人员的,必须优先从本单位裁减人员中录用,并向当地劳动行政部门报告录用人员的数量、时间、条件以及优先录用人员的情况。

工会或职工对裁员提出的合理意见,用人单位应认真听。用人单位违反法律法规规定和集体合同约定裁减人员的,工会有权要求重新处理。劳动行政部门对用人单位违反法律法规和有关规定裁减人员的,应当依法制止和纠正。

第四节　经济补偿的法定情形和补偿标准

一、经济补偿的法定情形

(一)经济补偿的含义

经济补偿是用人单位在与劳动者解除或者终止劳动合同时,向劳动者支付的相关费用,即经济补偿金。经济补偿在不同国家和地区的提法不尽一致。俄罗斯《劳动法》称之为"解职金",法国

《劳动法典》称之为"辞退补偿金",我国香港特区称之为"遣散费",台湾地区则称之为"资遣费"。不管如何称谓,其实质是对劳动者在被用人单位解除或终止时的一种经济补偿,这一补偿是通过一定数量的货币形式兑现的。

关于经济补偿的功效和作用,目前各界观点不一,有的认为,经济补偿是对劳动者以往为用人单位作出贡献的一种补偿,是对劳动者在原用人单位以往劳动内容和成果的肯定。有的认为,经济补偿是国家要求用人单位承担的一种社会责任,国家要求用人单位在解除或者终止劳动合同时,支付一定经济补偿,以帮助劳动者在失业阶段维持基本生活,避免生活陷入困顿。有的还认为,经济补偿是一种违约责任,用人单位提前单方解除劳动合同就要承担违约责任,支付经济补偿。经济补偿是对用人单位的一种惩罚或制约措施。凡此种种,都不约而同地反映了现实生活中的一个常理,即相见时难别亦难。就企业用工而言,招聘员工难,辞退员工更难,并且还要付出一定的代价和精力。根据现行法律法规,目前劳动者走人,用人单位不需要支付经济补偿金的情形有两种是明确的,即劳动者自愿辞职和过错性被解除劳动合同。其他情形,用人单位都需要经济补偿。应该说,经济补偿具有贡献补偿、社会保障、帮助义务和行为制约等多种功能,是用人单位的法定随附义务,也是国家层面调节劳动关系的一个有效手段。

(二)经济补偿的法定情形

1. 劳动合同解除的经济补偿。

(1)劳动者依照《劳动合同法》第三十八条规定解除劳动合同的。用人单位有过错在先,劳动者可以随时解除劳动合同,并且可以要求用人单位支付经济补偿,这一条款的制订,是为了规范用人单位严格遵守劳动保障法律法规,切实履行劳动合同约定。否则,人走楼空,还要赔钱。

(2)用人单位依照《劳动合同法》第三十六条规定向劳动者提出解除劳动合同并与劳动者协商一致解除劳动合同的。用人单位有权利向劳动者提出解除劳动合同,并且与劳动者就解除劳动合同问题协商一致,但这个协商一致取得的共识,是用人单位首先动议的,自然也要支付经济补偿。

(3)用人单位依照《劳动合同法》第四十条规定解除劳动合同的。《劳动合同法》第四十条规定主要是针对劳动者非过错性原因而被解除劳动合同的情形。具体包括:劳动者患病或者因工负伤,在规定医疗期满后不能从事原工作,也不能从事用人单位另行安排的工作的;劳动者不能胜任工作,经过培训或者调整工作岗位,仍不能胜任工作的;劳动合同订立时所依据的客观情况发生重大变化,致使劳动合同无法履行,经用人单位与劳动者协商,未能就变更劳动合同内容达成协议的。劳动者没有过错,但由于上述特殊情形,不能继续履行劳动合同,应该说,责任不在劳动者本身,用人单位需要向劳动者支付一定的经济补偿也在情理之中。

(4)用人单位依照《劳动合同法》第四十一条第一款规定解除劳动合同的。用人单位需要裁减人员二十人以上或者裁减不足二十人但占企业职工总数百分之十以上的,要提前三十日向工会或者全体职工说明情况,听取工会或者职工的意见后,裁减人员方案经向劳动行政部门报告,可以裁减人员。经济性裁员作为用人单位单方解除劳动合同的一种情形,劳动者本身没有过错,主要原因在用人单位,用人单位自然也要向劳动者支付经济补偿。

2. 劳动合同终止的经济补偿。

（1）除用人单位维持或者提高劳动合同约定条件续订劳动合同，劳动者不同意续订的情形外，依照《劳动合同法》第四十四条第一款规定终止固定期限劳动合同的。用人单位以维持或者提高劳动合同约定条件续订劳动合同，而劳动者不同意续订，这个情形的主要责任在劳动者，是劳动者不愿意与原用人单位继续订立劳动合同，原来订立的固定期限劳动合同期满自然终止，这种情形，用人单位可以不用支付经济补偿。除了这种情形，劳动合同期满终止，用人单位应当支付经济补偿。原来《劳动法》没有这一要求，《劳动合同法》专门就此作了重大调整，即劳动合同终止，用人单位也要支付经济补偿，这也体现了对劳动者的倾斜保护。

（2）依照《劳动合同法》第四十四条第四项、第五项规定终止劳动合同的。因用人单位被依法宣告破产、被吊销营业执照、责令关闭、撤销，或者用人单位决定提前解散，劳动合同无法继续履行，被迫终止。终止的原因在用人单位，而不在劳动者本身，用人单位理应支付经济补偿。需要指出的是，企业破产或者依法清算时，职工应得工资应作为优先受偿的债权，经济补偿同样如此。

二、经济补偿金的标准

（一）经济补偿金的计算标准

1. 经济补偿按劳动者在本单位工作的年限，每满一年支付一个月工资的标准向劳动者支付。六个月以上不满一年的，按一年计算；不满六个月的，向劳动者支付半个月工资的经济补偿。

2. 劳动者月工资高于用人单位所在地人民政府公布的本地

区上年度职工月平均工资三倍的,向其支付经济补偿的标准按职工月平均工资三倍的数额支付,向其支付经济补偿的年限最高不超过十二年。

(二) 经济补偿金中的工资计算标准

经济补偿金的工资计算标准是指劳动者在劳动合同解除或者终止前十二个月的平均工资。就是说企业正常生产情况下劳动者解除劳动合同前十二个月的平均工资。而对于上述条款中的"工资"的范围,按照《关于贯彻执行〈中华人民共和国劳动法〉若干问题的意见》第五十三条的规定:"劳动法中的'工资'是指用人单位依据国家有关规定或劳动合同的约定,以货币形式直接支付给本单位劳动者的劳动报酬,一般包括计时工资、计件工资、奖金、津贴和补贴、延长工作时间的工资报酬以及特殊情况下支付的工资等。"

在经济补偿金的工资计算标准这一问题上,最容易引发混淆和纠纷的地方常见于计发经济补偿金的工资标准是否包括加班加点劳动报酬的问题。根据上述规定,企业在正常生产情况下,支付给职工的加班加点劳动报酬属于工资的组成部分,计发经济补偿金的工资标准应包括加班加点的劳动报酬。这一问题的解决在现实生活中还有较大阻力,主要原因是加班工资在整个工资中占比偏高,有的企业加班工资占比已经在百分之五十左右,甚至更高,原来加班工资的功能已经发生了巨大变化,以至于加班工资不仅是延长工作时间的劳动报酬,还成为整个工资的主要组成部分。也正因为此,有关经济补偿金的工资计算标准常常在现实生活中遭遇严重折扣,劳动者在这方面的权益时常受到侵害。这也是需要提醒用人单位关注的地方。不能因为人走茶凉,而忽视劳动者的合法权益。

就用人单位而言,法律法规规定应该支付的必须无条件支付,但是,对于法律法规规定不需要支付的,也无须支付。有的虽然属于劳动者劳动收入范围,但不在经济补偿金范围之内的部分项目费用,比如劳动者的劳动保护费用、按规定未列入工资总额的各种劳动报酬,比如创造发明奖、科学技术进步奖、中华技能大奖、合理化建议和技术改进奖等,以及稿费、讲课费、翻译费等,不在经济补偿金工资计算标准的范围内,自然不用支付。

三、经济补偿的相关问题

经济补偿是用人单位解除劳动合同,应当向劳动者支付的法定补偿。除劳动者自愿辞职或劳动者过错性解除外,用人单位解除劳动合同,都应当按国家规定给予劳动者经济补偿。经济补偿的表现形式是经济补偿金,与赔偿金和违约金相比,它的功能在于弥补劳动者以往劳动的贡献和缓解劳动者特殊时期的困难,虽然其中有制约的功能,但不以制约为主。而赔偿金和违约金更多的是体现制约和惩罚功能。

《劳动合同法》明确规定了经济补偿的法定情形,特别需要引起重视的是,劳动合同终止,用人单位仍应当支付经济补偿。这一规定是对《劳动法》的相关规定作了重大调整。

用人单位违反规定解除或者终止劳动合同,劳动者要求继续履行劳动合同的,用人单位应当继续履行。劳动者不要求继续履行劳动合同或者劳动合同已经不能继续履行的,用人单位应当依照《劳动合同法》第八十七条规定支付赔偿金。赔偿金是经济补偿标准的二倍。

关于经济补偿相关的问题,《劳动合同法实施条例》作了补充规定。一是明确以完成一定工作任务为期限的劳动合同因任务而终止的,用人单位应当依照《劳动合同法》第四十七条的规定向劳动者支付经济补偿。二是用人单位依法终止工伤职工的劳动合同的,除依照《劳动合同法》第四十七条的规定支付经济补偿外,还应当依照国家有关工伤保险的规定支付一次性工伤医疗补助金和伤残就业补助金。三是用人单位违反《劳动合同法》规定解除或者终止劳动合同,依照《劳动合同法》第八十七条的规定支付了赔偿金的,不再支付经济补偿。赔偿金的计算年限自用工之日起计算。

案例选读:解除劳动合同必须依法支付经济补偿

2010 年 8 月,Z 学校租赁刘某承包的招待所为学生提供住宿,同时聘刘某从事住校生管理工作。2011 年 11 月起,学校与刘某开始签订劳动合同,从事学生宿舍楼管理和楼长工作,最后一期劳动合同期限为 2012 年 11 月 1 日起至 2013 年 10 月 31 日止。2013 年 3 月 1 日,刘某与学校签订《宿舍楼楼长劳务协议书》,约定由学校聘用其担任综合楼楼长,协议自 2013 年 3 月 1 日起至 2014 年 2 月 28 日止。合同到期后刘某要求与学校续签劳动合同,但学校不同意续签,2014 年 3 月 9 日,刘某离开学校不再上班。2014 年 5 月 8 日,刘某申请仲裁,后诉至法院,要求学校支付解除劳动合同的 12 个月工资标准的经济补偿金 16 100 元。刘某离岗前 12 个月的平均工资为 1 394.4 元。法院判决 Z 学校支付刘某解除劳动合同经济补偿金 9 063.6 元(1 394.4 元/月×6.5 个月)。

本案争议的焦点在于经济补偿金支付的年限计算。《劳动合同法》第四十六条规定,除用人单位维持或者提高劳动合同约定条件续订劳动合同,劳动者不同意续订合同的情形外,对于劳动合同期满终止的固定期限劳动合同,用人单位应当支付劳动者经济补偿。第四十七条规定:"经济补偿按劳动者在本单位工作的年限,每满一年支付一个月工资的标准向劳动者支付。六个月以上不满一年的,按一年计算;不满六个月的,向劳动者支付半个月工资的经济补偿。本条所称月工资是指劳动者在劳动合同解除或者终止前十二个月的平均工资。"本案中刘某以劳动合同到期要求与学校续签劳动合同而学校不同意续签的情况符合上述条件,要求学校支付的劳动合同经济补偿金应自《劳动合同法》实施之日即2008年1月1日计算至刘某离开学校止,应为6年零2个月,刘某离岗前12个月的平均工资1 394.4元,计算6.5个月。

(摘自中国裁判文书网)

本章小结

1. 劳动合同终止是指终止劳动合同的法律效力,劳动合同订立后,双方当事人不得随意终止劳动合同,只有法律规定的情况出现,当事人才可以终止劳动合同。

2. 劳动合同有法定终止情形,法定情形必须执行到位。

3. 劳动合同也有法定不能终止的情形,需要逾期终止或者延期终止。

4. 劳动合同终止,用人单位和劳动者按照各地规定的程序办理即可。用人单位应当向劳动者出具终止劳动合同的有效证明,并办理有关手续。劳动者可以凭有效证明,直接办理失业登记手续。

5. 劳动合同解除是指劳动合同签订以后,尚未履行完毕之前,由于一定事由的出现,提前终止劳动合同的法律行为。劳动合同的解除直接关系劳动者的前途和生活来源,也关系用人单位的生产经营与工作秩序,必须慎重处理。

6. 劳动合同解除有两种类型,一种是双方协商一致解除,即劳动合同双方当事人通过协商达成协议解除劳动合同,法律不加以限制,但需要按法律法规办理相关手续。另一种是单方解除劳动合同,即用人单位或劳动者单方面解除劳动合同,包括用人单位过失性解雇、非过失性解雇和经济性裁员;劳动者自愿辞职和被迫辞职。

7. 用人单位单方解除劳动合同的情形有三种,即过失性解雇、非过失性解雇和经济性裁员。

8. 经济性裁员有特定的照顾对象,即在裁减人员时,应当优先留用那些与本单位订立较长期限的固定期限劳动合同的职工、与本单位订立无固定期限劳动合同的职工,以及家庭无其他就业人员,有需要抚养的老人或者未成年的职工。

9. 用人单位有法定不得解除劳动合同的情况,如有违反,应当依据《劳动合同法》规定的经济补偿标准的二倍向劳动者支付赔偿金。

10. 劳动者单方解除劳动合同有自愿辞职和被迫辞职两种情形,劳动者自愿辞职的,用人单位不用支付经济补偿金。劳动者被迫辞职的,劳动者有权要求用人单位支付经济补偿金或赔偿金。

11. 经济补偿是用人单位解除劳动合同,应当向劳动者支付的法定补偿。除劳动者主动解除或劳动者过失性解雇外,用人单位解除劳动合同,都应当按国家规定给予劳动者经济补偿。

12. 经济补偿的情形,需要按照《劳动合同法》规定的要求来处理。劳动合同终止,用人单位仍应当支付经济补偿。

13. 用人单位违反规定解除或者终止劳动合同,劳动者要求继续履行劳动合同的,用人单位应当继续履行。劳动者不要求继续履行劳动合同或者劳动合同已经不能继续履行的,用人单位应当依照《劳动合同法》规定支付赔偿金。

第五章　集体合同与集体协商

第一节　集体合同

一、集体合同的含义

（一）集体合同的含义

之所以将集体合同和集体协商单列一章,是由其属性和作用所决定的,在企业用工管理中,集体合同和集体协商问题非常重要,也非常有效管用,但是,在现实生活中常常被人轻视、忽视,甚至无视,以至于企业遭遇重大劳资纠纷或劳动关系群体性突发事件时才后悔莫及。其实,很多工作做在前面、做在平时、做在员工中,很多矛盾和麻烦可以化解在萌芽中,化解在未扩大之时,化解在无形之中。企业如果能够做好集体合同和集体协商工作,自然也会取得事半功倍的效果。

集体合同是指企业与职工就劳动报酬、工作时间、休息休假、劳动安全卫生、保险福利等劳动关系有关事项,通过平等协商签订的书面协议。《劳动合同法》明确规定,企业职工一方与用人单位通过平等协商,可以就涉及职工的劳动权益的相关事项订立劳动合同。在一定意义上来讲,集体合同是一种特殊的劳动合同,它是集体协商的结果,是全体劳动者与企业通过平等协议形成的一种契约。与劳动合同不同,集体合同并不规定劳动者个人的劳动条件,而规定劳动者的集体劳动条件。一般来讲,适用于企业的全体职工。

(二)订立集体合同的意义

1. 订立集体合同可以弥补劳动保障法律法规及劳动合同的不足和缺失。一方面,集体合同可以对现行劳动保障法律法规所做出的原则性规定进行细化和具体化,在保证法律底线的基础上,弥补法律法规的疏忽,提高标准,提升执行力。另一方面,相对于劳动者个人订立的劳动合同,集体合同是由工会代表全体劳动者与企业签订的协议。订立合同的双方在力量对比上相对均衡,同时,强化以集体劳动关系规范个别劳动关系,以集体劳权保障个体劳权,改变劳动者作为个体在劳动关系中的弱势地位。作为代表全体劳动者的工会,有实力,也有能力与企业进行平等协商,并且可以避免协议的不公平和不合理现象的发生。对于劳动者个人劳动合同未涉及的事项或内容,集体合同具有补充性效力。弥补劳动合同的不足和缺失,是订立集体合同的一项重要功能,这一功能,不论对于劳动者,还是对于企业,都是有利的。

2. 订立集体合同可以促进企业可持续健康发展。集体合同可以明确企业的生产经营计划和发展规划,可以商定在完成生产任务的基础上,企业改善劳动者生活福利方面的计划和措施。订立集体合同,能够倡导劳资平等理念,搭建交流合作平台,完善成果分享机制,既惠及了职工,也让企业获益。劳资双方目标一致、同心协力,必然能够充分调动企业全体劳动者的巨大积极性,心往一处想,劲往一处使。劳动者与企业同命运,共成长,企业的生产经营管理自然会得到大大改善。而企业生产经营管理的改善,必然又会促进企业整个经济效益的全面提升和企业可持续健康发展。

3. 订立集体合同可以强化劳资双方的沟通机制。订立集体劳动合同,体现了劳动者在企业中的主体地位,同时也加强了劳动者参与企业民主管理的权力。应该说,订立集体合同也是企业民主化管理的一种重要形式,集体合同是广大劳动者的智慧结晶,它所商定的各项规定、程序,以及监督制约措施,都是劳资双方共同协商的结果。形成集体合同,可以协商;执行集体合同,可以共同执行。遇到有关矛盾时,同样可以按照国家法律法规和集体合同约定的规定来协商解决。在协商过程中劳资双方地位对等、诉求表达权利对等、对协商结果的影响力对等,正日益成为社会共识和广大的自觉实践。由订立集体合同形成的协商机制,是协调企业劳动关系的重要机制,它可以解决集体合同实施过程中产生的争议,也可以解决集体合同以外的各项争议和矛盾。诸多成功企业的实践证明,集体合同作为企业民主管理的一项制度安排,不仅能够全面贯穿企业劳动关系运行的全过程,还能够有效促进国家劳动保障法律法规的全面实施。

(三)集体合同的法律效力

《劳动法》明确规定,依法签订的集体合同对企业和企业全体职工具有约束力。职工个人与企业订立的劳动合同中劳动条件和劳动报酬等标准不得低于集体合同的规定。《劳动合同法》在其特别规定中在重申集体合同的法律效力基础上作了进一步的强化,强调依法订立的集体合同对用人单位和劳动者具有约束力。行业性、区域性集体合同对当地本行业、本区域的用人单位和劳动者具有约束力。当然,集体合同必须经过一定的法定程序,才能生效。集体合同一经生效,就具有法律效力。具体来讲,包括以下几个方面:

1. 集体合同的适用效力。集体合同的法律效力首先表现在其适用范围上,集体合同是由企业和企业全体职工就劳动关系有关事项依法签订的书面协议,其适用范围也就限制在企业和企业全体职工之内,包括与企业直接签订劳动合同的职工,也包括接受企业直接管理的劳务派遣员工。需要说明的是,企业中有劳务外包或者专业承包的员工,尽管他们在企业内工作,由于他们不接受企业直接管理,企业与本企业全体职工签订的集体合同也不适用于他们。应该说,除了适用范围以外的情形,依法签订的集体合同对企业和企业全体职工具有约束力。这种约束力体现在集体合同双方当事人必须全面履行集体合同规定的义务,任何一方都不得擅自变更或解除集体合同。如果集体合同的当事人违反集体合同的规定就要承担相应的法律责任。集体合同中劳动报酬和劳动条件等标准不得低于当地人民政府规定的最低标准,职工与企业订立的劳动合同中有关劳动报酬和劳动条件等标准不得低于集体合同的规定。

2. 集体合同的时间效力。集体合同不是法律法规,法律法规一经颁布并确定施行之日起,只要没有被废止,就一直有效。而集体合同在一定意义上讲,是一种契约,是约定性的协议,它是有时间期限的,这个时间期限就是集体合同的时间效力。集体合同的时间效力通常以其存续时间为标准,一般从集体合同完成法定程序之日起生效,集体合同设定的期限届满,其效力终止。也就是说,只有在集体合同设定起始和终止期限内,集体合同才能够发生效力,超过集体合同设定期限的,则没有任何法律效力。

3. 集体合同的空间效力。集体合同的空间效力,通常是指区域性集体合同或行业性集体合同对所涉区域或者行业的企业和劳动者具有一定的约束力。不论是区域性集体合同,还是行业性集体合同,都不是针对劳动者个人的劳动条件,而是面向所涉区域或行业全体劳动者的集体劳动条件。集体合同适用于各类不同所有制企业,《劳动法》和《劳动合同法》对集体合同的空间效力作了明确规定,凡是经过法定程序,并且符合法律法规规定的区域性集体合同或行业性集体合同,一经生效,就对所涉区域或者行业的企业和劳动者具有法律效力,严格执行集体合同的各项规定也就成为所在区域或行业所有企业和劳动者的唯一选择。

4. 集体合同的优先效力。最高人民法院在《关于审理劳动争议案件适用法律若干问题的解释(二)》中明确规定,用人单位制定的内部规章制度与集体合同或者劳动合同约定的内容不一致,劳动者请求优先适用合同约定的,人民法院应予支持。这一司法解释,赋予了劳动者的优先选择权。通常情况下,集体合同高于劳动合同,劳动合同高于企业内部规章制度。之所以做这一司法解释,确定集体合同的优先适用效力,主要目的是防止用人单位,特别是企业的经营管理者不正当行使劳动用工管理权,借少数人的民主侵害多数职工依法享有的民主权利,从而促进劳动力市场管理秩序的规范。这一司法解释,既保护广大劳动者的合法权益不受侵犯,又维护和支持用人单位依法行使劳动用工自主权,促进企业加强规范管理和民主管理,健全劳动用工的规章制度。企业要预防和减少劳动争议,需要运用协商对话、集体谈判的机制,推行和维护集体劳动合同制度。

需要提醒的是,在劳动者与企业发生劳动争议时,虽然法律法规赋予了劳动者的优先选择权,通常情况下,劳动者会选择有利于本人的集体合同,集体合同的法律效力也高于劳动合同。但是,由于集体合同与劳动合同的功效不同,在具体实践中需要把握相关要领。一般来讲,劳动合同侧重于劳动关系的初始建立,以解决个别劳动关系问题为主;集体合同侧重于劳动关系的运行调整,以解决集体劳动关系问题为主。劳动合同是用人单位和劳动者建立劳动关系,明确双方权利义务的协议。企业与劳动者订立劳动合同是法定义务,企业与全体劳动者订立集体合同,是对劳动者个人劳动合同的补充与完善,是巩固和提升劳动关系运行质量的有效举措。企业不能用集体合同代替劳动合同,更不能以集体合同来回避与劳动者签订劳动合同的法定义务和法律责任。

(四)违反集体合同的法律责任

《劳动合同法》明确规定,用人单位违反集体合同、侵犯职工劳动权益的,工会可以依法要求用人单位承担责任。因履行集体合同发生争议,经协商解决不成的,工会可以依法申请仲裁、提起诉讼。从理论上来讲,违反集体合同对订立集体合同当事双方都有可能发生,但是现实生活中,用人单位发生的概率相对大一些。也正因为此,现行法律法规强化了用人单位违反集体合同的责任。用人单位违反集体合同的主要表现是不履行集体合同或者不完全履行集体合同,即没有按照集体合同规定的标准条件、履行方式等方面履行集体合同规定的义务,甚至发生侵犯工会和职工合法权益的行为。用人单位违反集体合同需要承担相应的法律责任,包括行政责任、经济责任和刑事责任等等。具体责任要视违法行为的情形与造成的后果情况来确定。

案例选读:集体合同效力优先

曲师傅与某企业在劳动合同中约定,曲师傅的工资按月发,即一年领 12 次工资。合同履行期间,企业工会与企业经协商签订了一份集体合同,该份集体合同中约定,企业所有员工每年年终可获得一次第 13 个月的工资。但年终时,曲师傅没有得到第 13 个月工资。企业对此事的答复是,双方签订的劳动合同中既然已约定了劳动报酬的支付次数,就应当按照劳动合同的约定履行,所以不能发给他第 13 个月的工资。对此事,法院的最终判决为,企业应该付给曲师傅第 13 个月的工资。

辽宁丰华律师事务所律师徐国仲对此案作了评析。根据《劳动法》第三十三条第一款的规定:"企业职工一方与企业可以就劳动报酬、工作时间、休息休假、劳动安全卫生、保险福利等事项,签订集体合同。"根据该条规定,集体合同依法签订后就产生法律约束力,当事人应履行集体合同规定的义务。那么,当劳动合同的内容与集体合同的内容不一致时如何处理?《劳动法》第三十五条规定:"依法签订的集体合同对企业和企业全体职工具有约束力。职工个人与企业订立的劳动合同中劳动条件和劳动报酬等标准不得低于集体合同的规定。"根据以上规定,当劳动合同的内容与集体合同的内容不一致时,劳动合同中有关劳动条件和劳动报酬等标准不得低于集体合同的规定,如低于集体合同规定的,适用集体合同标准。

　　本案中,曲师傅与企业签订的劳动合同中虽然没有约定可以享受第 13 个月工资,但工会与企业签订的集体合同中规定了第 13 个月工资的有关内容。根据《劳动法》的规定,企业应当补发曲师傅年终第 13 个月工资。

(摘自《沈阳今报》,作者:张雷)

二、集体合同的类型

(一)企业集体合同

　　集体合同因划分标准不同有不同的类型。一般来讲,集体合同按覆盖范围来划分,有企业集体合同、区域性集体合同和行业性集体合同。按集体合同所涉及的内容来划分,有综合性集体合同和专项集体合同。

　　企业集体合同是指某一独立企业与其全体职工就劳动标准与劳动关系方面事项所订立书面协议。一般情况下,集体合同由工会代表企业职工一方与用人单位订立。尚未建立工会的用人单位,可以由上级工会指导劳动者推举的代表与用人单位订立。订立集体合同,可以从整体上规范用人单位与劳动者群体之间的劳动关系,最大程度地减少个体劳动争议纠纷的发生。

　　企业集体合同一般由使用文本须知、序言、正文和附则等部分构成,主要内容包括劳动用工管理、劳动报酬、工作时间和休息休假、劳动安全卫生、女职工特殊保护、社会保险和福利、职业技能培训、集体合同变更解除和终止等方面,其中,既要符合现行法律法规的基本要求,又要结合企业生产经营的实际需要。

参考文本:集体合同(格式文本)

单位名称:＿＿＿＿＿＿＿＿＿＿＿＿＿＿＿＿

单位住所:＿＿＿＿＿＿＿＿＿＿＿＿＿＿＿＿

注册类型:＿＿＿＿＿＿＿＿＿＿＿＿＿＿＿＿

职工人数:＿＿＿＿＿＿＿＿＿＿＿＿＿＿＿＿

×××人力资源和社会保障部门制

使用文本须知

1. 本集体合同所称甲方为用人单位,即企业、民办非企业单位及实行企业化管理的事业单位;乙方为职工一方。

2. 甲、乙双方有义务应对方要求及时、如实向其提供与签订集体合同有关的情况和资料。

3. 经协商一致的集体合同草案应当提交职工代表大会或者全体职工讨论通过。

4. 集体合同由工会代表乙方与甲方签订;尚未建立工会的,由上级工会指导职工推举的代表与甲方签订。

5. 集体合同签订后,甲方应当在十日内将集体合同文本以及有关资料报送劳动保障行政部门。劳动保障行政部门自收到集体合同文本之日起十五日内未提出异议的,集体合同即行生效;提出异议的,甲、乙双方对异议部分进行协商修改,履行集体合同签订程序后重新报送。

6. 甲方应当自集体合同生效之日起十日内,以书面形式向全体职工公布。

7. 本集体合同为示范文本,在使用时可根据实际情况增加或者删改章节、条文,也可以就工资调整机制、劳动安全卫生、女职工权益保护等事项另行订立专项集体合同。

8. 本集体合同未尽事宜,按法律、法规和规章的规定执行,没有规定的,通过双方集体协商解决。

甲方: (用人单位名称)

乙方: (职工方名称)

为维护职工和用人单位的合法权益,构建和谐稳定的劳动关系,根据《中华人民共和国劳动法》《中华人民共和国劳动合同法》《中华人民共和国工会法》、原劳动和社会保障部《集体合同规定》和《江苏省集体合同条例》等规定,甲、乙双方遵循合法、公平、诚信的原则,经协商一致,签订本合同。

第一章 劳动用工管理

第一条 甲方应当自用工之日起1个月内与职工订立书面劳动合同,保障职工享有劳动权利和履行劳动义务。

工会应当帮助、指导职工与用人单位依法订立和履行劳动合同。

第二条 甲方在制定、修改或者决定有关劳动报酬、工作时间、休息休假、劳动安全卫生、保险福利、职工培训、劳动纪律以及劳动定额管理等直接涉及职工切身利益的规章制度或者重大事项时,应当经职工代表大会或者全体职工讨论,提出方案和意见,与工会或者乙方代表平等协商确定。

在规章制度和重大事项决定实施过程中,工会或者乙方认为不适当的,有权向甲方提出,通过协商予以修改完善。

甲方采取_____形式将上述规章制度和重大事项决定告知全体职工。

第三条 甲方与职工订立、履行、变更、解除和终止劳动合同,以及支付经济补偿金,按照法律、法规和规章,以及甲方依法制定的规章制度的有关规定执行。

第四条 依法签订的集体合同对甲、乙双方具有同等约束力。甲方与职工订立的劳动合同中的劳动条件、劳动报酬等劳动标准不得低于本合同规定的标准,低于本合同的按照本合同规定执行。企业的规章制度与本合同不一致的,按照本合同执行。

第五条 甲方单方面解除职工的劳动合同,应当提前_____日将理由通知工会,工会应在_____日内及时反馈意见;工会有不同意见的,甲方应当研究工会的意见,并在_____日内将处理结果书面通知工会;职工因此申请仲裁或提起诉讼的,工会依法给予支持和帮助。

第二章 劳动报酬

第六条 甲方遵循按劳分配和同工同酬的原则,依法制定工资分配和支付制度时,应当事先与乙方进行集体协商。

第七条 甲、乙双方每年根据本单位利润、劳动生产率、劳动力市场工资指导价位、工资指导线、最低工资标准、城镇居民消费价格指数等变动情况,就职工年度工资水平、工资调整办法和工资总额进行协商。

经协商确定,_____年度职工平均工资水平不低于_____元,工资总额增长幅度不低于_____%(或者职工工资随本单位经济效益的提高而正常增长,挂钩比例为:本单位利润总额增长_____%,职工工资总额增长_____%)。

_____年度工资总额增量按以下办法分配_____

_____

第八条　甲方确定调整劳动定额或者计件工资标准应当遵循科学合理的原则,依据国家标准、行业标准和企业实际情况提出方案,事先与乙方进行协商,确定、调整的劳动定额应当使本单位同岗位百分之九十以上职工在法定工作时间内能够完成。双方约定:

1. 岗位名称_____　劳动定额(工时单价/计件单价)_____

2. 岗位名称_____　劳动定额(工时单价/计件单价)_____

3. 岗位名称_____　劳动定额(工时单价/计件单价)_____

第九条　本单位对从事_____工作的职工发放津贴和补贴,双方约定:

津贴名称_____　　　发放标准_____

补贴名称_____　　　发放标准_____

第十条　劳动者患病或者非因工负伤停止劳动,且在国家规定医疗期内的,用人单位应当按_____标准向劳动者支付病假工资或者疾病救济费。

第十一条　本单位确定计发职工加班加点工资基数的方法是_____。

第十二条　本单位职工月最低工资标准不低于_____元(或者高于当地政府发布的最低工资标准的_____%);试用期月最低工资标准不低于_____元(或者高于当地政府发布的最低工资标准的_____%)。

第十三条　甲方遵循诚实信用的原则,每月_____日前通过银行工资专用账户以货币形式足额支付职工工资,不得克扣或者无故拖欠职工工资。

第三章　工作时间和休息休假

第十四条　甲方执行国家规定的职工每日工作时间不超过8小时，每周不超过40小时的工时制度，并保证职工每周至少休息一天。

第十五条　因工作性质或者生产特点不能实行标准工时制度的，经劳动保障行政部门批准，本单位在＿＿＿＿＿＿＿岗位(工种)实行不定时工作制，在＿＿＿＿＿＿＿岗位(工种)实行综合计算工时工作制。

第十六条　甲方由于生产经营需要，经与工会和职工本人协商后可以延长工作时间，一般每日延长工作时间不得超过1小时；因特殊原因需要，在保障职工身体健康的条件下延长工作时间，每日不得超过3小时，每月不得超过36小时。甲方应依法按时足额支付职工加班加点工资。

甲方安排职工在休息日工作，又不能安排同等时间补休的，应当在＿＿＿日内支付加班工资。

第十七条　根据《职工带薪年休假条例》，双方商定本单位的带薪年休假办法是＿＿＿＿＿＿＿＿＿＿＿＿＿＿＿＿＿＿＿＿＿＿＿＿＿＿

第四章　劳动安全卫生

第十八条　甲方应严格执行《安全生产法》《职业病防治法》《工伤保险条例》和有关劳动保护法律法规和规章，建立健全劳动安全卫生管理制度，严格执行劳动安全卫生规程和标准，提供符合国家规定的劳动安全卫生条件和必要的劳动防护用品，劳动安全卫生设施必须符合国家规定的标准，落实劳动安全责任制，制定各岗位的安全操作规程。

第十九条　甲方应落实职工劳动安全教育制度,对职工进行劳动安全培训,其中从事_____特种岗位作业的人员,必须经过专门培训并取得特种作业资格,持证上岗,并自觉接受工会的监督检查。

第二十条　甲方与职工订立劳动合同时,应当将工作过程中可能产生的职业病危害及其后果、职业病防护措施和待遇等如实告知职工,并在劳动合同中写明,不得隐瞒或者欺骗。对从事有职业病危害作业的职工应当每年安排_____次职业健康检查。

第二十一条　工会应根据法律、法规和规章的规定,建立健全劳动安全卫生监督检查机构,监督和支持甲方加强安全生产管理,教育职工严格遵守安全操作规程,参与因工伤亡事故的调查并提出处理意见。甲方发生因工伤亡事故,应及时按有关规定上报。

第二十二条　甲方应根据季节变化,采取具体措施做好防暑降温、防寒保暖工作。对工会或者职工提出的意见和建议,应当研究。

第五章　女职工特殊保护

第二十三条　甲方根据《妇女权益保障法》《女职工劳动保护规定》、原劳动部《女职工禁忌劳动范围的规定》等规定,实施女职工特殊保护。

第二十四条　甲方在组织岗位竞聘时,除不适合女职工的工种或者岗位外,不得以性别为由拒绝女职工参与或者提高对女职工的竞聘标准。

第二十五条　甲方不得因女职工结婚、怀孕、生育、哺乳等情形,降低女职工的工资。在孕期、产期、哺乳期间,甲方不得单方解除与女职工的劳动合同,变更女职工工作岗位应当征得女职工同意,法律另有规定的除外。

第二十六条　甲方应根据女职工的生理特点和所从事工作的职业特点,对在月经期、孕期、产期、哺乳期的女职工给予特殊保护。对怀孕、哺乳期女职工不得安排加班加点和从事禁忌劳动。对怀孕七个月以上的女职工和哺乳期的女职工,上班确有困难的,经本人申请,甲方批准,可依法享有相应的产前假、哺乳假,甲方确定女职工休假期间月工资的方法是_____。

第二十七条　甲方应当建立女职工定期健康检查制度,按照《女职工劳动保护规定》,每_____年组织全体女职工参加一次妇女病、乳腺病普查普治,并建立女职工健康档案。甲方按_____标准定期发放女职工卫生保健费。

第二十八条　甲方应当支持女职工参加政治、业务、技术培训,在单位晋职、晋级、评定专业技术职称等方面,应遵循男女平等的原则。

第六章　社会保险和福利

第二十九条　甲方依照法律、法规和规章的规定,参加养老、医疗、失业、工伤、生育等社会保险,按时足额缴纳社会保险费,依法履行代扣代缴社会保险费的义务,并每年_____次向乙方公布缴纳社会保险费的情况。工会有权对甲方缴纳社会保险费的情况实施监督。

第三十条　甲方按规定为职工缴存住房公积金,双方商定_____年度住房公积金缴费比例为_____%。

第三十一条　甲方根据生产经营特点、经济效益等情况,为职工办理以下保险和福利事项(企业年金、补充保险、疗休养等)

第七章　职业技能培训

第三十二条　甲方根据工作岗位特点、条件和要求,按规定提取和使用职业培训经费,建立职业培训制度,对职工进行有计划的职业技能培训。

甲方制定的职业培训经费使用方案和培训计划应经职工代表大会或者全体职工讨论,其中用于管理人员的职业培训经费不得高于总额的_____%,用于生产一线职工的职业培训经费不得低于总额的_____%。

第三十三条　甲方在_____年度对从事_____岗位(工种)的职工进行职业技能培训。

第三十四条　甲方为职工提供专项培训费用,对其进行专业技术培训的,可以根据《劳动合同法》的规定,与职工订立专项协议,约定服务期和违约责任。

第八章　合同变更、解除和终止

第三十五条　本合同有效期_____年,合同期满即行终止。合同期满前三个月内,甲、乙双方应当协商续订集体合同。

第三十六条　变更或者解除集体合同适用《江苏省集体合同条例》签订程序的规定。未经双方协商同意,任何一方不得变更本合同。

第三十七条　有下列情形之一,致使本合同部分或者全部条款无法履行的,可以变更或者解除本合同:

(1)订立集体合同所依据的法律、法规和规章已经修订或者废止;

（2）不可抗力；

（3）双方约定_____；

（4）法律、法规规定的其他情形。

<h2>第九章 其他</h2>

第三十八条 甲方尊重工会履行维护职工权益的基本职责，支持工会依法开展工作，每月_____日之前按规定向工会拨缴经费。

第三十九条 用人单位应当保障协商代表履行职责所必需的工作条件和工作时间。协商代表因履行职责占用工作时间的，视为提供正常劳动。

协商代表在任期内，用人单位不得单方变更或者解除其劳动合同；其劳动合同期限短于任期的，自动延长至任期期满，但个人有严重违反劳动纪律或者用人单位规章制度等重大过失行为、退休或者本人不愿延长劳动合同期限的除外。

协商代表在任期内，用人单位不得无故调动其工作岗位和免除职务、降低职级。

第四十条 甲方应当将本合同履行情况每年至少向职工代表大会或职工大会报告_____次，工资专项集体合同、集体合同中的工资条款或者相应附件的履行情况应当每半年公布一次。

甲、乙双方在履行合同中发现问题或提出建议，应当以书面形式报双方首席协商代表共同研究，协商处理。出现重大问题，还应以书面形式报告职工代表大会或者全体职工。

第四十一条 因履行本合同发生争议，甲、乙双方应当协商解决。协商不成的，可以依法申请仲裁或提起诉讼。

第四十二条 本集体合同一式三份，甲、乙双方各执一份，报送劳动保障行政部门一份。

第四十三条　本合同附件包括

_____

甲方首席协商代表　　　　乙方首席协商代表

（签字盖章）　　　　　　（签字盖章）

_____年_____月_____日　　_____年_____月_____日

（二）区域性集体合同

区域性集体合同是在一定区域内,由区域性工会联合会与相应的经济组织或区域内企业就劳动标准和劳动关系事项所订立的书面协议。这里所说的区域,通常是县、区、乡镇、街道、经济开发区或工业园区。订立区域性集体合同的主要目的,是在一定区域内规范企业用工行为,避免企业之间在用工方面的恶性竞争,营造一个相对的公平用工环境。一般情况下,区域性集体合同所涉区域不宜过大,以乡镇、街道、经济开发区、工业园区为主,以所在区域基层工会主导,结合所在区域的特殊情况和特殊需要与相关经济组织或企业来协商。

（三）行业性集体合同

行业性集体合同是指在一定行业内,由地方工会或者行业性工会联合会与相应行业内企业方面代表,就劳动标准和劳动关系事项所订立的书面协议,即行业性集体合同。行业性集体合同往往是针对行业性特点比较明显的行业来订立的,一般来讲,同一行业在劳动定额标准、职工工资水平、劳动安全条件等方面有共性的特点,适合采用同样的标准。通常情况下,建筑业、采矿业、加工制造业,以及餐饮服务业等行业需要通过订立行业性集体合同来规范同一行业的相关劳动标准和劳动关系事项。

（四）综合性集体合同

综合性集体合同是企业与全体劳动者将涉及劳动者切身利益的诸多内容打包，就劳动标准和劳动关系方面的各项事项综合订立的书面协议。与专项集体合同相比，其内容全面、完整，并且可以免除分开签约带来的大量烦琐性工作，一次搞定，节省时间。

（五）专项集体合同

专项集体合同是指企业与全体劳动者就劳动标准和劳动关系事项所订立的专项书面协议，包括劳动安全卫生、女职工劳动保护、工资调整机制等专项集体合同。专项集体合同侧重于维护劳动者的专项权益。与综合性集体合同相比，它重点突出，简洁明了，且针对性强。

参考阅读：镇江市总发布"加强版"专项集体合同

金山网讯　记者从市总工会获悉，新版《镇江市女职工权益保护专项集体合同（范本）》已于日前正式发布，新范本根据最新出台的有关法律法规政策，加强了对女职工特殊时期的权益保护。市总女职工部负责人对记者说，新范本中强调女职工与男职工必须同工同酬，并具体强化女职工经期、孕期、产期、哺乳期、更年期"五期"特殊权益保护，明确了特殊时期女职工的福利待遇。范本结合法律刚性规则和女职工维权实际，着力围绕解决女职工关心的难点、热点问题。为制定好这一范本，市总工会前期深入调查研究，广泛征求意见，走访调研企业12家，召开专题座谈会3场，发放征求意见书100余份，力求合同范本可操作性强、指导性强、维护到位。如：国家全面放开二孩政策后，出现了一些企业采取不当手段防止女职工扎堆生育的情况,新范本中明确企业在规章制度中不得规定限制女职工结婚、生育的内容。

走访调研过程中了解到,有一些女职工产假结束后返岗,因为调岗问题与用人单位产生矛盾。新范本强调,产假期满恢复工作时,原则上安排原岗位上班,如因特殊情况需要变动,用人单位应与女职工协商解决。从医院方面获悉,女职工怀孕流产概率较往年有所上升,针对这一实际情况,新范本提出对怀孕不满3个月的女职工,不得安排其从事夜班劳动。在劳动时间内应给予工间休息1小时,并扣除相应的劳动定额。新范本还首次提出企业对已婚待孕女职工可以按照孕期禁忌从事的劳动范围予以保护。

据介绍,市总发布的新范本仍然保留了一些对特殊时期女职工的优待条款,如月经假、产前假、哺乳假等,俨然是一个"加强版"女职工权益保护专项集体合同范本。市总工会负责人表示,范本仅供各级工会参考使用,各基层工会要根据各自实际情况制定更多保护女职工权益的个性化条款,同时要组织女职工积极参与企业的生产、经营活动,引导和教育女职工爱岗敬业、钻研技术、力求创新、遵纪守法,使这份特殊保护的合同既保障广大女职工的特殊利益,又利于企业发展,达到个人和企业发展共赢的目的。市总工会负责人说,各级工会组织以后的工作中要进一步加强指导和推进,提高女职工专项集体合同签订工作的针对性、有效性,推进女职工维权规范化、制度化。

三、集体合同的订立程序

不论什么类型的集体合同,《劳动法》和《劳动合同法》在集体合同的订立程序方面,都作了明确的规定,企业职工一方和用人单位通过平等协商,可以就劳动报酬、工作时间、休息休假、劳动安全卫生、保险福利等事项订立集体合同。集体合同草案应当提交职工代表大会或者全体职工讨论通过。集体合同由工会代表企业职工一方与用人单位订立;尚未建立工会的单位,由上级工会指导劳动者推举的代表与用人单位订立。一般情况下,集体合同订立需要履行以下程序。

（一）确定协商代表

关于协商代表,企业一方的协商代表一般由企业法定代表人担任,也可以由法定代表人出具书面委托,委托其他管理人员担任。职工一方的协商代表一般由企业工会选派。未建立工会的企业,由上级工会指导劳动者推举协商代表,并经本企业半数以上职工同意后产生。通常情况下,首席代表由企业工会主席担任,未建立工会的企业,首席代表从协商代表中民主推举产生。在区域性、行业性集体合同的协商过程中,协商代表和首席代表由企业推举产生。关于集体合同协商的双方,都可以聘请部分专业人员担任协商代表参与集体合同协商。双方的协商代表人数应当对等,每方至少3人。

（二）提出协商要求

企业与劳动者的任何一方,都可以就订立集体合同的相关事宜,以书面形式向对方提出协商要求,收到协商要求的一方,要在地方法规规定的期限内以书面形式予以回应。

（三）进行协商前的准备

协商前的准备包括协商议题、相关内容和资料的准备，包括收集双方对协商内容所持有的倾向性观点和意见，也包括协商议程、地点和时间等方面的安排。

（四）召开协商会议形成集体合同草案

召开双方协商代表共同参加的协商会议，就相关议题进行协商，通过协商，在达成一致意见的基础上，形成集体合同草案，由双方协商首席代表签字确认。

（五）提请职代会或者全体职工讨论

这一环节可以通过正式会议来讨论，也可以采取其他方式进行讨论，重要的是要让全体职工有一个充足的时间，知晓内容、熟悉相关事项，并发表具体修改意见。这也是职工真正参与民主管理的体现。

（六）表决通过

召开职代会或者全体职工会议，就集体合同草案进行表决，召开职代会或者全体职工会议，原则上需要有三分之二以上职工代表或者职工参加，并经全体职工代表或者职工半数以上同意，草案方可通过。

（七）签订集体合同

双方协商首席代表在已经通过的集体合同上签字。

（八）报送劳动行政部门审查

集体合同签订后，应将集体合同文本报送所在地劳动行政部门。报送集体合同，应当提供以下材料：

1. 集体合同文本。

2. 开展集体协商和签订集体合同的情况说明，内容包括集体协商代表的产生情况,集体协商的简要过程和主要协商事项,此前集体合同的履行情况等。

3. 报送工资专项集体合同的,提供本单位上年度平均工资水平、本年度工资调整比例、涉及职工人数以及工资分配制度等情况说明;报送劳动保护专项集体合同的,提供本单位职业危害岗位及在岗人数,对职业危害岗位所采取的保护措施等情况说明;报送女职工保护专项集体合同的,提供本单位女职工权益保护等情况说明。

4. 用人单位、工会依法成立的证明材料,法人单位分支机构报送集体合同审查,应同时报送法人单位授权委托书。

5. 职工代表大会或职工大会通过集体合同的决议,应当注明到会人数、投票表决情况。

6. 集体协商代表基本情况,包括集体协商双方首席协商代表任职资格证明及身份证复印件;首席代表是委托的,需附委托人的身份证复印件及授权委托书;集体协商代表姓名及工作岗位。

7. 由双方首席协商代表签字确认的集体协商记录。

劳动行政部门应当自收到集体合同文本及相关材料之日起15日内审查完毕,制作《集体合同审查意见书》,并将《集体合同审查意见书》送达用人单位。

集体合同生效的时间,以劳动行政部门送达《集体合同审查意见书》的日期为准。劳动行政部门自收到集体合同文本及相关材料之日起十五日内未提出异议的,集体合同即行生效。

(九)公示

企业应当自集体合同生效之日起十日内,以公示形式向全体职工公布。

第二节　集体协商

一、集体协商的含义

（一）集体协商的含义

集体协商是指用人单位与本单位职工根据法律、法规、规章的规定，就劳动报酬、工作时间、休息休假、劳动安全卫生、职业培训、保险福利等事项签订集体合同以及其他与劳动关系有关的制度进行平等商谈的行为。用人单位与本单位职工签订集体合同或专项集体合同，以及确定相关事宜，应当采取集体协商的方式。集体协商主要采取协商会议的形式。平等、公开、公平、和平、在法律框架内协商是集体协商的主要特征。

（二）集体协商与集体合同的关系

集体协商与集体合同是两个制度，他们相互联系又有区别。集体协商是签订集体合同的法定必经程序和关键环节，集体合同是集体协商的结果之一。也就是说，有集体合同必有集体协商，但有集体协商未必有集体合同。集体协商的质量决定集体合同的质量，未集体协商而签订的集体合同，是无效的合同。

（三）集体协商的现实意义

集体协商是一种在现行法律法规规定的范围内的协商，遵守现行法律法规是集体协商的前提。现实生活中，劳资双方的地位是有较大差别的，但是，在实施集体协商时，劳资双方代表的法律地位应该是平等的，双方应当本着合法、平等、公平、互利的原则，友好协商、和平协商。

我国的集体协商制度是在借鉴西方国家集体谈判制度的基础

上建立起来的,1995 年《劳动法》的施行,标志着我国开始推行集体
协商制度。应该说,集体协商制度在我国推行以来,发挥了巨大作
用。其现实意义不言而喻。归结起来,主要表现在以下几个方面:

一是集体协商是维护劳动者权益的一个不可或缺的重要手
段。开展集体协商,能够建立企业与职工的利益共享机制,实现
劳资双方的互利共赢。有了集体协商,职工可以在企业经济效益
增长的同时,同步分享企业发展的成果,增加劳动报酬等相关
利益。

二是集体协商是促进企业可持续发展的重要途径。集体协
商是维护企业生产经营和各项工作的保证,有了集体协商,可以
建立一种常态化、制度化和长效化的利益协调机制,推动企业与
职工协商共谋、机制共建、效益共创、利益共享。职工的积极性和
工作热情被充分调动起来,何愁企业长盛不衰。

三是集体协商构建和谐劳动关系的重要方法。集体协商作
为一种方式方法,可以找到劳资双方的平衡点和契合点,在一定
程度上,能够主动规范劳资双方履行权利和义务的行为,即使双
方遇到一些利益冲突和矛盾,也能及时化解,及时平息,从而使劳
动关系既充满活力,又保持和谐稳定。

二、集体协商的原则

(一)合法原则

遵守法律、法规、规章及国家有关规定。《劳动法》《工会法》
和《劳动合同法》等法律赋予了企业和职工关于集体协商的相应
权利,劳资双方就应按照法律的规定,依法开展集体协商,主体、
内容要合法,形式、程序同样要合法。

（二）平等原则

相互尊重，平等协商。开展集体协商，是职工参与企业民主管理的一项重要活动，参与集体协商的双方在法律上具有平等的地位，双方应当平等相处，不论哪一方，都要认真听取对方的建议和要求，不可回避，不可有任何歧视行为。

（三）公平原则

集体协商双方需要开诚布公，坦诚相见。在具体协商过程中，必须诚实守信，公平合作，相关约定要注意合理性，不能脱离实际盲目要价，更不能强加于人。任何一方都要切实担当法律责任，对于达成的共识和决定，必须恪守承诺，切实履行。

（四）互利原则

在集体协商过程中，企业方和职工方都要本着企业稳定和生产发展的大局出发，兼顾双方合法权益。企业不能只考虑自身的经济效益，而忽视职工的基本权益；职工也不应着眼于眼前利益，而忽视企业的长远利益。集体协商的结果，应该体现双方权益的统一。

第三节　集体协商的基本程序和要领

一、集体协商的基本程序

关于集体协商的程序，与集体合同一样，国家层面的法律法规对具体细节没有做过多的规定，只是做了一个原则性安排。随着集体协商在我国各行各业的深入推进，各地在开展集体协商工作中创造了许多成功经验和好的做法，有的省份通过地方法规的形式予以了明确，有的省份通过下发指导手册进行了细化。

　　有关集体协商的基本程序与集体合同大体相当,基本程序包括协商准备、代表产生、协商要约、平等协商、合同草案、审议通过、报送审查、企业公布、合同履约、监督检查和变更解除等主要环节。需要强调的是,集体合同是集体协商的结果,没有集体协商形成的集体合同是无效的合同。但是,集体协商并不要求所有事项都必须形成集体合同,它的侧重点是行为本身,重在体现职工参与企业民主管理的过程。企业通过集体协商,以真心换真情,职工有了尊严、有了归属感,劳资双方自然拧成一股绳,企业的凝聚力和创造力也必然大为提升。所以,集体协商的基本程序必须是合法的、平等的、公开的、互利的,也只有将集体协商的基本原则落实并贯穿于整个集体协商的全过程,切实履行相关程序,集体协商的意义和价值才能充分实现。本章拟推荐江苏省总工会民管部所制作的《工资集体协商程序参考指引》,值得相关用人单位借鉴。

参考文本:工资集体协商程序参考指引

　　为规范工资集体协商程序,提高工资协商质量,保证工资集体协商实效,根据有关法律法规、结合基础实际,特编写本指引,供基础参考。

　　一、协商准备

　　1. 召开会议。企业行政、工会初步沟通,列入各自工作计划。企业召集行政会议研究安排开展工资协商工作,制订有关计划落实有关人员;工会召开全体委员会会议,对开展工资协商工作进行研究部署,制订当年工资协商工作计划和协商方案。

　　2. 宣传造势。行政、工会通过有关会议、宣传媒介、公开栏等多种方法、途径,向职工宣传工资协商有关法律法规和开展工资协商的要求,营造开展工资协商氛围,引导职工通过正常渠道,合理表述对工资方面的意见。

3. 搜集信息。双方搜集、交换政府年度发布企业工资指导线、当地最低工资标准、劳动力市场价位、本地区城镇居民消费价格指数、同类企业职工工资、本企业生产经营和劳动生产率等情况。

4. 征集意见。通过发放征求意见表、个别走访、集体座谈等方式,广泛征求职工对工资收入和工资协商工作的诉求和建议。

5. 制订草案。行政通过对生产经营、发展分析,确定工作协商相关指标数据;工会梳理职工对工资收入的诉求和建议,结合有关信息资料,制订工资协商草案,确定本次工资协商要解决的问题和达到的要求。

工会提示:工资集体协商时工会维护职工合法权益的重要任务,要经企业工会委员会会议认真讨论,充分发挥工会委员会的集体作用;重点加强与企业行政的沟通交流;制订的草案要体现多数职工意愿、兼顾少数职工特殊诉求、符合企业实际。

二、产生代表

1. 推选代表。企业方由法定代表人或管理者根据工资协商要求指定协商代表。首席代表由法定发表人或主要负责人担任,或书面委托本单位其他负责人担任。职工方由工会制订协商代表的推选办法、推选条件。而后工会根据条件推荐职工方协商代表候选人,或由基层工作推荐上报代表候选人。职工方首席代表由工会主席担任,工会主席可以书面委托其他人员作为自己的代理人。未成立工会的,职工方协商代表和首席协商代表也可以由地方工会或者行业工会指导职工民主推荐。

2. 明确人数。工会与企业应遵循双方协商主体平等、代表人数对等的原则,根据企业规模、职工人数确定代表人数,其中任何一方代表人数不宜少于三名。

3. 代表当选。职工方工资协商代表候选人产生后,应经职代会(职工大会)表决确定后,方可当选并享受相应的待遇和有关法律法规明确的保护规定。

4. 外聘代表。根据需要,企业、工会均可聘请本企业以外的专业人士,如法律顾问、工资协商指导员等担任己方协商代表,但外聘代表不得超过本方协商代表总数的三分之一。

5. 代表保护。职工方协商代表任期由工会确定,一般不短于一年。由企业内部产生的协商代表参加工资集体协商的活动应视为提供正常劳动,享受的有关待遇不变。其中,职工协商代表的合法权益受法律保护。企业不得对职工协商代表采取歧视性行为,不得违法解除或变更其劳动合同。

6. 培训代表。工会对职工方协商代表有责任进行有关法律法规和协商方法、策略、技巧等培训,并如实告知本次协商的主题、重点及相关信息。做好代表责任分工。

7. 候补代表。双方可以各自确定候补协商代表一至两名。其产生的程序、任期与协商代表相同。协商代表出缺时,由候补协商代表递补。

工会提示:双方代表身份不得互兼。职工方协商代表中要注意吸收不同类别代表;女职工人数多的企业要有女职工代表;在代表结构上要做到知识能力上的互补、岗位类别上的互补、性格类型上的互补、年龄性别上的互补;要着力提高代表的素质和能力。

三、协商要约

1. 要约形式。工资集体协商要约指协商主体一方向另一方发出协商约定。要约一般是以书面形式发出,也可以通过会议、协商等口头约定。

2. 要约主体。职工方和企业方都有向对方发出要约的责任和权利。

3. 要约内容。要约内容可包括协商的时间、地点、内容、代表人数和名单、需要对方提供的有关资料。

4. 要约时限。要约发出后,对方必须在法律法规规定或双方约定的期限内答复,不得拒绝或拖延。企业方应在正式协商会议开始的 5 个工作日前,根据需求向职工方提供企业涉及工资协商有关的生产经营资料。

工会提示:工会在向企业方正式发出要约前,应注意先沟通再要约、有共识再要约。注意选择要约的有利时机、提出切合实际的协商要求、内容条款。上级工会有责任及时提供指导服务:协助向企业行政宣传沟通、提供协商需求的信息、推荐工资协商指导员、提供对职工方代表的培训等。

四、平等协商

1. 协商形式。平等协商主要是以会议形式进行。

2. 协商人数。双方人数对等、确认双方首席协商代表,首席代表应有相应的社团法人资格证书或者有关法人代表的委托证明。

3. 会议主持。由双方首席协商代表轮流主持。经双方协商同意也可以由一方主持。

4. 协商内容。① 工资分配制度、工资标准和工资分配形式;

② 职工年度平均工资水平及其调整幅度;③ 奖金、津贴、补贴等分配办法;④ 工资支付办法;⑤ 变更、解除工资合同的程序;⑥ 工资合同的期限;⑦ 工资合同的终止条件;⑧ 工资合同的违约责任;⑨ 双方认为应当协商约定的其他事项。根据本次要约的具体内容,逐项进行协商。

5. 增资条件。出现以下条件之一的,企业应当为职工提高工资:① 本单位利润增长;② 本单位劳动生产率提高;③ 当地人民政府发布的工资指导线提高;④ 本地区城镇居民消费价格指数增长。

6. 会议记录。协商会议要形成会议记录,并由双方首席代表签字确认。

7. 协商中止。协商中出现事先未预料的情况或者协商未形成一致意见的,经双方同意可以中止协商。中止协商的期限一般不超过三十日,双方另有约定的除外。

工会提示:平等协商是工资协商工作的关键,要精心准备、慎秘运作,要依法、依理、依情、依实协商。要讲究策略、注重技巧、坚持原则、守住"底线",促进协商成功,维护职工利益、符合企业实际。

五、合同草案

1. 起草合同。在双方协商形成一致意见的基础上,起草工资专项集体合同草案。可以由单方起草,也可以双方共同起草。

2. 合同内容。工资合同草案应当载明双方协商决定的内容条款,以及单位名称、地址和双方首席协商代表姓名、职务,合同起止时间、违约责任等。

3. 合同期限。工资专项集体合同一般一年签订一次。

工会提示:合同草案是协商结果的反馈,在形成合同草案时,要体现协商意见的真实性、协商内容的具体性和合同落实的操作性。

六、审议通过

1. 材料发放。企业召开职代会(职工大会)审议工资专项集体合同前,应将合同草案提前 5 个工作日发给职工代表。

2. 收集反映。工会应收集职工代表对合同草案的意见和建议。如职工对合同草案有较大异议的,由协商双方进一步协商修改后才能提交职代会(职工大会)审议。

3. 大会审议。职代会(职工大会)审议工资协议草案时:① 必须有三分之二以上应到会职工代表(职工)出席方可开会;② 向职工代表(职工)汇报工资专项集体合同(草案)内容及有关工资协商工作情况,听取意见;③ 采用票决方式对草案进行表决;④ 草案经应到会职工代表(职工)过半数同意,即获通过;⑤ 未获通过的草案,由职代会(职工大会)责成双方重新协商再次提交审议。

4. 双方签字。企业方和职工方首席代表当场在通过的工资专项集体合同文本上签字。

工会提示:职代会审议通过工资专项集体合同是工资协商的重要环节,通过职代会审议把关,进一步扩大工资协商影响,维护职工合法权益、促进企业的和谐发展。

七、报送审查

1. 报送时间。经职代会审议通过工资专项集体合同必须报送当地人力资源和社会保障部门审查通过后,才能具有法律约束力。工资合同签订后,企业要在 10 日内报当地人力资源和社会保障部门审查。

2. 审查材料。企业在报送审查时需提供以下材料:① 工资专项集体合同文本一式三份;② 企业法人营业执照复印件;③ 工会社团法人或工会主席合法资格证明材料;④ 双方首席代表或委托人的身份证复印件、授权委托书;⑤ 双方参加协商代表名单;⑥ 职代会(职工大会)通过的决议;⑦ 协商记录。

3. 审查内容。人社行政部门对工资合同下列事项进行审查:一是集体协商双方的主体资格是否符合法律、法规规定;二是集体协商程序是否违反法律、法规规定;三是集体合同或者专项集体合同内容是否与国家规定相抵触。

4. 审查时限。当地人力资源和社会保障部门对工资专项集体合同进行合规性审查,并自收到文本后十五日内将审查意见告知报送单位或组织,并发出《集体合同审查意见书》,未提出异议的即行生效;提出异议的,企业双方协商代表进行协商修改后,重新报送。

工会提示:经人力资源和社会保障部门审查同意,是工资合同具有法律约束力的重要程序。要敦促企业按时、按要求报送,加强与人力资源和劳动保障部门的审查进度联系。

八、企业公布

1. 时间要求。审查生效后十日内,企业要将合同全文向全体职工公布。

2. 公布方式。按照厂务公开的要求,通过厂务公开栏、网络平台、内部报刊等形式公布。

工会提示:工会要督促协助行政在规定的时间内,通过多种途径及时公布工资专项集体合同的全文,使全体职工知晓。

九、合同履约

1. 行政负责将合同内容(条款)分解到劳动工资等有关部门执行。

2. 合同履行情况应列入对有关责任部门的考核指标。

工会提示:合同条款必须及时转化成具有执行力的目标任务,列入对责任部门的考核。职工个人与企业签订劳动合同的劳动标准中,工资分配标准按照不低于工资集体合同规定执行。

十、监督检查

1. 人员组成。对工资合同履行情况的监督检查,由企业方和职工方分别派员参加。

2. 检查时间。双方人员每半年对工资合同履行情况检查一次;必要时可临时组织抽查。

3. 问题处理。对检查中发现的问题,检查人员以书面形式提交双方首席代表共同研究,协商处理。

4. 公布情况。企业每半年向职工公布一次工资合同履行情况。

5. 大会报告。企业每年至少一次向职代会(职工大会)报告工资合同履行情况。

6. 民主评议。可以适时组织职工代表(职工)对企业工资合同履行进行民主评议,提出意见和建议。

工会提示:要形成工资合同履行监督检查的长效机制,建立相关的制度,充分发挥好职代会(职工大会)推动企业建立科学合理的分配机制、职工工资增长机制的作用。

十一、变更解除

1. 条件:① 订立合同所依据的法律法规、规章或政策依据修改或者废止;② 不可抗力致使合同部分或者全部无法履行;③ 合同约定的变更或者解除条件出现;④ 法律法规规定的其他情形。在协议有效期内,出现上述情形之一,双方可以协商,解除或变更工资合同。

2. 提出方式。提议的一方,以书面形式说明理由,并提供相关证据。

3. 解决途径。按照工资协商的程序进行。

工会提示:合同的履行要根据情况的变化,经协商一致后,及时变更修订有关条款,使工资合同符合实际,保证实效。工资合同的主要条款修订和变更重要内容,应通过集体协商,结果报职代会(职工大会)审议。

(摘自江苏省总工会民管部《工资集体协商工作参考》)

二、集体协商的要领

(一) 集体协商的内容必须控制在法律规定范围之内

关于适用范围,现行法律有明确的规定,主要涉及劳动用工管理、劳动报酬、工作时间和休息休假、劳动安全卫生、女职工特殊保护、社会保险和福利、职业技能培训、集体合同变更解除和终止等方面。这些内容都是集体协商中可以协商的内容,有关企业生产经营方面的内容不在集体协商范围之内。当然,协商的内容可以是全面的,也可以就具体事项,比如工资问题进行专项协商。

(二) 集体协商需要充分听取职工的意见

通常情况下,开展集体协商,职工一方是通过工会与企业方进行协商的,代表职工的工会理所应当维护职工的合法权益。在开展集体协商的过程中,必须倾听职工的意见和要求,了解职工的真实心声,尽可能依靠职工获取更多有利于职工的素材和理由,以便在集体协商过程中做到有理有据。集体协商约定的条款要体现和反映职工的意愿,要保证职工能够分享企业经济发展成果。特别是要根据本单位利润、劳动生产率、劳动力市场工资指导价位、工资指导线、最低工资标准、城镇居民消费价格指数等变动情况,就职工年度工资水平、工资调整办法和工资总额进行协商,从而推动企业建立工资正常增长机制,合理提高劳动者工资。

(三)集体协商形成的集体合同要把握好劳动基准与协商约定的融合性

集体合同是最低标准合同,是劳动者就劳动报酬、工作时间、休息休假、劳动安全卫生、保险福利等事项的最低标准和用人单位达成的协议。集体合同中劳动报酬和劳动条件等标准不得低于当地人民政府规定的最低标准;用人单位与劳动者订立的劳动合同中劳动报酬和劳动条件等标准不得低于集体合同规定的标准。要在强调遵守国家劳动基准前提下,尊重主体双方意愿,尽可能对主体双方可协商、能协商的内容留有充分空间,引导主体双方结合实际就具体事项进行协商。如规章制度的告知形式、职业培训费用的使用方式、带薪年休假的实施办法等,都鼓励双方通过协商达成合意。

(四)集体协商需要强化集体合同的引导性和可操作性

集体协商应该朝着高于法律规定、有利于劳动者的方向进行。但是,现实生活中,时常可以看到有的企业存在着集体合同文本"格式化"、内容"空心化",洋洋洒洒数十页的内容都是法定的最低标准,几乎对劳动者没有任何好处,对维护和保障职工的利益实现没有发挥应有的作用。具体表现在完成任务指标多,体现职工自身需要少；原则性条款多，可操作性条款少；内容从法律法规规章中摘抄的多，反映企业和工会谈判成果的少；知道签订了集体合同的多，知道进行了集体谈判的少。就具体条款来看，不少企业几乎所有的集体合同都约定，本单位的最低工资标准就是地方政府发布的最低工资标准。结果造成最低工资标准泛化。如果集体合同就是对国家劳动基准的直接复制，集体协商就完全失去了意义。就高不就低应该成为集体协商的一个观念取向，并且要落实在具体的约定上，落实在可操作的具体举措上。如果集体协商和集体合同流于形式，则失去了其应有的意义和价值。

本章小结

1. 集体合同是指企业与职工就劳动报酬、工作时间、休息休假、劳动安全卫生、保险福利等劳动关系有关事项，通过平等协商签订的书面协议。集体合同是一种特殊的劳动合同，它是集体协商的结果，是全体劳动者与企业通过平等协议形成的一种契约。集体合同适用于企业全体劳动者。

2. 集体合同一经生效，就具有法律效力，包括适用效力、时间效力、空间效力与优先效力，集体合同的法律效力高于劳动合同。

3. 用人单位违反集体合同、侵犯职工劳动权益的，工会可以依法要求用人单位承担责任。因履行集体合同发生争议，经协商解决不成的，工会可以依法申请仲裁、提起诉讼。

4. 集体合同有企业集体合同、区域性集体合同、行业性集体合同、综合性集体合同和专项集体合同之分，其目的是弥补劳动保障法律法规及劳动合同的不足和缺失，强化劳资双方的沟通机制,集体合同作为企业民主管理是一项制度安排。

5. 企业与劳动者订立劳动合同是法定义务,企业与全体劳动者订立集体合同,是对劳动者个人劳动合同的补充与完善,是巩固和提升劳动关系运行质量的有效举措。企业不能用集体合同代替劳动合同,更不能以集体合同来回避与劳动者签订劳动合同的法定义务和法律责任。

6. 集体合同由工会代表企业职工一方与用人单位订立;尚未建立工会的单位,由上级工会指导劳动者推举的代表与用人单位订立。集体合同订立必须严格遵守相关程序要求。

7. 集体合同是集体协商的结果,没有集体协商形成的集体合同是无效的合同。

8. 集体协商的基本程序必须是合法的、平等的、公开的、互利的,也只有将集体协商的基本原则落实并贯穿于整个集体协商的全过程,切实履行相关程序,集体协商的意义和价值才能充分实现。

9. 集体协商需要注意以下事项:(1) 集体合同的内容必须控制在法律规定范围之内;(2) 集体协商需要充分听取职工的意见;(3) 集体协商形成的集体合同要把握好劳动基准与协商约定的融合性;(4) 集体协商需要强化集体合同的引导性和可操作性。

第六章　员工的工资与支付

第一节　工资的含义与构成

一、工资的含义

工资也称工钱或者薪水,是劳动者的报酬,它是用人单位依据国家有关规定或劳动合同约定,以货币形式支付给劳动者的劳动报酬。工资有广义和狭义之分,广义的工资是指劳动者的劳动所得,劳动者因履行劳动义务获取的各种形式的物质补偿。狭义的工资是指劳动者与用人单位建立劳动关系履行劳动义务后按照国家有关规定或劳动合同约定所获取的工资报酬,有特定的构成与范围。本书所讨论的工资是指狭义的工资。工资是劳动者劳动收入的主要组成部分,是家庭收入的主要来源。工资以时薪、月薪、年薪等不同形式计算。在我国,工资一般以月薪形式计算。

工资是劳动者付出劳动的回报,是一种直接报酬。但是不包括下列内容:1. 社会保险费;2. 劳动保护费;3. 福利费;4. 解除劳动关系的一次性补偿金;5. 计划生育费用;6. 其他不属于工资的费用。

二、工资与福利的区别

工资与福利是不同的范畴。工资是劳动报酬中的一种主要形式,但劳动报酬并不都是工资,很多劳动报酬不在特定的工资范围之内,比如稿费、讲课费等等。福利不是劳动报酬的表现形式,但与劳动者的劳动有着密切的联系,福利是劳动者的间接报酬或者回报。一般包括照顾和改善劳动者生活的专项补贴、特殊费用、设施、活动和实物。比如职工生活困难补贴、职工伤病期间救济费、职工住房补贴、职工丧葬补助费、供养直系亲属抚恤费,职工食堂、托儿所、理发室、浴室、图书馆、体育锻炼场所、职工宿舍,为职工举办的生日活动、集体旅游活动,节假日食品和副食品。

福利有广义与狭义之分。广义的是指工资、奖金之外的所有待遇。狭义的是指用人单位在工资、奖金,以及社会保险之外的其他待遇。通常情况下,福利主要是狭义的福利。

福利有法定福利和补充福利之分。法定福利是按照国家法律法规必须发生的福利项目。包括社会保险、法定节假日、特殊情况下的工资支付、工资性津贴、工资总额外的补贴项目(计划生育独生子女补贴、冬季取暖补贴)。

福利还有集体福利与个人福利之分,还有经济性福利和非经济性福利之分。

三、工资的构成

一般来讲,工资由下列六个部分构成。

（一）计时工资

计时工资是按照职工技术熟练程度、劳动繁重程度和工作时间长短支付工资的一种形式,是最基本的工资形式。

（二）计件工资

计件工资是按劳动者生产合格产品的数量和预先规定的计件单价计算的一种工资形式。包括实行超额累进计件、直接无限计件、限额计件、超定额计件等工资制,按劳动定额和计件单价支付给个人的工资,按工作任务包干方法支付给个人的工资,按营业额提成或利润提成办法支付给个人的工资等。计件工资是计时工资的转化形式。

（三）奖金

奖金是指支付给职工的超额劳动报酬和增收节支的劳动报酬,是计时工资的辅助形式。包括:1. 超产奖,按超额劳动成果的数量来计发;2. 质量奖,在完成生产任务的前提下,以产品质量合格率作为考核指标;3. 节约奖,在完成生产任务的前提下,按节约原材料、燃料消耗的数额的情况给予奖励;4. 安全生产奖,在完成工作任务的前提下,按安全生产的情况给予奖励;等等。

（四）津贴或补贴

津贴和补贴是指为了补偿职工特殊或额外的劳动消耗和其他特殊原因支付给职工的津贴。1. 为补偿劳动者在特殊劳动条件下的劳动消耗和额外劳动消耗,有矿山井下津贴、野外施工津贴、高温津贴等。2. 为补偿劳动者特殊劳动消耗及生活费额外支出而设的津贴,有林区津贴、山区津贴、驻岛津贴、艰苦气象台津贴等。3. 为特殊保健要求而设的津贴,有保健津贴、医疗卫生津贴等。4. 住房补贴,是国家为职工解决住房问题而给予的补贴资助,即将单位原有用于建房、购房的资金转化为住房补贴,分次或者一次性发给职工,再由职工到住房市场上通过购买或者租赁等方式解决自己的住房问题。

特别关注:高温津贴

高温津贴在所有津贴和补贴中是一个需要特别关注的问题,之所以需要特别关注,是因为高温天气已经超越了简单的自然现象,劳动者在高温天气下工作,其身心健康受到的影响自然成为一个社会关注的热点问题。但是,长期以来,我国关于高温天气下对劳动者的劳动保护政策非常缺失,仅仅在 1960 年由卫生部、劳动部、全国总工会联合发布了《防暑降温暂行办法》,这个暂行办法的适用范围主要是工业、交通运输业及基本建设工地的高温作业和炎热季节的露天作业。对高温作业的保护是由用人单位发放防暑降温费,作为一个倡导性政策,更多的是鼓励用人单位重视高温天气下的劳动保护。

时隔四十二年后,2012 年 6 月,国家安监总局、卫生部、人社部、全国总工会联合发布了《防暑降温措施管理办法》,再次对高温天气作业的劳动保护工作制订了相关规定,同时将原来的防暑降温费调整为高温津贴,并纳入工资总额,有关高温津贴的标准由省级人社部门会同有关部门制定,并根据社会经济发展状况适时调整。需要引起关注的是,原来的防暑降温费属于福利范畴,而调整后的高温津贴属于工资范畴,其属性发生了性质变化,属于福利范畴的防暑降温费的发放是倡导性,而属于工资范畴的高温津贴的发放是具有强制性的,对用人单位有一定的约束力。只要具备发放条件和情形,用人单位非发不可。

2015年7月，国家安监总局、国家卫计委、人社部、全国总工会联合下发了《关于做好防暑降温工作的通知》，重申要根据《防暑降温措施管理办法》规定向劳动者发放高温津贴。应该说，近年来，国家逐步加强了对高温天气下劳动者的人文关怀和法律保护，顺应了时代和劳动者的要求。

《防暑降温措施管理办法》对高温津贴的发放条件和发放办法作了明确规定，即在高温天气（日最高气温35℃以上，含35℃）期间，用人单位安排劳动者从事室外露天作业，或者不能采取有效措施将工作场所温度降低到33℃（不含33℃）以下的，应当向劳动者发放高温津贴。

符合下列情形之一的，用人单位可以依据原劳动和社会保障部《关于职工全年月平均工作时间和工资折算问题的通知》（劳社部发〔2008〕3号）规定的制度工作时间和日工资、小时工资折算办法，按劳动者从事高温天气作业的实际工作时间发放高温津贴：

1. 高温天气时间少于制度工作时间的。

2. 除依法缩短工作时间的，劳动者从事高温天气作业的时间少于制度工作时间的。

3. 非全日制用工劳动者从事高温天气作业的。

用人单位按实际工作时间向劳动者发放高温津贴的，应当通过开展集体协商、签订集体合同、制定规章制度等方式，合理确定高温津贴的支付对象、条件和标准，并按相关规定承担举证责任及解释说明义务。

参考阅读：2023 年全国各省高温津贴标准

省份	发放时间	发放标准
北京	6 月至 8 月	室外露天作业人员每人每月不低于 180 元；在 33 ℃（含 33 ℃）以上室内工作场所作业的人员，每月不低于 120 元。
上海	6 月至 9 月	每人每月 300 元。
天津	35 ℃及以上高温天气期间	安排劳动者从事室外露天作业以及不能采取有效措施将工作场所温度降低到 33 ℃以下的，按上年度全市职工日平均工资的 12%，计算时四舍五入保留到角。
重庆	日最高气温达到 35 ℃以上、37 ℃以下为一般天气，日最高气温达到 37 ℃以上、40 ℃以下为中℃高温天气，日最高气温达到 40 ℃以上为强度高温天气	高温天气露天作业：一般高温天气作业的，按每人每天不低于 5 元标准发放；中度高温天气作业的，按每人每天不低于 10 元标准发放；强度高温天气作业的，按每人每天不低于 15 元标准发放。室内工作场所温度在 33 ℃以上 35 ℃以下的，高温津贴按每人每天不低于 5 元标准发放；35 ℃以上 37 ℃以下的，按每人每天不低于 10 元标准发放；37 ℃以上的，按每人每天不低于 15 元标准发放。劳动者已经享受高温岗位津贴的除外。
浙江	6 月至 9 月	室外作业人员每人每月 300 元、室内作业人员每人每月 200 元。
江苏	6 月至 9 月	每人每月 300 元。
山东	6 月至 9 月	从事室外作业和高温作业人员每人每月 300 元、其他作业人员每人每月 180 元。
山西	6 月至 8 月	每人每月 240 元。
湖南	7 月至 9 月	每人不低于 300 元。

续表

省份	发放时间	发放标准
湖北	6月至9月	每人每天12元。
河南	6月至9月	每人每天15元。
陕西	6月至9月	每人每天25元。
黑龙江	7月至9月	2017年哈尔滨工会建议每月200元。目前无通用标准。
河北		从事室外露天作业的劳动者每人每小时（含加班加点）增加0.5元,即由1.5元调整为2元;没有防暑降温设备或防暑降温设备达不到降低所温度效果的室内劳动者每人每小时增加0.5元,即由1元调整为1.5元。
广西	6月至10月	按月计发的,每人每月250元至300元;按天计发的,每人每天11.5元至13.8元。
安徽		每人每工作日不低于15元。
江西	6月至9月	从事室外作业和高温作业的劳动者每人每月不低于300元,室内非高温作业的劳动者每人每月不低于200元。按照劳动者实际从事高温天数计发高温津贴标准每人每天不低于20元的标准向劳动者发放高温津贴。非全日制用工的,用人单位应当按照每人每小时不低于3元的标准向劳动者发放高温津贴。
四川		每人每天10元至18元。
云南		每人每工作日10元。

续表

省份	发放时间	发放标准
福建	6月至9月	5月份应当按实际高温天数向劳动者支付高温津贴;6月至9月应当按实际高温天数向劳动者支付高温津贴。按月计发的,每人每月260元,按天计发的,每人每天12元。
海南	4月至10月	每人每天10元。
贵州	6月至9月	劳动者每从事高温天气作业一天,发放8元的高温天气津贴;从事高温天气作业的劳动者,按每月168元发放高温天气津贴。
吉林	6月至8月	每人每月200元。
辽宁	7月至9月	每人每月200元。
甘肃	6月至9月	高温、露天作业人员每人每天12元,其他作业人员每人每天8元,按在岗职工实际出勤天数计发。
内蒙古		高温岗位津贴每月180元。
宁夏	6月至9月	高温、露天作业人员每人每天12元,其他作业人员每人每天8元,按在岗职工实际出勤天数计发。
新疆		每人每天10元至20元。
广东	6月至10月	每人每月300元,如按照规定需高温天数折算高温津贴,每人每天13.8元。

从上表可以看出,我国地大物博,幅员辽阔,地区之间的差异是非常大的,高温天气及高温天气给劳动者带来的影响也是不一样的。但是,有几点注意事项是需要把握的。1.高温津贴与防暑降温费不是一回事,防暑降温费属于福利范畴,高温津贴属于工资范畴,并纳入工资总额。2.用人单位安排劳动者在35℃以上高温天气从事室外露天作业,以及不能采取有效措施将工作场所温度降低到33℃以下的,应当向劳动者发放高温津贴。3.企业发放的防暑降温饮料等物品不能冲抵高温津贴。4.高温天气温度数据以市级以上气象主管部门所属的气象台站发布的天气实况数据为准,工作地点不固定以及机动作业劳动者,高温天气温度以实际工作地点的天气实况数据为准。需要补充的是,与高温补贴一样,在我国部分地区,针对低温天气对劳动者的身体健康的损害,专门安排了低温津贴,同样纳入工资范畴。其标准与发放期限,由发生低温天气的部分省市自行确定。相对高温津贴而言,低温津贴的实施力度不够,范围也很小。

（五）加班工资

加班工资是用人单位按规定支付延长劳动者工作时间的劳动报酬,对劳动者而言,加班工资是对劳动者额外劳动的一种补偿。

（六）特殊情况下支付的工资

特殊情况下支付的工资包括职工患病或非因工负伤停止劳动期间支付的工资、劳动者依法享有的法定假日或其他假期期间支付的工资、劳动者参加社会活动占用工作期间支付的工资、用人单位停产歇业期间支付的工资。

第二节　工资的功能与分配原则

一、工资的功能

（一）分配功能

分配功能是工资的一个主要功能。工资是向劳动者分配个人消费品的社会形式，劳动者所得的工资额也就是社会分配给职工的消费品额。工资作为整个社会分配的重要形式，是社会再生产过程中的重要环节。社会生产要持续发展，必须要有生产资料和社会成员在社会各类生产之间的分配。分配是连接生产和消费的中间环节，生产决定分配，决定分配的对象和方式，没有分配，生产就不能持续进行，也就失去了生产的意义。分配对生产有着强大的促进作用，适应生产形式的分配形式，能够促进生产，反之，不适应生产形式的分配形式，只会阻碍生产的发展。劳动者以什么样的社会形式参与分配，取决于他们以什么样的形式参与生产，劳动者能够分配多少成果，同样取决于他们劳动投入的数量和质量。工资分配属于初次分配，是一种基础性的分配关系，一般来说，注重效率优先，兼顾公平。

（二）保障功能

保障功能作为工资一个重要功能，体现在对劳动者的生产和再生产的保障。生产是人类创造社会财富的过程。生产能够满足人们衣、食、住、行等必需的物质资料，能够保证人类自身世代繁衍和延续，能够满足人们必需的精神文化生活需要。再生产，就是不断反复进行的生产过程，包括人类再生产和物质再生产两大方面，通过人类自身的不断再生产和物质的不断再生产，如此周而复始、循环往复。再生产就是不断更新和不断重复的生产。工资作为劳动者的生活主要来源,其重要作用是保障劳动者及其家庭的基本生活需要,满足劳动者进行生产和再生产的需要。在现阶段,劳动者通过劳动获取一定的劳动报酬,是维持自身生活及其家庭生活的必需品,具体劳动岗位也就是劳动者的饭碗。俗话说,钱不是万能的,但是没有钱是万万不能的。当然,工资也就成为一项重要的物质保障。

（三）激励功能

工资的激励功能,体现在工资是对劳动者劳动的一种评价尺度或手段,对调动劳动者的工作积极性具有一定促进作用。激励原来是一个心理学概念,是研究人的动机和动机如何产生的原因。无数研究成果表明,在日常生活中,可以通过一定手段和方式,对人发挥行为导向作用。激励就是一种行之有效的手段,它可以成为一种起到推动和促进作用的力量,来调动人的工作积极性,将人自身潜在的能力充分发挥出来。一般来讲,工资是用人单位对劳动者的劳动付出和贡献的回报。在劳动者心目中,工资不仅仅是自己的劳动所得,在一定程度上体现了劳动者的价值,体现了用人单位对劳动者的认可与肯定,工资也是劳动者成就的象征。工资作为一种激励手段和方式,在现代企业用工管理中的作用是显而易见的,美国社会心理学家麦克利兰通过对人的需求和动机进行研究,在批判与吸收马斯洛需求层次理论的基础上,提出了成就激励理论,也称三种需要理论,将人的社会性需要归纳为三个层次,即成就需要、权力需要以及亲和需要。而劳动者由工资产生的心理感受均会影响这三种需要的满足。英国文学家威廉·莎士比亚说过:"金钱是一个好士兵,有了它,就可以使人勇气百倍。"同样是英国人的人类学家阿尔弗雷德·马歇尔说:"语言表达我们的思想,货币表达我们的欲望和财产,这两个东西给予人性更多的活力和热情,帮助人们达到目标。"也正因为此,工资具有一定的激励功能,它能够促进劳动者努力工作,奋发作为。

（四）杠杆功能

工资是一个重要的经济杠杆,放眼宏观层面,是国家用来进行宏观经济调节的经济杠杆,对劳动力总体布局、劳动力市场、国民收入分配、产业结构调整都有直接的调节作用。着眼微观层面,也是本书所讨论的重点,是作为用人单位的企业的工资问题。工资对企业的生产发展和经济效益也是一个重要的经济杠杆,企业通过工资的变动来促进劳动力的合理流动,应该说,工资水平的高低和公平与否,对企业的职工队伍的稳定和整体素质的提升有着重要的推进作用。在市场经济条件下,工资的市场决定机制日益完善,工资的杠杆作用也是日益明显。科学合理地发挥工资杠杆作用,特别需要处理好工资的制度安排和政策设计。合理的工资分配制度是发挥工资杠杆作用的前提和基础。要建立适应现代企业制度要求的新型工资分配机制,选择适合企业自身特定和实际需要的工资分配形式。坚持按劳分配和效益决定工资的原则,企业的工资水平要与企业的整体效益相适应,劳动者的收入要与其工作业绩相适应。一般来讲,劳动者的工资收入取决于企业的经济效益,而企业的经济效益又取决于劳动者的劳动热情和积极性的发挥。科学设计工资收入与企业经济效益的杠杆机制,可以合理调整劳动者的人员流动和布局,调动劳动者学习业务,提高技能和工作效率的积极性,从而进一步提升企业的经济效益。

二、工资的分配原则

（一）按劳分配

按劳分配就是用人单位根据劳动者的数量和质量来决定其工资报酬,在科学合理设定劳动定额的基础上,实行多劳多得,少劳少得,不劳不得。按劳分配是工资分配的首要原则,也是主要原则。按劳分配原则来源于马克思《哥达纲领批判》,列宁在《国家与革命》中作了进一步发展,进而成为社会主义公有制条件下分配个人消费品的重要原则。就企业工资管理而言,按劳分配是首先需要遵循的原则。按劳分配的核心是"劳",这个劳,通常来讲,就是一定数量和质量的劳动。但事实上,劳动是一个具有多重属性的概念。劳动有一般劳动和具体劳动之分,有简单劳动和复杂劳动之分,有有效劳动和无效劳动之分,劳动最终以劳动成果来体现,按劳动成果来分配也是按劳分配应有之义。所以,按劳分配,既要考虑到劳动者付出的劳动时间,又要考虑到劳动者体力、智力的投入,以及劳动成果。按劳分配不宜简单处置,而是需要从劳动的多重属性和多种变量来判定和计算。

（二）同工同酬

同工同酬,就是等量劳动获得等量报酬。同工同酬,从宏观上讲,是指技术和劳动熟练程度相同的劳动者,在从事同一工作时,不分性别、年龄、民族、区域、城乡等差别,只要提供相同的劳动量,就应给予同等的劳动报酬。同工不同酬在不同地区、不同行业、不同部门不同程度地存在着,这是我国社会主义初级阶段存在的一个突出问题,必须下功夫来解决这个问题。本书更为关心的是微观层面的同工同酬,即用人单位的同工同酬问题。一般来讲,用人单位对于从事相同工作,付出等量劳动且取得相同劳动业绩的劳动者应当支付同等的劳动报酬。同一用人单位对相同或者相近岗位上的劳动者应当执行相同的工资分配制度。需要指出的是,绝对的同工同酬,是理想化的,也是不存在的。同工同酬并不意味着工资数额的绝对等同,同工同酬可以因为劳动能力、劳动成效、劳动出勤等有所区别,这是按劳分配原则的具体细化,也是公平正义的重要体现。在实际生活中,劳务派遣用工的同工同酬问题,应当引起企业用工管理者的关注。《劳动合同法》明确规定,被派遣劳动者享有与用工单位的劳动者同工同酬的权利,用工单位应当按照同工同酬的原则,对被派遣劳动者与本单位同类岗位的劳动者实行相同的劳动报酬分配办法。用工单位无同类岗位劳动者的,参照用工单位所在地相同或者相近岗位劳动者的劳动报酬确定。

（三）收益共享

用人单位取得的收益要与劳动者共同享受,效益与公平必须兼顾。共享是一种价值观念和价值追求,它是中华民族的传统文化精髓,也是通行各国的价值观念。用人单位的各项生产经营活动,需要全体成员共同参与,其劳动成果理应由全体成员共同收益,共同享受,这也是公平正义的体现。正如习近平同志所说,要保障所有劳动者"共同享有人生出彩的机会,共同享有梦想成真的机会,共同享有同祖国和时代一起成长与进步的机会"。本书所言的共享,主要是劳动者通过一定数量和质量的劳动,有分享用人单位劳动成果获得物质利益的权利和机会,包括工资增长在内的各项收益。但需要指出的是,共享不是平均主义,也不是劫富济贫,更不是"大锅饭"。工资分配作为初次分配,需要体现各个劳动者不同劳动投入的差异,合理的差异或者区别是允许存在的,也是现实所需。允许不同贡献的劳动者得到不同的报酬,合理拉开收入差距,也要避免显失公平、分配不公、收入高低悬殊的现象发生。工资分配必须控制在一定的合理区间之内。这个区间如何把握,需要参照用人单位在岗职工的平均工资和所在地区社会平均工资等多项因素综合考量。

（四）适度增长

工资属于刚性范畴,增长是它的基本属性。建立健全职工工资增长机制是用人单位在工资管理方面的制度安排和必要选择。工资增长是社会经济发展的客观需要,也是用人单位自身发展的现实要求。经济在发展,物价在变化,职工的生活需求也在提高,客观上要求,作为支撑劳动者生产和再生产等功能的工资报酬应该随着社会经济的发展而同步增长。就用人单位而言,劳动者需要分享发展和改革的成果,才能与用人单位同命运、共呼吸,才能与用人单位融为一体共同成长。很难想象,一个用人单位如果只顾单位自身的发展,而忽视劳动者的发展,还可以持续发展下去。换到劳动者的角度,如果自身工资增长跟不上物价上涨速度,导致其实际生活水平下降,劳动者在用人单位的生产积极性自然也就难以维持。所以,工资必须伴随着生产的发展而提高,工资增长要与社会劳动生产率、用人单位经济效益的增长同步增长。工资增长是必需的,但增长不是无条件和绝对的,必须有一个合理的增长区间。工资适度增长就是细水长流,源源不断。细水长流是可持续发展的基本要素,只有细水长流,用人单位才能稳步发展。工资管理就像一个水闸,放多了或者放猛了,都不能发挥其积极的效用。工资增长必须关注其增长的效用。改革开放以来,我国用人单位特别是企业职工的工资得到较大幅度的增长,在一定程度上发挥了工资基本功能的作用。但是,用人单位职工工资增长机制没有健全,其应有的功效也是大打折扣。最突出的问题是工资虽然增长了,但是在提高劳动生产率和提升劳动者综合素质等方面的作用还存在严重缺失,没有起到应有的作用。这一问题,需要用人单位引起关注。工资需要增长,工资需要适度增长,工资还需要有效增长。

第三节　工资的支付

一、工资的支付方式

根据我国现行劳动保障法律法规,目前用人单位关于工资的支付方式只有一种,即货币支付。工资应当以法定货币支付,不得以实物和有价证券替代货币支付。货币本身是一种商品,是商品交换发展到一定阶段的产物,是一种从商品中分离出来充当一般等价物的商品,是一般商品不可替代的。作为一种价值尺度,货币使得人们可以将不同形式的商品转化为价格形式,然后再与其他商品进行交换。劳动者获得货币,可以购买他所需要的一切商品,用来满足他本人及家庭的生活与发展。劳动者通过一定劳动付出获得的货币收入,也就是我们通常所说的钱。有钱可以吃饭,可以穿衣,可以购买或者租赁房屋,可以使用各种交通工具,有钱可以解决衣食住行问题,并且可以在此基础上,不断提高生活质量和水平。

工资通过货币支付形式能够反映劳动者的劳动价值,特别是能够反映劳动者的劳动付出与劳动报酬的关系,从中体现按劳分配的工资分配原则。在市场经济条件下,货币除了价值尺度,还有流通手段、支付手段、储藏手段和世界货币等功能。所有这些功能也是劳动者劳动价值的体现。以货币作为工资的支付形式,有利于实现劳动者的消费需求,也有利于保护劳动者的劳动报酬权益。打工挣钱,天经地义,货币作为一种工资支付方式,看得见、摸得着,也赖不掉。货币作为一种工资支付形式,也是目前世界各国通行的做法,这种方式,从宏观上来讲,有利于国家对用人单位工资管理的有效调控和兜底干预。

就用人单位而言,劳动者按照劳动合同约定履行了一定的劳动义务,就必须向劳动者支付相应的劳动报酬。这一劳动报酬就是工钱,这个工钱必须用货币形式来支付,不得以其他商品等实物和有价证券方式替代货币支付。同时,用人单位不得规定劳动者的用途,不得要求劳动者在指定地点、场合消费,也不得规定劳动者的消费方式。

二、工资的支付对象

工资的支付对象就是劳动者本人。只要劳动者按照劳动合同约定亲自履行劳动义务,用人单位就应当将工资直接支付给劳动者本人,并同时提供包括应付工资项目及数额、支付日期、实发数额、代扣和扣减工资等内容在内的劳动者本人的工资清单。劳动者因故不能领取工资时,可由劳动者亲属或者被委托人代领。用人单位向第三人支付工资,必须征得劳动者的同意和法律许可。没有劳动者的同意和法律许可,用人单位不得向劳动者之外的第三人支付工资,否则,要承担法律责任。现实生活中,在部分行业特别是建筑行业,由于其行业用工特点,在工资支付方面常常发生脱节,以致造成工资拖欠问题日益突出,成为影响社会稳定的一个重大隐患。主要原因就是工资没有直接支付给劳动者本人,工资支付管理严重缺失,加上其行业长期以来形成落后惯例,工资拖欠问题成为一个顽疾。要消除这一顽疾,必须通过源头治理、综合治理、系统治理等举措来解决。近年来,部分地区针对工资拖欠问题探索建立的用工实名制管理制度、特殊行业劳动者工资专用账户制度和委托银行代发工资制度就是贯彻执行工资直接支付给劳动者的有效举措。

在金融服务信息化和网络化的条件下,用人单位可以委托银行向劳动者代发工资,委托银行发放工资也是一种直接支付的方式。

三、工资的支付时间

工资的支付时间是定期支付,即在一定周期内支付工资。工资支付周期从理论上来讲,有时薪、月薪、年薪等不同计算形式。在我国,工资一般以月薪形式计算,也就是每月发工资。所以,用人单位必须在与劳动者约定的日期支付工资。通常情况下,时间要相对固定,如遇节假日或休息日,则应提前在最近的工作日支付。工资至少每月支付一次。在工资支付时间方面,需要妥善处理好下列几种情形:

第一,实行周、日、小时工资制的可按周、日、小时支付工资。实行年薪制或者按照考核周期支付工资的,应当每月预付部分工资,年终或者考核周期期满后结算并付清。

第二,实行计件工资制或者其他相类似工资支付形式的,工资支付周期可以按计件完成情况约定。

第三,以完成一次性劳动任务或者某项具体工作结算的劳动者,用人单位应当按照有关协议或者合同规定在其完成劳动任务后即支付工资,结算周期超过一个月的,用人单位应当每月预付工资。

第四,劳动关系双方依法解除或者终止劳动合同时,用人单位应当在解除或者终止劳动合同时一次性付清劳动者的工资。

工资支付的关键问题是不得无故拖欠工资。这里需要说明的是,无故拖欠是指用人单位无正当理由超过规定付薪时间未支付劳动者工资。但有两种情形例外。一是用人单位遇到非人力所能抗拒的自然灾害、战争等原因,无法按时支付工资。二是用人单位确因生产经营困难、资金周转受到影响,暂时无法按时支付工资的,在征得本单位工会同意后,可以暂时延期支付劳动者工资。延期时间的最长期限由各省、自治区、直辖市劳动行政部门根据各地情况确定。就用人单位而言,通常情况下,还应当与劳动者说明情况,并与工会或者职工代表协商一致,作出延期支付工资的方案和具体安排。

在现行法律法规中,工资的支付时间是有严格规定的,容不得规避或者变通。但是,就是有少数企业,出于多种因素的需要,时常压后一个月延期支付工资,或者将一个周期内应该支付的加班加点工资、津贴补贴、奖金等延后支付,这显然是违法的,必须及时纠正。

四、工资的支付项目

工资支付项目一般包括计时工资、计件工资、奖金、津贴和补贴、延长工作时间的工资报酬和特殊情况下支付的工资。所列工资项目,凡是涉及劳动者劳动所得和法定所得必须全额支付。用人单位不得克扣劳动者工资,但是如果具有法律法规规定的情形,用人单位可以代扣劳动者的工资。具体法定情形包括:用人单位代扣代缴的个人所得税,用人单位代扣代缴的应由劳动者个人负担的各种社会保险费用,法院判决、裁定中要求代扣的抚养费、赡养费,以及法律法规规定可以从劳动者工资扣除的其他费用。禁止非法扣除工资,即使在法定允许扣除工资的情况下,每次扣除工资额也不得超出法定限度。

劳动者从事劳动取得的收入,除了纳入工资支付项目,还有其他劳动收入,但不属于劳动法意义上的工资范围,所以也不在工资支付项目之中。这些项目包括:

1. 单位支付给劳动者个人的社会保险福利费用。如丧葬抚恤救济费、生活困难补助费、计划生育补贴等。

2. 劳动保护方面的费用。如用人单位支付给劳动者的工作服、解毒剂、清凉饮料费用等。

3. 按规定未列入工资总额的各种劳动报酬及其他劳动收入。如根据国家规定发放的创造发明奖、国家星火奖、自然科学奖、科学技术进步奖、合理化建议和技术改进奖、中华技能大奖等,以及稿费、讲课费、翻译费等。

4. 解除或者终止劳动关系的一次性经济补偿金。

5. 计划生育费用。

五、特殊情况下的工资支付

特殊情况下的工资支付,是指用人单位依法或者按照劳动合同约定,在非正常情况下支付给劳动者的工资,这里既反映了法

律法规的基本要求,又体现了用人单位的社会责任。特殊情况下的工资支付一般包括下列情形:

第一,履行国家和社会义务期间的工资。劳动者依法参加下列社会活动占用工作时间的,用人单位应当视同劳动者提供正常劳动并支付工资。

1. 行使选举权或者被选举权。

2. 人大代表、政协委员依法履行职责。

3. 当选代表,出席政府、党派以及工会、青年团、妇联等召开的会议。

4. 担任人民法院陪审员。

5. 出席劳动模范、先进工作者大会。

6. 基层工会非专职工作人员履行职责。

7. 担任集体协商代表期间,参加集体协商、签订集体合同。

8. 参加兵役登记应征事宜和预备役人员参加军事训练。

9. 法律法规规章规定的其他社会活动。

第二,在国家规定的休假期间的工资。劳动者享有劳动的权利,同样也享受休息休假的权利。劳动者在依法享有的法定节假日以及带薪年休假、婚假、丧假、女职工孕期产前检查、产假、哺乳假期内的哺乳时间、男方护理假、工伤职工停工留薪期间,用人单位应当视同劳动者提供正常劳动并支付其工资。

第三,停工期间的工资。非劳动者原因造成用人单位停工、停产、歇业,在劳动者一个工资支付周期内的,用人单位应当视同劳动者提供正常劳动支付其工资。超过一个工资支付周期的,若劳动者提供了正常劳动,则支付给劳动者的劳动报酬不得低于当地最低工资标准。用人单位没有安排劳动者工作的,应当视具体情况并结合地方政府相关规定处理。

第四,企业依法破产时的工资。用人单位依法破产时,劳动者有权获得其工资。在破产清偿中用人单位应按《中华人民共和国企业破产法》规定的清偿顺序,首先支付本单位劳动者的工资。

六、工资的支付记录

用人单位应当书面记录支付劳动者工资的应发项目及数额、实发数额、支付日期、支付周期、依法扣除项目及数额、领取者姓名以及签字等,并保存两年以上备查。用人单位在支付工资时应当向劳动者提供一份其个人的工资清单。随着金融服务进入信息化和网络化的时代,用人单位的工资支付手段也发生了相应变化,工资支付由原来的现金发放转变为电子打卡发放,当面发放转变为委托发放。这些简易便捷的手段运用,提高了工资支付的效率,在一定程度上也改变了人们的生活方式。但是,不能因为手段的改进,而放松或者放弃一些法律法规规定必备事项的完成。其中,书面记录用人单位的工资支付情况就是不可或缺的事项。

现行《劳动争议调解仲裁法》规定,劳动者与用人单位发生争议,当事人对自己提出的主张有责任提供证据。与争议事项有关的证据属于用人单位掌握管理的,用人单位应当提供;用人单位不提供的,应当承担不利后果。《劳动保障监察条例》规定,劳动保障行政部门对用人单位按照要求报送有关遵守劳动保障法律情况的书面材料进行审查,并对审查中发现的问题及时予以纠正和查处。上述规定提出的证据要求和书面材料要求,工资支付记录都是需要保存的重要资料。现实生活中,一旦发生劳动者与用人单位发生工资报酬争议,通常适用的是举证责任倒置,即用人单位对其单位支付劳动者的工资情况负有举证责任。对此,万不可掉以轻心。

第四节　最低工资标准

一、最低工资的含义

最低工资,也称最低工资标准,是指劳动者在法定工作时间或依法签订劳动合同约定的工作时间内提供了正常劳动前提下,用人单位依法应支付的最低劳动报酬。最低工资制度作为社会对劳动者保障制度的重要组成部分,是政府为确保劳动者获得合法收入,以保障其家庭成员的最低生活而确定的法律制度。是一种国家干预,也是一种兜底保障。

最低工资制度最早产生于 19 世纪末南半球澳大利亚的新西兰和澳大利亚,其后在欧洲和美洲等发达资本主义国家流行。1928 年国际劳工组织通过了《制订最低工资确定办法公约》,中国虽然是国际劳工组织的常任理事国,但在这一制度的建立上相对滞后,直到该公约颁布 56 年后的 1984 年才宣布批准承认。接着又过了将近 10 年光景,1993 年 11 月 24 日,国家劳动部以行政规章的形式制定了《企业最低工资规定》。1994 年 7 月 5 日,《中华人民共和国劳动法》正式颁布,最终以国家法律形式确立了我国最低工资保障制度。2004 年 1 月 20 日,国家劳动和社会保障部正式颁布了《最低工资规定》,并决定从 2004 年 3 月 1 日起实施。自此,我国开始全面实施最低工资制度。

作为一项社会保障制度,最低工资制度在我国实施以来发挥了积极的作用,它保障了劳动者个人及其家庭成员的基本生活需要,维持了劳动力的再生产,同时,规范了用人单位在工资分配中的行为和劳动力市场的秩序。在一定程度上,既保护了劳动者的合法权益,又促进了社会和谐稳定发展。

最低工资标准是工资管理的底线,用人单位必须守住这个底线。如果守不住这个底线,工资管理也就失去了意义。

二、最低工资的口径

最低工资标准,是用人单位支付给劳动者的最低报酬。最低工资标准一般采取月最低工资标准和小时最低工资标准的形式。月最低工资标准适用于全日制就业劳动者,小时最低工资标准适用于非全日制就业劳动者。

关于最低工资的口径,由于我国目前最低工资标准采取的是简单统一的地区性模式,具体口径由各省自行确定,不同省份存在不同的差异。一般来讲,在劳动者提供正常劳动的情况下,用人单位应支付给劳动者的工资在剔除下列各项以后,不得低于当地最低工资标准。

第一,劳动者在法定工作时间以外延长工作时间的报酬。

第二,中班、夜班、高温、低温、井下、有毒有害等特殊工作环境、条件下的津贴。

第三,劳动者依法享受的劳动保护和福利待遇。

第四,劳动者进行发明创造、技术改造、革新以及其他获得的非经常性专项奖金。

第五,用人单位通过贴补伙食、住房等支付给劳动者的非货币收入。

用人单位在实施最低工资标准时,需要准确掌握所在省份关于最低工资标准的具体口径,因地因时贯彻实施。

实行计件工资或提成工资等工资形式的用人单位,在科学合理的劳动定额基础上,其支付劳动者的工资在一个工资支付周期内同样不得低于相应的最低工资标准。劳动者本人导致的在法定工作时间内或依法签订的劳动合同约定的工作时间内未提供正常劳动的,不适用于最低工资标准的规定。

三、最低工资的确定和调整

确定与调整最低工资标准,应参考当地就业者及其赡养人口的最低生活费用、城镇居民消费价格指数、职工个人缴纳的社会保险费和住房公积金、职工平均工资、经济发展水平、就业状况等因素。

省、自治区、直辖市劳动行政部门应将本地区最低工资标准方案报省、自治区、直辖市人民政府批准,并在批准后 7 日内在当地政府公报上和至少一种全地区报纸上发布。省、自治区、直辖市劳动行政部门应在发布后 10 日内将最低工资标准报国家劳动行政部门。最低工资标准,包括月最低工资标准和小时最低工资标准。最低工资标准发布实施后,应当适时调整,至少每两年调整一次。

参阅资料:各省市自治区最低工资标准(截至 2024 年 1 月 24 日)

省区市	执行时间	一档	二档	三档	四档
北京	2023 - 09 - 01	2 420			
天津	2023 - 11 - 01	2 320			
河北	2023 - 01 - 01	2 200	2 000	1 800	
山西	2023 - 01 - 01	1 980	1 880	1 780	
内蒙古	2021 - 12 - 01	1 980	1 910	1 850	

续表

省区市	执行时间	一档	二档	三档	四档
辽宁	2021 - 11 - 01	1 910	1 710	1 580	1 420
吉林	2021 - 12 - 01	1 880	1 760	1 640	1 540
黑龙江	2021 - 04 - 01	1 860	1 610	1 450	
上海	2023 - 07 - 01	2 690			
江苏	2021 - 08 - 01	2 490	2 260	2 010	
浙江	2021 - 08 - 01	2 490	2 260	2 010	
安徽	2023 - 03 - 01	2 060	1 930	1 870	1 780
福建	2022 - 04 - 01	2 030	1 960	1 810	1 660
江西	2021 - 04 - 01	1 850	1 730	1 610	
山东	2023 - 10 - 01	2 200	2 010	1 820	
河南	2022 - 01 - 01	2 000	1 800	1 600	
湖北	2021 - 09 - 01	2 010	1 800	1 650	1 520
湖南	2022 - 04 - 01	1 930	1 740	1 550	
广东	2021 - 12 - 01	2 300	1 900	1 720	1 620
广西	2023 - 11 - 01	1 990	1 840	1 690	
海南	2021 - 12 - 01	2 010	1 850		
重庆	2022 - 04 - 01	2 100	2 000		
四川	2022 - 04 - 01	2 100	1 970	1 870	
贵州	2023 - 02 - 01	1 890	1 760	1 660	
云南	2023 - 10 - 01	1 990	1 840	1 690	
西藏	2023 - 09 - 01	2 100			
陕西	2023 - 05 - 01	2 160	2 050	1 950	
甘肃	2023 - 11 - 01	2 020	1 960	1 910	1 850
青海	2023 - 02 - 01	1 880			
宁夏	2021 - 09 - 01	1 950	1 840	1 750	
新疆	2021 - 04 - 01	1 900	1 700	1 620	1 540

注:深圳最低工资标准为2 360,不分档。

参阅资料:各省市自治区最低小时工资标准(截至 2023 年 12 月底)

省区市	执行时间	一档	二档	三档
北京	2023－09－01	26.4		
天津	2023－11－01	24.4		
河北	2023－01－01	22	20	18
山西	2023－01－01	19.8	18.5	17.5
内蒙古	2021－12－01	20.8	20.1	18
辽宁	2021－11－01	19.2	17.2	15.9
吉林	2021－12－01	19	18	17
黑龙江	2021－04－01	18	14	13
上海	2023－07－01	24		
江苏	2021－08－01	22	20	18
浙江	2021－08－01	22	20	18
安徽	2023－03－01	21	20	19
福建	2022－04－01	21	20.5	19
江西	2021－04－01	18.5	17.3	16.1
山东	2023－10－01	22	20	18
河南	2022－01－01	19.6	17.6	15.6
湖北	2021－09－01	19.5	18	16.5
湖南	2022－04－01	19	17	15
广东	2021－12－01	22.2	18.1	17
广西	2023－11－01	20.1	18.6	17
海南	2021－12－01	16.3	15.4	14.9
重庆	2022－04－01	21	20	
四川	2022－04－01	22	21	20
贵州	2023－02－01	19.6	18.3	17.2
云南	2023－10－01	19	18	17

省区市	执行时间	一档	二档	三档
西藏	2023 - 09 - 01	20		
陕西	2023 - 05 - 01	21	20	19
甘肃	2023 - 11 - 01	19	18.4	17.9
青海	2023 - 02 - 01	18		
宁夏	2021 - 09 - 01	18	17	16
新疆	2021 - 04 - 01	19	17	16.2

第五节　加班工资

一、加班工资的概述

（一）加班的含义

所谓加班,就是在正常工作以外,应当休息的时间,通过延长工作时间进行工作,包括加班和加点。加班是指职工在法定节假日或者周休日进行工作。加点是指在标准工作日以外延长工作时间进行工作,即提前上班或者推迟下班。

加班问题,由来已久,有了大工业的生产,特别是雇佣关系产生以来,加班就成为一个长期存在并挥之不去的问题。就用人单位而言,加班应该是一个例外安排,不应成为常态性安排。但是,现实生活中,部分企业安排劳动者加班,主要是为了降低用工成本,增加经济产出。少数企业采用增加工作时间来缩短工作周期的方式,以提升投入产出的效益,实现所谓"用一个员工,给两个人工资,当三个人使用"的目标。显然,这个认识和做法是错误的,长此下去,只会事与愿违,适得其反。

（二）用人单位依法安排劳动者加班的权利

《劳动法》规定，用人单位由于生产经营需要，经与工会和劳动者协商后，可以延长工作时间。用人单位作为一个用工主体，法律赋予了一定的用工权，包括正常工作时间的安排和延长工作时间的安排。但是，安排劳动者加班，需要一定的条件，需要履行一定的程序。所谓条件，就是生产经营需要，比如完成一些临时性和应急性的生产任务。所谓程序，就是需要与工会和劳动者协商，并且取得一致意见后，方可实施。用人单位安排劳动者加班，在一定意义上来说，也是一种关于劳动合同的变更，即对工作时间约定的变更。当然这一变更是临时性的，没有被固定，是在劳动合同履行过程中的一种临时性调整，从法律意义上来讲，用人单位安排劳动者加班具有变更劳动合同的属性，同样需要协商一致。除了条件和程序规定，《劳动法》对加班的时间限度也作了明确规定，即安排劳动者延长工作时间，一般每日不得超过一小时，因特殊原因需要延长工作时间的，在保障劳动者身体健康的条件下延长工作时间每日不得超过三小时，但是每月不得超过三十六小时。

当然，特殊情况应当特殊对待，即特事特办。《劳动法》在设定一般情形下的加班条件和程序外，同时就特殊情形作了特殊安排。规定有下列情形之一，延长工作时间可以不受相关程序的限制：

1. 发生自然灾害、事故或者其他原因，威胁劳动者生命健康和财产安全，需要紧急处理的。

2. 生产设备、交通运输线路、公共设施发生故障影响生产和公众利益，必须及时抢修的。

3. 必须利用法定节日或公休日的停产期间进行设备检修、保养的。

4. 为完成国防紧急任务,或者完成上级在国家计划外安排的其他紧急生产任务,以及商业、供销企业在旺季完成收购、运输加工农副产品紧急任务的。

5. 法律、行政法规规定的其他情形。

上述情形,对于大多数用人单位来讲,发生的概率是非常低的,甚至是不可能发生的。所以,用人单位安排劳动者加班,需要在满足加班条件的基础上,按照一定的程序来实施。对于经常需要安排劳动者加班的用人单位,应尽可能对加班这一事项作一个制度性安排,即通过民主协商的程序,制定用人单位关于加班相关事项的专项规章制度,并告知用人单位全体职工。

(三)加班工资的含义

所谓加班工资,也称加班费,是指劳动者按照用人单位的生产经营需要,在规定的工作时间之外继续从事劳动所获得的劳动报酬。加班工资对劳动者而言,是一种补偿,劳动者付出的额外劳动理应得到回报。对用人单位而言,加班工资是一种约束,用人单位安排劳动者加班需要付出更高的成本和代价。

二、加班工资的支付

(一)加班工资的支付标准

关于加班工资的支付标准,《劳动法》和《工资支付暂行规定》都有明确的规定。具体来讲,用人单位在劳动者完成劳动定额或规定的工作任务后,根据实际需要安排劳动者在法定标准工作时间以外工作的,应按以下标准支付工资:

1. 用人单位依法安排劳动者在日法定标准工作时间以外延长工作时间的，按照不低于劳动合同规定的劳动者本人小时工资标准的 150% 支付劳动者工资。

2. 用人单位依法安排劳动者在休息日工作，而又不能安排补休的，按照不低于劳动合同规定的劳动者本人日或小时工资标准的 200% 支付劳动者工资。

3. 用人单位依法安排劳动者在法定休假节日工作的，按照不低于劳动合同规定的劳动者本人日或小时工资标准的 300% 支付劳动者工资。

实行计件工资的劳动者，在完成计件定额任务后，由用人单位安排延长工作时间的，应根据上述规定的原则，分别按照不低于其本人法定时间计件单价的 150%、200%、300% 支付其工资。

经劳动行政部门批准实行综合计算工时工作制的，其综合计算周期内实际工作时间超过法定标准工作时间的部分，应视为延长工作时间，并应按本规定支付劳动者延长工作时间的工资。实行不定时工作制的劳动者，可以不计算加班工资。现实生活中，实行不定时工作制的劳动者，由于他们的生产特点、工作特殊需要或者职责范围的关系，无法按标准工作时间衡量其劳动时间，也就无法计算加班工资，此类人员不在加班工资支付的范围之内。

（二）加班工资的计发基数

关于加班工资的计算基数，国家在法律层面只有原则性的规定，没有硬性的规定，相对比较笼统。部分省份在国家原则性规定的基础上作了细化，相对比较明确，也便于操作，值得推行。一般来讲，需要把握如下要点：

1. 用人单位与劳动者双方有约定的,从其约定。

2. 双方没有约定的,或者双方的约定标准低于集体合同或者本单位工资支付制度标准的,按照集体合同或者本单位工资支付制度执行。

3. 前两项无法确定工资标准的,按照劳动者前 12 个月平均工资计算,其中劳动者实际工作时间不满 12 个月的按照实际月平均工资计算。

4. 在确定职工日平均工资和小时平均工资时,应当按照劳动和社会保障部《关于职工全年月平均工作时间和工资折算问题的通知》的规定,以每月工作时间为 21.75 天和 174 小时进行折算。法定节假日用人单位应当依法支付工资,即折算日工资、小时工资时不剔除国家规定的 11 天法定节假日。据此,日工资、小时工资的折算为:日工资＝月工资收入÷月计薪天数;小时工资＝月工资收入÷(月计薪天数×8 小时);月计薪天数＝(365 天－104 天)÷12 月＝21.75 天。

5. 实行计件工资的,应当以法定时间内的计件单价为加班费的计算基数。也就是说,实行计件工资制的劳动者超出标准工作时间之外继续进行劳动生产的,同样需要支付加班工资。关于实行计件工资不受加班工资约束的做法是错误的,也是违法的。

三、关于加班的限制措施和风险防范

(一)限制措施

1. 人员的限制:禁止安排未成年工、怀孕 7 个月以上的女工和哺乳未满周岁婴儿的女工加班加点。不得安排学生顶岗实习每日超过 8 小时,每周超过 40 小时。

2. 条件和程序的限制：用人单位由于生产经营需要，经与工会和劳动者协商后可以延长工作时间。（1）所谓生产经营需要，有必要由集体合同约定，或者由用人单位与工会共同确定生产经营需要的具体范围；（2）用人单位认为需要延长工作时间的，必须与工会协商，作出说明，征得同意；（3）用人单位不得强迫劳动者延长工作时间；（4）法定特殊情况下有例外规定。

3. 长度的限制：每日不得超过 3 小时，每月不得超过 36 小时。

（二）风险防范

1. 加班加点的界定。加班加点的认定与工时制度、考勤制度直接相关，标准工时制度、不定时工时制度、综合计算工时制度的加班加点认定是不相同的。标准工时制度实行每日工作 8 小时，每周工作 40 小时，如果用人单位安排劳动者在超过标准工作时间以外工作的，就属于加班；综合计算工时制度，在综合计算工作时间周期内，只有整个综合计算周期的总的工作时间超过按照标准工时计算的总的工作时间才属于加班。加班需要双方合意，即用人单位安排劳动者加班且劳动者同意，或者劳动者申请加班且用人单位同意才能认定为加班。这个问题需要通过建立专项的规章制度加以解决。

2. 建立加班加点管理流程。用人单位安排劳动者加班的，必须有经劳动者签字确认的手续；劳动者申请加班的，必须填写《加班申请表》，并经用人单位批准。

3. 确定加班工资的计发基数。依法通过劳动合同约定、工资集体协商、规章制度确定加班工资计发基数。

4. 加班工资的支付办法。确定加班时间；确定加班工资计发比例;确定调休还是计发加班工资。

5. 违反加班规定的处罚。为获取加班工资或调休,采用不正当手段,取得加班机会进行加班者,一经发现并核实,取消加班待遇,并视情节轻重给予警告甚至解除劳动合同的处罚。实施这一行为,同样需要用人单位专项规章制度予以保证。

(三)法律责任

《劳动法》和《劳动合同法》等相关法律法规对违反加班及加班费支付都制定了一系列规定和要求,归结起来主要有以下几点:

1. 用人单位违反《劳动法》规定延长劳动者工作时间的,由劳动行政部门给予警告,责令改正,并可以按照受侵害的劳动者每人 100 元以上 500 元以下的标准计算,处以罚款。

2. 用人单位拒不支付劳动者延长工作时间工资报酬的,由劳动行政部门责令支付劳动者的工资报酬,并可以责令支付经济补偿金。

3. 用人单位安排加班不支付加班费的,由劳动行政部门责令限期支付加班费,逾期不支付的,责令用人单位按应付金额百分之五十以上百分之一百以下的标准向劳动者加付赔偿金。

用人单位有主张加班的权利,但出于用人单位可持续发展和保护劳动者身心健康需要,用人单位应该坚持执行正常工作时间,尽量少安排加班,或者不加班,要尽力提高正常工作时间的工作效率。加班非但创造不出比正常工作时间更高的效率,反而会增加用人单位用工成本。我国现行法律的立法初衷就是严格控制或者制止加班。用人单位经常安排加班,会造成工作秩序混乱,边际效益递减,加班时间越长,工作效率越低。长期加班,还会影响劳动者的身心健康和家庭和睦。所以,用人单位在生产经营过程中,需要科学设置人员岗位安排,减少无效和不必要的劳动,加班特别是无节制的加班不值得提倡,引入科学管理办法,提升工作效率才是用人单位的明智选择。

本章小结

1. 工资是用人单位依据国家有关规定或劳动合同约定,以货币形式支付给劳动者的劳动报酬。工资是劳动者劳动收入的主要组成部分,是家庭收入的主要来源。工资以时薪、月薪、年薪等不同形式计算。

2. 工资由六个部分构成,即计时工资、计件工资、奖金、津贴和补贴、加班工资和特殊情况下支付的工资。工资是劳动者付出劳动的回报,是一种直接报酬。

3. 工资有分配、保障、激励和杠杆等功能,工资分配必须遵守的原则,包括按劳分配、同工同酬、收益共享和适度增长。

4. 工资应当以法定货币支付,不得以实物和有价证券替代货币支付。不得规定劳动者在指定地点、场合消费,也不得规定劳动者的消费方式。

5. 用人单位应当将工资直接支付给劳动者本人,并同时提供包括应付工资项目及数额、支付日期、实发数额、代扣和扣减工资等内容在内的劳动者本人的工资清单。直接支付也包括委托银行代发。

6. 用人单位必须在与劳动者约定的日期支付工资,不得无故拖欠。用人单位应当将职工应得的工资全部支付,禁止非法扣除工资。即使在法定允许扣除工资的情况下,每次扣除工资额也不得超出法定限度。

7. 用人单位应当书面记录支付劳动者工资的应发项目及数额、实发数额、支付日期、支付周期、依法扣除项目及数额、领取者姓名等内容。

8. 最低工资标准,是指劳动者在法定工作时间或依法签订劳动合同约定的工作时间内提供了正常劳动前提下,用人单位依法应支付的最低劳动报酬。最低工资制度作为社会对劳动者保障制度的重要组成部分,是政府为确保劳动者获得合法收入,以保障其家庭成员的最低生活而确定的法律制度。是一种国家干预,也是一种兜底保障。

9. 加班工资,也称加班费,是指劳动者按照用人单位的生产经营需要,在规定的工作时间之外继续从事劳动所获得的劳动报酬。加班工资对劳动者而言,是一种补偿,劳动者付出的额外劳动理应得到回报。

10. 用人单位有主张加班的权利,但是用人单位应当遵守每日、每月加班时间限制的规定。即一般每日不得超过一小时,因特殊原因需要延长工作时间的,在保障劳动者身体健康的条件下延长工作时间每日不得超过三小时,但是每月不得超过三十六小时。用人单位应该坚持执行正常工作时间,尽量少安排加班,或者不加班。要着力提高正常工作时间的工作效率。

第七章　员工的工时制度与安排

第一节　标准工时制度

一、标准工时制度的含义

工时制度,也称工作时间制度,是指国家通过法律法规对用人单位关于工作时间安排的一种用工管理制度。其目的是合理安排劳动者的工作和休息时间,确保工作任务的完成,从而维护劳动者的休息权利。工时制度作为一项制度安排,是劳动标准的一个重要内容。所谓劳动标准,指对劳动领域内的重复性事物、概念和行为进行规范,以定性形式或者定量形式所作出的统一规定。而工时标准,也即工作时间标准,是以工作时间为计算单位所作出的一个统一性的规定。与劳动定额定员的技术类标准不同,从一定意义上来讲,工时标准属于劳动条件标准,是劳动标准中一项基础性标准。工作时间是劳动者劳动的自然尺度,是衡量劳动者贡献和劳动报酬的计算单位。工时制度在我国,目前主要有三种制度,即标准工时制度、综合计算工时工作制和不定时工时工作制。用人单位有依法确定不同工时制度的权利,具体选择可以根据其实际情况来确定。除了标准工时制度,如果用人单位选择综合计算工时工作制或者不定时工时工作制,那么应当按照国家有关规定,向劳动行政部门申请报告,并获得批准后方可实施。

标准工时制度,指正常工作时间标准,是国家通过法律形式对一定自然时间内工作时间最长限度的规定。标准工时,一般来讲,是劳动者在每个工作日相对固定的工作时间。对工作时间设置标准,是世界各国劳动立法的通行做法,它体现了国家对劳动者的基本保护和人文关怀。

标准工时制度,同样也是我国工时制度的主要形式,其标准不是一成不变的,它是随着社会经济的发展而调整的。但在一定时期需要保持一个相对稳定的状态。我国的标准工时制度也经历了一个渐进的发展过程,标准工时逐渐缩短。中华人民共和国成立初期很长一段时间,我国的标准工作时间是每日 8 小时,每周 6 天,工作 48 小时。1994 年《劳动法》颁布,国家实行劳动者每日工作时间不超过 8 小时,每周工作时间不超过 44 小时的工时制度,每天的工作时间没有变化,但每周的工作时间缩短了 4 小时。1995 年,国务院决定对《国务院关于职工工作时间的规定》进行修改,明确规定,职工每日工作 8 小时,每周工作 40 小时。对劳动者每周的工作时间又作了进一步缩短。这一规定一直沿用至今。

目前,我国的标准工时制度,就是劳动者每天不超过 8 小时,每周不超过 40 小时,每周至少休息一天。实施标准工时制度的用人单位,工作时间相对固定,一般情况下也不宜延长或者缩短,基本上是按部就班、周而复始。

二、标准工时制度的基本要求

标准工时是劳动者履行劳动义务的常规劳动时间,标准工时制度在我国得到普遍应用,成为用人单位的主要工时制度。实行标准工时制度需要把握以下几个要点。

第一,凡是确定选择标准工时制度的用人单位必须按照标准工时设定的最高时间限度来安排劳动者的工作时间,即每日工作时间不超过 8 小时,平均每周工作时间不超过 40 小时。不得擅自延长劳动者的工作时间。

第二,因特殊情况或紧急任务确需延长工作时间的,必须严格按照国家有关规定实施。

第三,用人单位每周保证劳动者至少休息一日,这个休息日应该是一次 24 小时不间断的休息日。

第四,用人单位可以根据实际需要灵活安排劳动者的休息日,可以安排在周六、周日,也可以安排在周一至周五期间的某个日子。但应当保证劳动者每周工作时间不超过 40 小时。

第五,实行计件工资制的劳动者,用人单位应当根据标准工时制度,合理确定其劳动定额和计件报酬标准。

三、制度工作时间的计算

(一)工作时间的界定

制度工作时间指按照国家法律明文规定的劳动者最多的工作时间,如果用人单位要延长制度工作时间,劳动者除法律法规设定的特殊情形以外,可以拒绝执行。如果劳动者同意用人单位延长制度工作时间,用人单位需要支付延长工作时间的报酬。

关于劳动者的工作时间的界定,1994 年 12 月劳动部在《劳动部关于国家铁路劳动者实行综合计算工时工作制的批复》中对工作时间曾经作了一个明确的解释,一直沿用至今。劳动者的工作时间包括准备结束时间、作业时间、劳动者自然需要的中断时间和工艺中断时间。具体情形如下:

1. 准备结束时间系指劳动者在工作日(班),为完成生产任务或作业的准备和结束所消耗的时间;

2. 作业时间系指劳动者直接用于完成规定的生产任务或作业所消耗的时间;

3. 劳动者自然需要的中断时间系指劳动者因自身的生理需要而必须中断正常工作的时间;

4. 工艺中断时间系指劳动者在工作时间中,因工艺技术特点的需要使工作必须中断的时间。

根据国家相关法律法规规定,目前,我国的制度工作时间的计算如下:

年工作日:365 天－104 天(休息日)－11 天(法定休息日)＝250 天。

季工作日:250 日÷4 季＝62.5 天。

月工作日:250 天÷12 月＝20.83 天

工作小时的计算:以月、季、年的工作日乘以每日的 8 小时。

这里需要说明的是,月计薪日有别于月工作日,根据《劳动法》,法定节假日用人单位应当支付工资,属于特殊情况下支付的工资,视同劳动所取得的工资。所以,有关计薪日、日工资和小时工资的计算如下所列:

月计薪日:(365 天－104 天)÷12 月＝21.75 天。

日工资:月工资收入÷月计薪天数。

小时工资:月工资收入÷(月计薪天数×8小时)。

（二）休息时间的界定

休息时间是与工作时间相对而言的,休息时间是劳动者按法律规定不必从事生产和工作,而由自己自由支配的时间。换言之,工作时间之外的时间都属于休息时间(广义的休息时间)。它包括狭义的休息时间(劳动者的工作日内的休息时间、工作日之间的休息时间和工作周之间的休息时间)和休假两种。因此,广义的休息时间又称为"休息休假",本书采用的是狭义的概念。

劳动法上的休息时间的最显著特点是其具有基准性,法律所规定的休息时间是最低休息时间,用人单位不得突破下限标准,但用人单位可根据自己生产经营的具体情况,自行增加休假时间。集体合同、劳动合同,以及用人单位规章制度的有关休息时间规定,凡低于最低休息时间一律无效。

一般来讲,休息时间可以分为以下几种情形:

1. 工作日内的间歇休息时间。

工作日内的间歇休息时间指劳动者用膳和工间休息的时间,依据劳动者生理规律和习惯,劳动者应在工作4小时后有一次间歇休息时间。间歇时间的长短因工作岗位和工作性质的不同而有所不同,但最短不得少于半小时,一般1—2小时。

2. 工作日之间的休息时间。

工作日之间的休息时间指劳动者在一个工作日结束至下一个工作日开始之间的休息时间。《劳动法》规定了工作日之间的休息时间,即劳动者每日工作时间不得超过8小时,而缩短工时情形下休息时间更长。实行轮班制的企业,其班次必须平均轮换。

3. 工作周之间的休息时间。

工作周之间的休息时间指劳动者连续工作一周后应当享有的休息时间。国家机关、事业单位实行统一的工作时间，星期六和星期日为周休息日。企业和不能实行统一的工作时间的事业单位，可以根据实际情况灵活安排周休息日。但劳动者在一个工作周内，至少应当有连续 24 小时的休息时间。

参考阅读：不能任由"996"工作制侵犯劳动者权益

2019 年某月某日，杭州一家电商公司公开宣布，今后将实行"996"工作制，即每天早 9 点半到岗，一直工作到晚上 9 点。遇到紧急项目时，每周工作 6 天，每天工作时间可能会更久。记者从该公司所属地劳动监察部门了解到，工作人员已介入调查此事，如果违法加班行为属实将依法对该企业进行查处。

我国劳动者工时制度分为标准工时、综合计算工时和不定时工作制，其中后两种属于特殊工时制度，只有经过劳动行政部门审批后方可实施。而标准工时制度，根据法律法规规定，每日工作时间应不超过 8 小时、平均每周工作时间应不超过 40 小时。如果需要加班，也要经过和工会、劳动者协商，才可以延长工作时间。且每日最多不得超过 3 小时，每月最多不得超过 36 小时。而杭州这家公司实施特殊工时制度，并未经过劳动部门审批，而且"996"工作制每日工作时间长达 12 小时，每周工作时间也远远超过法律规定的 40 小时，明显属于违法行为。

需要看到的是，追求利润最大化是企业的本能。部分企业为了片面追求自身利益增长，长期强制或变相强制职工违法加班，令劳动者身心极度疲惫，有些劳动者甚至诱发身体病症与心理疾患。而由于劳动者相对企业处于弱势地位，所以，对于企业组织违法加班行为,广大劳动者往往敢怒而不敢言,只能任由自身权益遭受企业的肆意侵犯。在这种情形下,企业工会与地方工会组织,显然有必要代表职工维权,制止企业实施违法加班行为。此外,企业所在地的劳动监察部门,也应对企业组织违法加班行为进行调查,责令其立即停止违法行为,不予改正的,应当依法依规对企业实施严惩,令其付出沉重的代价,并起到警示其他企业自觉杜绝违法加班行为的效用。

(摘自《职工法律天地》,作者:魏文彪)

第二节 综合计算工时工作制

一、综合计算工时工作制的适用范围

综合计算工时工作制是针对因工作性质特殊、需连续作业或受季节及自然条件限制的企业的部分职工,不以日为基本单位计算劳动时间,而以周、月、季为周期综合计算劳动时间的一种工时制度。但是,实行综合计算工时工作制的用人单位,其平均日工作时间和平均周工作时间,应与法定标准工作时间基本相同。

根据相关法律法规,用人单位实行综合计算工时工作制的适用范围如下:

(一)交通、铁路、邮电、水运、航空、渔业等行业中需要连续作业的职工;

(二)地质及资源勘探、建筑、制盐、制糖、旅游等受季节和自然条件限制的行业中的部分职工;

(三)受市场因素影响生产任务不均衡企业的职工;

(四)因工作地点较远需集中安排工作、休息的职工。

二、综合计算工时工作制的相关规定

从严格意义上来讲，综合计算工时工作制并非适用于所有单位，只有符合相应条件，才可以申请实行。一般来讲，需要具备以下条件：

（一）依法建立健全劳动合同制度、集体合同制度和考勤制度，劳动用工规范，劳动考勤记录完整，劳动定额科学合理；

（二）依法建立健全工资分配与支付制度，执行国家和地方有关规定，能够依法支付劳动报酬；

（三）依法建立健全劳动安全卫生制度，劳动安全卫生设施和条件符合国家规定标准，执行国家有关女职工和未成年工特殊保护的规定；

（四）维护职工人格尊严和安全健康、休息休假的权利，禁止以暴力、威胁或者非法限制人身自由的手段强迫实行综合计算工时工作制。

应该说，实行综合计算工时工作制对用人单位而言，是有一定条件的，虽然国家将各地实行综合计算工时工作制的具体实施办法交由各省、自治区、直辖市人民政府劳动行政部门制定，同时上报国务院劳动行政部门备案，但各地在制定具体实施办法时都有一个共同的要求，即实行综合计算工时工作制的用人单位必须是一个各方面都很规范的用人单位，并且是能够严格遵守国家劳动保障法律法规的用人单位。只有规范的单位，特别是通过所在地劳动行政部门诚信评价等级较高的用人单位，才具备申请综合计算工时工作制的条件。

申请综合计算工时工作制的条件一旦具备，用人单位还应按相关程序办理审批手续。劳动行政部门原则上按属地管理原则受理用人单位实行综合计算工时工作制的申请。同一用人单位的生产经营场所涉及两个以上劳动行政部门辖区的,由共同的上一级劳动行政部门受理。用人单位申请实行综合计算工时工作制,应当如实向所在地劳动行政部门提交有关材料和反映真实情况,申请材料一般包括以下内容:

（一）用人单位实行综合计算工时工作制的请示和申报表;

（二）用人单位营业执照副本及复印件;

（三）用人单位实行综合计算工时工作制的具体工种或岗位、职工数量、实施周期、申请期限、工资支付和休息休假办法、劳动保护和安全卫生条件措施等;

（四）用人单位职工代表大会或者工会组织对实行综合计算工时工作制实施方案的书面意见以及公示情况的报告。

通常情况下,劳动行政部门在受理用人单位申请后,将在地方所设定的期限内办结,并出具书面批复,载明用人单位名称、工种岗位、实施周期、实行期限、批准机关名称等,批准期限一般情况下不得超过两年。用人单位应当及时将劳动行政部门准予实行综合计算工时工作制的批复向本单位劳动者公示,并按照本单位职工代表大会或者集体协商通过的实施方案和国家对实行综合计算工时工作制的各项规定,进行安排落实,合理确定劳动定额,采用集中工作、集中休息、轮休调休等适当方式,保障劳动者的身体健康。需要提醒的是,用人单位不得任意扩大综合计算工时工作制的适用范围,更不得以实行综合计算工时工作制为名,随意延长劳动者的工作时间。实行综合计算工时工作制的单位,在综合计算工时周期内,如果员工的总实际工作时间超过总法定标准工作时间,则超过部分应视为延时加班,必须按相关规定支付员工的加班工资。

第三节 不定时工时工作制

一、不定时工时工作制的适用范围

不定时工时工作制指由于生产特点、工作特殊需要或者职责范围的关系,无法按标准工作时间衡量或需要机动作业的职工所采用的工时制度。不定时工时工作制,不以标准工时制度确定工作制度,用人单位通过确定劳动者的劳动定额或其他考核标准来确定劳动者的工作时间和休息时间。它没有固定工作时间的限制,虽然劳动者没有固定的上下班时间,但原则上平均每天还是工作 8 小时,每周至少休息一天。

用人单位实行不定时工时工作制的适用范围:

(一)国有企业中的高级管理人员;

(二)非国有企业中经营管理人员事先约定实行年薪制的;

(三)从事下列工种或者岗位的职工:

1. 无法按标准工作时间衡量的外勤人员;

2. 实行工作量与工资挂钩的推销人员、长途运输人员、押运人员;

3. 实行工作量与工资挂钩的铁路、港口、仓库的部分装卸人员;

4. 非生产性值班人员。

二、不定时工时工作制的相关规定

与综合计算工时工作制一样,用人单位实行不定时工作制的申报条件和办理程序也是基本一致的。只有具备一定条件的用人单位，才可以向劳动保障行政部门提出申请，并经审批同意后方可实行。

实行不定时工时工作制，如上所述，有其特定的对象，用人单位不得对员工随意适用。只有符合不定时工时工作制的适用情形，才可以被用人单位列入实行不定时工时工作制的范围，所以必须把握好适用对象。如果用人单位将不具备不定时工时工作制适用情形的员工列入其中，那么用人单位面临的用工风险在所难免，势必也会承担相应的法律责任。

实行不定时工时工作制，需要履行一定的申报程序和相应的审批手续。这是国家对用人单位的行政规制，目的是约束用人单位科学合理有节制地安排工作时间，从而保护劳动者的身心健康。用人单位有用工的自主权，但是有前提的，即必须在遵守劳动保障法律法规的前提下。用人单位无权擅自实行不定时工时工作制。用人单位实行不定时工时必须向所在地劳动行政部门申请，经审批通过后，还需要在本单位向所涉及员工公示，明确定岗定人。这一法定程序必须全面履行，如果用人单位没有全面履行，同样存在用工风险，并承担法律责任。

经批准实行不定时工作制的员工，由于工作时间不确定，不受《劳动法》规定的日延长工作时间标准和月延长工作时间标准的限制，无法实行加班加点工作制度，也无法获得加班加点工资。关于实行不定时工时工作制在法定假日期间工作是否作为加班时间论处，国家层面的法律法规并没有明文规定，但各地情况不一，有的省份和有地方立法权的城市通过地方性立法，将实行不定时工时工作制的劳动者在法定节假日的工作列入加班范围，按

300％支付加班工资。多数省份则没有将实行不定时工时工作制的劳动者在法定节假日的工作列入加班范围,也就无须支付加班工资。

用人单位内实行不定时工时工作制的员工,其工资由用人单位按照本单位的工资制度,根据劳动者的劳动定额和相关考核标准计发。实行年薪制或者按考核周期支付工资的,用人单位应当按照约定每月支付工资,年终或者考核周期届满时应当结算并付清工资。

案例选读:如何有效实行不定时工作制?

2017年11月1日,甲入职A公司担任安全员,双方签订为期2年的劳动合同,合同约定实行不定时工作制,但A公司未向当地人力资源社会保障部门就安全员岗位申请实行不定时工作制。工作期间,甲休息日工作30天,A公司既未安排调休也未支付加班工资。2019年10月31日,劳动合同到期,双方不再续签。办理离职手续时,双方对工作期间的休息日加班工资产生争议。甲要求公司支付休息日加班工资,公司认为甲实行不定时工作制,不应支付休息日加班工资。2019年11月,甲向劳动人事争议仲裁委员会申请仲裁,要求公司支付30天休息日加班工资。

争议焦点:不定时工作制如何确定?

政策解答:《中华人民共和国劳动法》第三十九条规定,企业因生产特点不能实行本法第三十六条、第三十八条规定的,经劳动行政部门批准,可以实行其他工作和休息办法。《关于企业实行不定时工作制和综合计算工时工作制的审批办法》第四条规定,企业对符合下列条件之一的职工,可以实行不定时工作制:(一)企业中的高级管理人员、外勤人员、推销人员、部分值班人员和其他因工作无法按标准工作时间衡量的职工……从上述条款可知,用人单位对劳动者实行不定时工作制,有严格的适用主体和适用程序的要求。适用主体主要是符合国家规定的特殊岗位劳动者;适用程序要求经过人力资源和社会保障部门审批,未经审批的用人单位不能对劳动者实行不定时工作制。

本案中,虽然劳动合同约定甲实行不定时工作制,但A公司未向人力资源和社会保障部门就甲所在的安全员岗位实行不定时工作制申请审批。因此,应当认定甲实行标准工时制度,A公司应当按照《劳动法》第四十四条规定,支付甲休息日加班工资。可见,企业实行不定时工作制的程序要件必须遵守,即要履行申报手续,并经所在地有权限的劳动保障部门审批通过方能生效,同时,在企业内部还要履行告知义务。

(苏州市人社局劳动关系与监察处提供)

本章小结

1. 标准工时制度,指正常工作时间标准,是国家通过法律形式对一定自然时间内工作时间最长限度的规定。标准工时,一般来讲,是劳动者在每个工作日相对固定的工作时间。对工作时间设置标准,是世界各国劳动立法的通行做法,它体现了国家对劳动者的基本保护和人文关怀。

2. 综合计算工时工作制是针对因工作性质特殊、需连续作业或受季节及自然条件限制的企业的部分职工,不以日为基本单位计算劳动时间,而以周、月、季为周期综合计算劳动时间的一种工时制度。但是,实行综合计算工时工作制的用人单位,其平均日工作时间和平均周工作时间,应与法定标准工作时间基本相同。

3. 不定时工时工作制指由于生产特点、工作特殊需要或者职责范围的关系,无法按标准工作时间衡量或需要机动作业的职工所采用的工时制度。不定时工时工作制,不以标准工时制度确定工作制度,用人单位通过确定劳动者的劳动定额或其他考核标准来确定劳动者的工作时间和休息时间。

4. 实行不定时工时工作制,有其特定的对象,用人单位不得对员工随意适用。只有符合不定时工时工作制的适用情形,才可以被用人单位列入实行不定时工时工作制的范围,所以必须把握好适用对象。

5. 用人单位无权擅自实行综合计算工时制和不定时工时工作制。用人单位实行非标准工时制必须向所在地劳动行政部门申请,提交有关材料和反映真实情况,经审批通过后,还需要在本单位向所涉及员工公示,明确定岗定人。这一法定程序必须全面履行。

6. 实行综合计算工时工作制的单位,在综合计算工时周期内,如果员工的总实际工作时间超过总法定标准工作时间,则超过部分应视为延时加班,必须按相关规定支付员工的加班工资。实行不定时工作制的,不适用加班的规定。

第八章　员工的休假制度与执行

第一节　法定节假日

一、法定节假日的含义

劳动者享有平等就业和选择职业的权利,享有取得劳动报酬的权利,同样,也享有休息休假的权利。所谓法定节假日,就是根据各国的传统风俗习惯或者重要活动纪念,由国家通过法律的形式统一规定的休息时间,作为劳动者休息时间的一种形式,劳动者可以欢度节日,开展纪念、庆祝活动等等。虽然不是工作时间,但是视同工作时间,用人单位需要视同劳动者的工作时间来支付工资。

我国的节假日自中华人民共和国成立以来经历了一个逐步变迁和调整的过程。中华人民共和国成立初期,法定节假日为 7 天,一直延续了 50 年。1999 年,国务院公布了《全国年节及纪念日放假办法》,法定节假日增至 10 天,同时决定将春节、"五一"和"十一"的休假时间与前后的双休日拼接,形成 7 天的长假。这种休假安排,为劳动者出行、购物和休闲提供了时间上的便利,在一定程度上拉动了内需,促进了经济增长。但是,同时也有一些负面影响。2007年国务院再次修订了《全国年节及纪念日放假办法》,将清明、端午、中秋和除夕设为法定节假日,并对原定假期的时间作了适当调整,使整个年度法定节假日增至11天。2013年12月国务院再次修订了《全国年节及纪念日放假办法》,将春节假期进行了修改,从原来的农历除夕、正月初一、正月初二3天假期,调整为正月初一、初二、初三3天假期,并从2014年1月1日起施行。应该说,国务院关于法定节假日的调整,有利于弘扬和传承我国优秀传统文化,提升中华文化在国际上的影响,更多的是进一步加强了对劳动者休息权的关怀和保护。

二、法定节假日的规定

根据2013年12月国务院颁布的《全国年节及纪念日放假办法》,法定节假日安排如下:

(一)全体公民放假的节日

1. 元旦,放假1天,一月一日。

2. 春节,放假3天,农历正月初一、初二、初三。

3. 清明节,放假1天,农历清明当日。

4. 劳动节,放假1天,五月一日。

5. 端午节,放假1天,农历五月初五。

6. 中秋节,放假1天,农历八月十五。

7. 国庆节,放假3天,十月一日、二日、三日。

(二)部分公民放假的节日和纪念日

1. 妇女节,三月八日,妇女放假半天。

2. 青年节,五月四日,14周岁以上的青年放假半天。

3. 儿童节,六月一日,不满 14 周岁少年儿童放假 1 天。

4. 中国人民解放军建军纪念日,八月一日,现役军人放假半天。

(三) 少数民族习惯的节日,由各少数民族聚居地区的人民政府,根据各民族习惯,规定放假日期。

(四) 纪念日,如二七纪念日、五卅纪念日、七七抗战纪念日、九三抗战胜利纪念日、九一八纪念日、植树节、护士节、教师节、记者节等其他节日、纪念日,均不放假。

《全国年节及纪念日放假办法》明确规定,全体公民放假的节日,如果适逢星期六、星期日,应当在工作日补假。部分公民放假的节日,如果适逢星期六、星期日,则不补假。

第二节　带薪年休假

一、带薪年休假的含义

带薪年休假是国家根据劳动者工作年限和劳动程度每年给予的一定时间的带薪连续休假。这是国家对劳动者休息权利的一种强制保护。用人单位应当保证职工享受年休假,职工在年休假期间享受与正常工作期间相同的工资报酬。2007 年 12 月 7 日国务院颁布了《职工带薪年休假条例》,2008 年 2 月 15 日原人事部发布《机关事业单位工作人员带薪年休假实施办法》,2008 年 9 月 18 日人力资源和社会保障部发布《企业职工带薪年休假实施办法》,分别对机关事业单位、企业职工年休假制度作了更为详细的规定。

二、带薪年休假的规定

(一)带薪年休假的对象和休假时间

根据《职工带薪年休假条例》,机关、团体、企业、事业单位、民办非企业单位、有雇工的个体工商户的职工连续工作 1 年以上的,享受带薪年休假。职工连续工作 1 年以上,既包括职工在同一单位连续工作满 1 年以上的情形,又包括职工在不同用人单位满 1 年以上的情形。

职工累计工作已满 1 年不满 10 年的,年休假为 5 天;已满 10 年不满 20 年的,年休假为 10 天;已满 20 年的,年休假为 15 天。

法定休假日、休息日以及职工依法享受的探亲假、婚丧假、产假等假期不计入年休假假期。《企业职工带薪年休假实施办法》还规定,如果职工当年度新进单位或离职,其当年应享受的年休假天数需要进行折算。折算方法是:(本年度本单位日历天数÷365 天)×职工本人全年应当享受的年休假天数。折算后不足一整天的部分不享受。

案例选读:新进用人单位职工带薪年休假如何计算?

2009 年 3 月 1 日,小王应聘到某公司工作,因父亲生病,小王想休 5 天年假以便照顾父亲。小王向公司提出申请,人事部告诉他:"因为他是 3 月 1 日才来公司工作的,所以只能休 4 天的年假。"小王辩解道:"我已经工作 2 年了,按照国家规定,就应该休 5 天年假。"小王和公司的说法谁对?根据《企业职工带薪年休假实施办法》第五条规定,职工新进用人单位且符合本办法第三条规定的(第三条规定为职工连续工作 12 个月以上的,享受带薪年休假),当年度年休假天数,按照在本单位剩余日历天数折算确定,折算后不足 1 整天的部分不享受年休假。具体折算方法为(当年度在单位日历天数÷365 天)×职工本人全年应当享受的年休假天数。小王应享受的年休假天数折算方法为:(365－31－28)÷365×5＝4.19,因此小王只能享受 4 天的年休假。

（二）带薪年休假的工资报酬

职工在年休假期间享受与正常工作期间相同的工资收入。用人单位经职工同意不安排年休假或者安排职工年休假天数少于应休年休假天数的,应当按照其日工资收入的 300％支付未休年休假工资报酬。

其中《企业职工带薪年休假实施办法》进一步明确,对职工应休未休的年休假天数,单位应当在本年度内对职工应休未休年休假天数,按照该职工日工资收入的 300％支付年休假工资报酬,其中包含用人单位支付职工正常工作期间的工资收入。但是职工因本人原因且书面提出不休年休假的,用人单位可以只支付其正常工作期间的工资收入。计算未休年休假工资报酬的日工资收入按照职工本人的月工资除以月计薪天数(21.75 天)进行折算,而该月工资是职工在用人单位支付其未休年休假工资报酬前 12 个月剔除加班工资后的月平均工资。在本用人单位工作时间不满 12 个月的,按实际月份计算月平均工资。

（三）带薪年休假的相关规定

带薪年休假与国家规定的其他假期,一般来讲不冲突,职工依法依规享受的探亲假、婚丧假、产假等国家规定的假期以及因工伤停工留薪期间不计入年休假假期,职工在当年度享受上述国家法律法规规定的假期后,可以继续享受带薪年休假。

根据《职工带薪年休假条例》《企业职工带薪年休假实施办法》,职工有下列情形之一的,不享受当年的带薪年休假:

1. 职工依法享受寒暑假,其休假天数多于年休假的;

2. 职工请事假累计 20 天以上,且单位按照规定不扣工资的;

3. 累计工作满 1 年不满 10 年的职工,请病假累计 2 个月以上的;

4. 累计工作满 10 年不满 20 年的职工,请病假累计 3 个月以上的;

5. 累计工作满 20 年以上的,请病假累计 4 个月以上的。

案例选读:未安排其休带薪年休假必须支付相应报酬

陈某于 2020 年入职某通信公司担任客服,2022 年 10 月离职,离职后陈某向当地劳动监察机构投诉,称该公司在其任职期间未安排其休带薪年休假又不依照规定支付未休带薪年休假工资报酬,要求公司支付。

经调查核实,确认陈某反映情况属实,自陈某 2020 年入职该公司以来至投诉时,累计工作年限不足 10 年,且陈某任职期间没有依法不享受带薪年休假的法定情形。

《职工带薪年休假条例》第五条第三款、《企业职工带薪年休假实施办法》第十条第一款规定,劳动保障监察机构责令该公司在规定时间内依法支付陈某 2020 年至 2022 年 10 月期间未休带薪年休假工资报酬差额。该公司及时整改违法行为。

《企业职工带薪年休假实施办法》第十条第一款规定:"用人单位经职工同意不安排年休假或者安排职工年休假天数少于应休年休假天数,应当在本年度内对职工应休未休年休假天数,按照其日工资收入的300%支付未休年休假工资报酬,其中包含用人单位支付职工正常工作期间的工资收入。"责令用人单位支付职工带薪年休假工资报酬时需要注意,不能要求单位按照职工日工资的300%支付未休年休假工资报酬,而是要扣除单位正常支付职工的一倍工资,实际应按照职工日工资的200%支付未休年休假工资差额。

(江苏省人社厅劳动监察局提供)

(四)违反带薪年休假的法律责任

用人单位不安排职工休年休假又不依法给予年休假工资报酬的,由县级以上地方人民政府人事部门或者劳动行政部门依据职权责令限期改正;对逾期不改正的,除责令该单位支付年休假工资报酬外,还应责令单位按照年休假工资报酬的数额向职工加付赔偿金;对拒不支付年休假工资报酬、赔偿金的,属于公务员和参照公务员法管理的人员所在单位的,对直接负责的主管人员以及其他直接责任人员依法给予处分,属于其他单位的,由劳动行政部门、人事部门或者职工申请人民法院强制执行。职工与单位因年休假发生的争议,依照国家有关法律、行政法规的规定处理。

用人单位安排职工休年休假,但是职工因本人原因且书面提出不休年休假的,用人单位可以只支付其正常工作期间的工资收入。

案例选读:劳动者能否在单位未批准的情况下休年休假?

甲某系A公司员工,双方于2014年12月9日签订劳动合同。双方签署的最近一期劳动合同约定期限自2017年12月9日至2023年12月8日,约定实行标准工时工作制以及基本工资和绩效工资相结合的工资分配办法,绩效工资考核发放办法按公司依法制定的相关规定执行。

甲某于 2021 年 1 月 24 日(周日)申请 1 月 25 日至 1 月 29 日休年休假未获批准的情况下,于 1 月 25 日前往深圳,1 月 29 日后,自行返回。2021 年 7 月 30 日,A 公司经通知工会后向甲发送《解除劳动合同通知》,通知于 2021 年 7 月 30 日解除劳动合同,原因为甲某于 2021 年 1 月 25 日至 1 月 29 日期间连续无故旷工 5 天,严重违反《集团员工违纪违规处理规定》,给予除名处分。

甲某于劳动争议发生后申请劳动仲裁,仲裁机构于 2021 年 9 月 8 日作出仲裁裁决书,裁决对甲的仲裁请求不予支持。甲不服仲裁裁决,遂诉诸法院。

争议焦点:劳动者能否在单位未批准的情况下进行年休假。

一审法院认为:用人单位与劳动者应当按照劳动合同的约定,全面履行各自的义务。关于解除劳动合同是否合法问题,根据《职工带薪年休假条例》,单位根据生产、工作的具体情况,并考虑职工本人意愿,统筹安排职工休假。故员工申请休年休假并非单方提出即可成立,仍需经用人单位根据具体情况审批批准后方可休息。A 公司以甲连续旷工超 5 天违反公司规章制度规定为由解除劳动合同,并在通知工会后解除劳动合同,具有事实及法律依据,属于合法解除。甲某请求继续履行劳动合同无法律依据,一审不予支持。

二审法院认为:本案二审主要争议焦点是甲 2021 年 1 月 25 日至 29 日是否属于旷工。因国家对职工年休假的要求是用人单位根据生产、工作的具体情况,并考虑职工本人意愿,统筹安排职工年休假,故职工申请休年休假并非单方提出即可成立。遵守劳动纪律是劳动者的法定义务,甲在申请 2021 年 1 月 25 日至 29 日休年休假未获单位批准的情况下,仍离开工作岗位前往深圳的行为违反劳动纪律。故一审判决结果并无不当,予以维持。

（苏州市人社局劳动关系与监察处提供）

第三节　特定事由或对象的假

一、婚假

（一）婚假的含义

婚假是国家通过法律法规形式,为劳动者本人在结婚时安排的假期。在中国,实行婚姻自由一夫一妻、男女平等的婚姻制度。俗话说,男大当婚,女大当嫁,劳动者有婚姻自由的权利,也有依法享受婚假的权利,结婚对劳动者而言,是人生中的一件大事,国家通过法律形式给予劳动者在这一特定时间休假,是对劳动者的关怀和保护。

（二）婚假的基本规定

1. 按法定结婚年龄（女 20 周岁,男 22 周岁）结婚的,可享受 3 天婚假。

2. 依法办理结婚登记的夫妻,在享受国家规定婚假的基础上,可根据各地地方法规的规定来安排婚假时间。由于国家全面放开二孩生育后,各地原来的晚婚假发生变动,多数省份取消了晚婚假,同时调整了婚假的时间。从全国各地已经出台的地方法规来看,最短的是 7 天,最长的是 30 天。

3. 结婚时男女双方不在一地工作的,可视路程远近,另给予路程假。

4. 在探亲假(探父母)期间结婚的,不另给假期。

5. 婚假包括公休假和法定假。

6. 再婚的可享受法定婚假。

7. 婚假期间视为出勤,不影响工资、奖金及福利待遇。

二、丧假

(一)丧假的含义

丧假指劳动者在其直系亲属死亡时依法享受的假期,这是国家对劳动者的精神抚慰和人文关怀,作为劳动者的一项福利政策,有着特别重要的意义。

(二)丧假的基本规定

《劳动法》对于丧假的安排只是作了原则性规定,但是国家有关部门的规章和政策有具体的规定,根据国家劳动总局、财政部《关于国营企业职工请婚丧假和路程假问题的通知》,有关丧假的基本规定如下:

1. 职工的直系亲属(父母、配偶和子女)死亡时,可以根据具体情况,由本单位行政领导批准,酌情给予一至三天的丧假。

2. 职工在外地的直系亲属死亡时需要职工本人去外地料理丧事的,可以根据路程远近,另外给予路程假。

3. 在批准的丧假和路程假期间,职工工资照发,途中的车船费等,全部由职工自理。

虽然目前国家还没有对非国营企业职工休婚丧假作出具体规定,但出于国情和传统文化伦理的因素,非国有企业可参照执行，或者通过企业规章制度加以明确。

三、探亲假

（一）探亲假的含义

探亲假是劳动者依法探望与自己不住在一起，又不能在公休假日团聚的配偶或父母的带薪假期。探亲假主要是探望配偶或者父母，给劳动者及其亲人一个团聚的休假时间。同样，这也是国家对劳动者的一种人文关怀。

（二）探亲假的基本规定

根据《国务院关于职工探亲待遇的规定》，享受探亲假必须具备一定的条件，包括主体条件，即国家机关、人民团体、事业单位和全民所有制企业（国有企业）中的职工。同时包括事由条件，即职工与配偶或者父母不住在一起，又不能在公休假日团聚的。在探亲假方面，国家对非国有企业同样没有作明确的规定，非国有企业等用人单位可参照执行。

《国务院关于职工探亲待遇的规定》对于探亲假期作了以下基本规定：

1. 职工探望配偶的，每年给予一方探亲假一次，假期为30天。

2. 未婚职工探望父母，原则上每年给假一次，假期为20天。如果因为工作需要，本单位当年不能给予假期的，或者职工自愿两年探亲一次的，可以两年给假一次，假期为45天。

3. 已婚职工探望父母的，每四年给假一次，假期为20天。

4. 探亲假期指职工与配偶、父母团聚的时间，另外可根据实际需要给予路程假，探亲假包括公休假日和法定假日。

5. 凡实行休假制度的职工(例如学校的教职工),应该在休假期间探亲,如果休假期较短,可由本单位适当安排,补足其探亲假的天数。

6. 职工在规定的探亲假期和路程假期内,用人单位按照职工本人的标准工资发给工资。

7. 职工探望配偶和未婚职工探望父母的往返路费,由所在单位负担。已婚职工探望父母的往返路费,在本人标准月工资百分之三十以内的,由本人自理,超过部分由所在单位负担。

四、产假

(一)产假的含义

产假指女职工在生育前后一段时间依法享受的假期。女职工作为劳动者,除了与男性一样从事各类劳动,还肩负着人类自身生产、繁衍哺育后代的重任。妇女在生育过程中,特别是产前、产时、产后,需要一定时间休整和护理,同时还要哺育新生子女。国家通过法律形式安排女职工在生育这一特殊时间休假,体现了国家和社会对妇女和儿童的关怀。

(二)产假的基本规定

1. 国家的一般性规定。国家通过相关法律法规对女职工在产假期间,包括怀孕和哺乳期间给予了特别关心和照顾,妇女怀孕、生育和哺乳期间按照国家有关规定享受特殊劳动保护并可以获得帮助和补偿。

(1)女职工生育享受 98 天产假,其中产前可以休假 15 天;难产的,增加产假 15 天;生育多胞胎的,每多生育 1 个婴儿,增加 15 天。

（2）女职工怀孕未满 4 个月流产的，享受 15 天产假；怀孕 4 个月流产的，享受 42 天产假。

（3）女职工产假期间的生育津贴，对已经参加生育保险的，按照用人单位上年度职工月平均工资的标准由生育保险基金支付；对未参加生育保险的，按照女职工产假前工资标准由用人单位支付。

（4）女职工生育或者流产的医疗费用，按照生育保险规定的项目和标准，对已经参加生育保险的，由生育保险基金支付；对未参加生育保险的，由用人单位支付。

（5）用人单位不得因女职工怀孕、生育、哺乳降低其工资、予以辞退、解除劳动或者聘用合同。

（6）女职工在孕期不能适应原劳动的，用人单位应当根据医疗机构的证明，予以减轻劳动量或者安排其他能够适应的劳动。

（7）对怀孕 7 个月以上的女职工，用人单位不得延长劳动时间或者安排夜班劳动，并应当在劳动时间内安排一定的休息时间。

（8）怀孕女职工在劳动时间内接受产前检查，所需时间计入劳动时间。

2. 地方性规定。应该说，国家关于产假的一般性规定是对女职工的最基本的保护，也是所有用人单位必须遵守的底线。各地在国家规定的基础上，进一步地加大了对女职工的保护，特别是在产假的时间上，再度放宽。以江苏省为例，自 2016 年 1 月 1 日起，女职工在享受国家规定产假基础上，延长产假 30 天。并明确产假视为出勤，在规定假期内照发工资，不影响福利待遇。同时明确国家法定休假日不计入产假时间。

五、哺乳假

（一）哺乳假的含义

哺乳假是国家通过法律形式安排处于哺乳时期的女职工给其孩子哺乳的时间。这个假只是适用于特定人员和特定时期，所谓特定人员指完成生育的女职工，特定时间指在婴儿一周岁之内。简而言之，安排不满一周岁婴儿的母亲每天给孩子的哺乳时间就是女职工的哺乳假。哺乳假对女职工而言，是一种关怀和保护，它可以让女职工在产假结束后度过一段特殊的时期，一边继续参与社会劳动，一边履行哺育孩子的责任，用人单位理所应当给予保障。

（二）哺乳假的基本规定

1. 对哺乳未满 1 周岁婴儿的女职工，用人单位不得延长劳动时间或者安排夜班劳动。

2. 用人单位应当在每天的劳动时间内为哺乳期女职工安排 1 小时哺乳时间。

3. 女职工生育多胞胎的，每多哺乳 1 名婴儿，每天增加 1 个小时哺乳时间。

4. 女职工比较多的用人单位应当根据女职工的需要，建立女职工卫生室、孕妇休息室、哺乳室等设施，妥善解决女职工在生理卫生、哺乳方面的困难。

案例阅读：哺乳假是哺乳期女职工的权利

2016 年 3 月小微休完产假重返工作岗位，因为知道职工在哺乳期每天有一小时的哺乳假，她就每天比别人晚一个小时到公司。一个星期后，人事部的领导找到她进行"批评教育",说她天天迟到,影响其他同事的工作热情。小微解释,她那一小时休的是哺乳假。可公司表示,哺乳假已经算到小微的产假里休完了,重新上班后就不能休哺乳假了。

案例中用人单位的想法和做法显然都是错误的,它侵犯了哺乳期女职工的权利。《女职工劳动保护规定》第九条规定:用人单位应当在每天的劳动时间内为哺乳期女职工安排1小时哺乳时间。女职工生育多胞胎,每多哺乳一名婴儿,每天增加1小时哺乳时间。女职工每天的哺乳时间,算作劳动时间。现实生活中,虽说法律规定了哺乳期妈妈每天有一个小时哺乳假,但很多公司由于业务性质不同,可能会根据实际情况作出调整。例如有的公司不建议妈妈休哺乳假,但会作出适当的金额补偿;有的公司倾向于让妈妈下午提早1个小时下班……

就女职工而言,应该了解国家在这方面的规定,可根据自己的实际情况事先与公司协商好,安排好哺乳假。只要公司不剥夺职工的合法权益,哺乳期女职工可以尽量按照公司的规定来休,力争减少对工作的影响。如果公司不愿履行相应的义务,拒绝给哺乳期女职工提供哺乳假,且不愿作出相应补偿,哺乳期女职工在与公司协商不成的情况下,可以向当地劳动部门或地方法院提起劳动仲裁或诉讼。

六、病假

(一)病假的含义

病假是劳动者本人因患病或非因工负伤,需要停止工作就医时,用人单位根据劳动者本人实际参加工作年限和在本单位工作年限给予的一定的医疗假期。劳动者因身体原因不能上班,在履行一定手续后可以实施治疗或者休息。通常情况下,病假包括劳动者因身体不适前去医院检查的时间、医院实施治疗的时间和遵医嘱安排休息的时间等。

（二）病假的基本规定

企业职工因患病或非因工负伤,需要停止工作就医时,根据本人实际参加工作年限和在本单位工作年限,给予 3 个月到 24 个月的医疗期。具体情形如下：

1. 实际工作年限 10 年以下的,在本单位工作年限 5 年以下的为 3 个月；5 年以上的为 6 个月。

2. 实际工作年限 10 年以上的,在本单位工作年限 5 年以下的为 6 个月；5 年以上 10 年以下的为 9 个月；10 年以上 15 年以下的为 12 个月；15 年以上 20 年以下的为 18 个月；20 年以上的为 24 个月。

3. 医疗期 3 个月的按 6 个月内累计病休时间计算；6 个月的按 12 个月内累计计算；9 个月的按 15 个月内累计病休时间计算；12 个月的按 18 个月内累计病休时间；18 个月的按 24 个月内累计病休时间计算；24 个月的按 30 个月累计病休时间计算。

4. 劳动者患病或者非因工负伤停止劳动,且在国家规定医疗期内的,用人单位应当按照工资分配制度规定以及劳动合同、集体合同的约定,向劳动者支付病假工资或者疾病救治费,病假工资或者疾病救治费最低不得低于当地最低工资标准的 80%。

5. 劳动者患病或者非因工负伤,在规定的医疗期内,用人单位不得解除劳动合同。但是,需要注意的是,劳动者患病或者非因工负伤,在规定的医疗期满后不能从事原工作,也不能从事由用人单位另行安排的工作的,用人单位提前30日以书面形式通知劳动者本人或者额外支付劳动者一个月工资后,可以解除劳动合同。

6. 劳动者因工作遭受事故伤害或者患职业病需要暂停工作接受工伤医疗的,在停工留薪期内,原工资福利待遇不变,由所在单位按月支付。停工留薪期一般不超过12个月。伤情严重或者情况特殊,经设区的市级劳动能力鉴定委员会确认,可以适当延长,但延长期限不得超过12个月。工伤职工评定伤残等级后,停发原待遇,按照《工伤保险条例》的有关规定享受伤残待遇。工伤职工在停工留薪期满后仍需治疗的,继续享受工伤医疗待遇。生活不能自理的工伤职工在停工留薪期需要护理的,由所在单位负责。

7. 关于病假工资、疾病救济费,国家层面的法律法规只是作了原则性规定,没有具体的标准。多数省份在国家原则规定的基础上,结合各地的实际,作了具体规定。由于各地之间经济发展状况的差异,各地在病假工资、疾病救济费方面也存在一定的区别。以江苏省为例,劳动者在国家规定医疗期内的病假工资、疾病救治费不得低于当地最低工资标准的80%。同时,用人单位必须承担应当由劳动者个人缴纳的社会保险费和住房公积金。

案例选读:申请病假须按相关规定执行

龙某是史克公司员工,以某医院的病情诊断书和病历申请近两个月的病假。公司对其请假材料的真实性提出质疑,并要求提交在医院就诊的挂号单、处方、费用收据等相关资料时,龙某未予提供。根据公司《员工手册》中的《违纪处罚实施条例》:职工存在"弄虚作假、欺骗公司,涂改、伪造工作报告、证明文件、财务凭证、他人签字或私自使用公章,以掩盖过失或谋取个人私利"的情形,一经发现,公司将立即解除劳动合同。龙某为史克公司的员工,其已经在《员工手册》的签收声明上签字,表明其知晓《员工手册》中规定的申请病假的程序和所要提供的资料以及史克公司的规章制度。后公司到市卫生局调查发现不存在龙某就诊的某医院,龙某则辩称原医院已经更名,上门就诊的医生已经找不到,是因相信熟人介绍才出现了就诊资料的瑕疵,但未提供证据证明其就诊的真实性。

本案中,公司依据规章制度解除与龙某的劳动合同,且经过工会的审批,不违反法律规定。故一、二审判决认定史克公司解除劳动合同不属于违法解除,对龙某关于违法解除劳动合同的赔偿金、双倍补发工资及医疗补助金等请求不予支持。

(摘自中国裁判文书网)

七、男方护理假

男方护理假,也称陪产假、陪护假,是作为劳动者的男方,在其配偶生育时进行看护和照料的假期。这一假期的设立,体现了性别平等和责任共担的意义,也是社会文明和进步的象征。根据我国计划生育法和生育保险政策的规定,符合法律法规规定生育的夫妻,其男职工可以享受一定期限的护理假。但是国家层面的法律法规,并没有对男方护理假的具体时间作明确规定。从已经出台(包括后来修订)的部分省份人口和计划生育条例中,可以看到各地在制定和实施男方护理假方面不尽统一,关于假期长短,有的是原则性规定，没有具体时间。有具体时间规定的，短的是3天，长的是30天。多数省份将男方护理假视同工作时间，休假期间，工资照发，同时不影响奖金和用人单位的其他福利待遇。需要提醒的是，用人单位如何执行这一假期，需要根据所在省份的法规政策规定，同时结合用人单位实际情况，通过制定用人单位具体规章制度作出安排。

八、事假

事假是劳动者因个人或者家庭原因的需要向用人单位申请的假期。这一假期，不视同劳动时间，也称无薪假。劳动者需要按照用人单位的规定和程序申请，经相关部门或人员批准后，方可施行。用人单位可以根据相关规章制度，酌情批准或者不批准。一般情况下，事假可按照假期的实际天数扣除相应的日工资，即劳动者月工资÷21.75×事假天数＝应扣除的事假工资。需要提醒的是，劳动者一年内请事假累计20天以上且单位按照规定不扣工资的，不享受当年的带薪年休假待遇。劳动者在事假结束后逾期不归的，可按旷工论处，并可按用人单位规章制度对劳动者作出具体处理安排。

本章小结

1. 劳动者有劳动，并获取相应报酬的权利，同样，也有休息休假的权利。休息休假权是劳动者权益的一个重要组成部分，也是维护劳动者身心健康与社会可持续发展的重要措施。

2. 现行法定假期的设置，是适合中国国情需要的，既弘扬和传承了我国优秀传统文化，提升了中华文化在国际上的影响，又加强了对劳动者休息权的关怀和保护。

3. 带薪年休假是国家根据劳动者工作年限和劳动程度,每年给予的一定时间的带薪连续休假。这是国家对劳动者休息权利的一种强制保护。

4. 带薪年休假的对象和休假时间都有严格细致的规定,任何单位都必须遵守,如有违反,则须承担相应的法律责任。

5. 特定事由或对象的假,需要根据劳动者的实际情况分类处置。对于某些没有法律责任的假期安排,按倡导性意见办理。

第九章　社会保险的登记、缴纳与管理

第一节　社会保险的概况

一、社会保险的含义

（一）社会保险的定义

所谓社会保险，是公民在年老、疾病或者丧失劳动能力情况下，从国家和社会获得物质帮助的一种制度安排。这一制度是国家通过立法强制相关社会成员参加的一种制度。作为一种制度，社会保险制度是社会保障制度的核心内容。社会保险是整个社会保障体系的一个重要组成部分，与劳动者的工资分配相比，它属于二次分配或者称再分配，主要通过筹集社会保险基金，并在一定范围内对社会保险基金实行统筹调剂，在劳动者遭遇风险时给予必要的物质帮助。

与商业保险相比，社会保险是一种强制性保险，它是通过立法强制实施的，凡是法律规定范围内的社会成员必须无条件参加。同时，社会保险是一种非营利性的社会安全制度，它更加注重社会公平性、福利性和基本保障性,社会保险的根本目的是保障社会成员生活安定、收入稳定、风险可控。

（二）社会保险在世界的发展历程

社会保险制度最早产生于19世纪的德国,时任德国宰相俾斯麦,为了缓和当时德国的劳资矛盾,通过立法建立了世界上最早的工人养老金、健康医疗保险、社会保险等制度,其中,1883年颁布的《疾病社会保险法》、1884年颁布的《工伤保险法》和1889年颁布的《伤残及养老保险法》这三部法律标志着社会保险制度的建立。这一制度涵盖了疾病、工伤和年老等三项劳动者面临的劳动风险,并在体制上明确了相关权利和义务,受到了德国工人的普遍欢迎和积极参与,在一定程度上缓和了当时德国的劳资矛盾,有效地促进了德国的经济发展。此后,欧洲许多国家纷纷效仿,并得到大力推行和发展。

1935年8月14日,美国总统罗斯福签署了《社会保障法》,这是美国历史上第一部社会保障法,也是世界上第一部完整的社会保障法。它的颁布标志着西方现代社会保障制度进一步形成体系,也标志社会保险制度作为一种国家干预得以在全世界流行。1942年剑桥大学经济学院院长贝弗里奇接受英国首相丘吉尔委托,完成了关于社会保障计划的研究报告,即《社会保险和相关服务》,也称《贝弗里奇报告》。该报告提出建立全社会的国民保险制度,国家对公民提供从摇篮到坟墓、从生到死的一切安全保障。这一社会保障计划从1944年启动,到1948年,英国的社会保障体系全面完成。当年,时任英国首相艾德礼宣布英国第一个建成福利国家。社会保险制度由此进入一个全面发展和完善的时期。

应该说,社会保险制度作为一项重要的社会保障制度,在发展经济、改善民生等方面发挥了巨大作用,并且已经成为世界各国社会经济政策中不可或缺的一项基本制度。

（三）社会保险在中国的发展历程

社会保险制度在我国始于 1986 年,第六届全国人大四次会议在 1986 年 4 月通过了《中华人民共和国国民经济和社会发展第七个五年计划》,首次提出要有步骤地建立具有中国特色的社会保障制度。从 1986 年以推行退休费统筹的社会养老保险制度开始起步,逐步向医疗、失业等保险制度延伸。

1991 年,国务院颁布了《关于企业职工养老保险制度改革的决定》,提出建立多层次的养老保险体系,规定养老保险实行社会统筹,费用由国家、企业和职工三方负担。1993 年国务院发布的《中共中央关于建立社会主义市场经济体制若干问题的决定》,将社会保障制度列为社会主义市场经济框架的五大环节之一,并明确了城镇职工养老保险和医疗保险由单位和个人共同负担,实行社会统筹和个人账户相结合的制度。1997 年国务院发布《关于建立统一的企业职工基本养老保险制度的决定》,进一步推动了社会保险制度改革的深入。

2010 年 10 月 28 日,第十一届全国人大常务委员会第十七次会议通过了《中华人民共和国社会保险法》,并于 2011 年 7 月 1 日起施行。这是中华人民共和国成立以来第一部社会保险制度的综合性法律,标志着中国社会保险体系的基本框架得以全面确立,我国的社会保险制度进入了一个全新的时期。

二、社会保险的种类

《社会保险法》规定,国家建立基本养老保险、基本医疗保险、工伤保险、失业保险、生育保险等社会保险制度,保障公民在年老、疾病、工伤、失业、生育等情况下依法从国家和社会获得物质帮助的权利。根据这一规定,我国现行的社会保险体系包括五项社会保险制度,即通常所说的五大保险制度。

(一)基本养老保险制度

指国家通过立法强制建立养老保险基金和待遇支付安排,保障公民在因年老丧失劳动能力时,获得可靠的生活来源的社会保险制度。根据《社会保险法》及相关规章,我国的基本养老保险制度由三个部分组成,即职工基本养老保险制度、城镇居民社会养老保险制度(含新型农村社会养老保险制度)和机关事业单位工作人员养老保险制度,分别覆盖企业职工、农村居民、城镇未就业居民和机关事业单位工作人员。

(二)基本医疗保险制度

指国家通过立法强制建立医疗保险基金和待遇支付安排,保障公民在因病或者意外伤害时获得就医诊疗和物质帮助的社会保险制度。基本医疗保险制度包括职工基本医疗保险制度、新型农村合作医疗保险制度和城镇居民医疗保险制度。覆盖机关事业单位工作人员、企业职工、农村居民和城镇未就业居民。

(三)工伤保险制度

指国家通过立法强制建立工伤保险基金和待遇支付安排,保障部分行业和用人单位的劳动者在因工作原因遭受伤害或者患职业病、暂时或者永久丧失劳动能力、死亡时获得治疗、康复所需经费或者给予职工及其供养人员必要补偿和生活费用的一种社会保险制度。《社会保险法》规定,职工应当参加工伤保险,由用人单位缴纳工伤保险费,职工不予缴纳。工伤保险制度只覆盖被用人单位招用的人员。

（四）失业保险制度

指国家通过立法强制建立失业保险基金和待遇支付安排，保障公民因失业而暂时中断工资收入时获得物质帮助，以保障其基本生活，并促进其重新就业的一项社会保险制度。有以下情形的失业人员可以从失业保险基金领取失业保险金：1. 失业前用人单位和本人已经缴纳失业保险费满一年的；2. 非因本人意愿中断就业的；3. 已经进行失业登记，并有求职要求的。

（五）生育保险制度

指国家通过立法强制建立生育保险基金和待遇支付安排，保障女性公民因生育暂时中断劳动时获得生活来源和物质帮助的一种社会保险制度。与工伤保险制度一样，生育保险费由用人单位缴纳，个人不缴纳生育保险费。生育保险的覆盖范围是所有用人单位和全体职工。

目前我国社会保险推行的五大保险制度，分别由人力资源社会保障部门与医疗保障部门负责实施，人力资源社会保障部门负责养老保险、失业保险和工伤保险三个险种，医疗保障部门负责医疗保险和生育保险两个险种。鉴于篇幅关系，本章着重关注的是养老保险这一险种。

案例选读：不为职工缴社保　单位赔偿失业金损失

因单位未为职工刘某缴纳社会保险费，致使双方终止劳动合同后，刘某无法从社保部门领取失业保险金。近日，法院判决刘某的失业金损失由单位承担。

刘某于 2004 年 5 月 20 日到山东省某工程公司工作，双方最后一次签订的劳动合同期限为 2008 年 1 月 1 日至 2008

年12月31日。2008年10月至12月,刘某闲置在家,没有到公司和项目工地上班,工程公司即以此为由未发放其这期间的工资。刘某在劳动合同终止前12个月的平均工资为3 900元。2008年12月31日,工程公司终止了与刘某的劳动合同,并支付了刘某一个月工资的经济补偿。由于工程公司没有按照国家规定为刘某缴纳社会保险费,刘某终止劳动合同后,无法领取失业保险金,为此,刘某诉至济南市劳动争议仲裁委员会,要求工程公司承担未缴纳社会保险费的法律责任,赔偿其失业保险金损失,同时支付其2008年10月至12月的工资。仲裁委作出裁决后,刘某不服,诉至济南市市中区法院。

法院查明,自2008年1月1日起,济南市最低工资标准为760元/月;2008年济南市失业保险金为380元/月。

法院认为:关于刘某主张的失业保险金损失,根据劳动法的相关规定,用人单位应当按时足额为职工缴纳失业保险费,因工程公司未为刘某缴纳失业保险费,导致刘某不能领取失业保险金,工程公司应承担赔偿责任。《失业保险条例》第17条规定,失业人员失业前所在单位和本人按照规定累计缴费时间满1年不足5年的,领取失业保险金的期限最长为12个月。根据上述规定,工程公司应赔偿刘某12个月的失业保险金损失。对于刘某主张的2008年10月至2008年12月的工资11 700元,因这期间刘某未到岗上班,工程公司未予发放工资并无不当,但是在双方劳动关系存续期间,工程公司应依据国家相关规定,按济南市最低工资标准的70%为其发放生活费。

综上,依照《劳动合同法》第 47 条、第 97 条,《失业保险条例》第 17 条等规定,法院判决:工程公司于本判决生效之日起 10 日内赔偿刘某失业保险金损失 4 560 元(380 元/月×12 个月);支付刘某 2008 年 10 月至 12 月的生活费 1 596 元。

(摘自《劳动报》)

三、社会保险的意义

(一) 社会保险是社会发展的"安全网"和"稳定器"

社会保险是人类社会文明进步的一种表现,也是市场经济发展的必然产物。每个社会成员在工作和生活中,总会遭遇各种各样的风险,比如年老、疾病、工伤、失业、生育等风险,这些风险常常是避免不了的。但是一旦社会成员遭遇这些风险,如果不能及时防范或者克服,对社会成员个体来说,会影响生存和生活,甚至带来更多的不幸。同时,也会导致社会的不稳定和经济的不健康发展。也正因为此,建立和健全社会保险制度,可以通过立法强制推行政府主导的社会保险政策,帮助社会成员防范和化解各种风险,改善全体社会成员的生活水准和福利,从而促进社会和谐稳定。

(二) 社会保险是用人单位可持续发展的重要保证

社会保险为用人单位的全体员工解决了后顾之忧,也为用人单位的生存与发展提供了一个良好的工作环境。虽然参加社会保险是用人单位的法定义务,但社会保险同样是用人单位对员工的认可和关怀。参加社会保险能够激发员工的工作积极性和劳动热情,也能够提升员工的归属感和忠诚度。加上社会保险的互助性和社会统筹能力的扩大,社会保险可以化解用人单位用工管理方面的风险,在一定程度上减少用工成本,提升用人单位的劳动生产率,从而确保用人单位长盛不衰。

（三）社会保险是劳动者共享社会成果的重要体现

我国《宪法》规定,中华人民共和国公民在年老、疾病或者丧失劳动能力的情况下,有从国家和社会获得物质帮助的权利,即获得社会保障的权利。保证每一个公民依法参加社会保险,依法享受社会保险待遇,是落实公民社会保障权的实际体现和根本所在。社会保险水平应当与经济发展水平相适应,能够保证作为劳动者的广大公民分享经济社会发展成果,实现劳动者对更加美好生活的期待。社会保险还能够提升国民整体素质,促进人与人之间、人与社会之间的和谐。为此,国家必须建立社会保险待遇的正常调整机制,才能保证劳动者共享社会成果的需要。

四、用人单位和劳动者参加社会保险的法定义务

《社会保险法》于 2010 年 10 月 28 日正式公布,自 2011 年 7 月 1 日起施行,明确了用人单位、劳动者、经办机构等社会保险关系各方的权利义务关系,即参加社会保险是用人单位和劳动者的法定义务。由于用人单位与个人承担的社会角色不同,在参加社会保险方面,也同样承担着不同的法定义务。

（一）用人单位的主要义务

1. 登记义务。用人单位应当自成立 30 日内凭营业执照、登记证书或单位印章,向当地社会保险经办机构申请办理社会保险登记;用人单位应当自用工之日起 30 日内为职工向社会保险经办机构申请办理社会保险登记。

2. 缴费义务。职工基本养老保险、职工基本医疗保险、失业保险的缴费义务由用人单位和个人共同承担。工伤保险与生育

保险的缴费义务全部由用人单位承担。

3. 申报和代扣代缴义务。用人单位应当自行申报，按时足额缴纳社会保险费，非不可抗力等法定事由不得缓缴、减免。职工应当缴纳的社会保险费由用人单位代扣代缴，用人单位应当按月将缴纳社会保险费的明细情况告知本人。

（二）个人的主要义务

登记和缴费。职工自与用人单位建立劳动关系 30 日内应当参加社会保险登记，个人缴费部分由用人单位代扣代缴。其中，缴费义务视险种不同，履行不同的缴费义务。

案例选读：发放社保补贴不能免除用人单位办理社保义务

郝某于 2011 年 5 月进入某物业公司担任项目经理职位，双方签订目标责任状约定年薪 10 万元，之后双方签订劳动合同书约定基本工资为 2 000 元，工作时间按标准工时工作制。工作期间，该公司未给原告缴纳各项社会保险。2012 年 4 月，双方发生争议，郝某离职并提起劳动仲裁，要求用人单位补办社会保险并支付经济补偿金、工资等。公司则认为双方口头约定不办理社会保险，由公司每月支付原告 500 元社保补贴，总计已支付 5 000 元。人民法院经审理后依法判决解除双方之间劳动关系，用人单位为郝某补办用工期间的各项社会保险，并支付郝某未发工资、经济补偿金等。

专家点评：为劳动者办理社会保险是用人单位应当履行的强制性义务，关系社会公共利益和劳动者的长远利益。而对于劳动者来说，办理社会保险也不仅是其所享有的合法权益，还是一种法定义务。因此，建立劳动关系后，用人单位和劳动者均应积极主动地参加社会保险，不能为了眼前利益而放弃社保的长期保障。本案中用人单位以发放"社保补贴"的形式来规避其应当为劳动者缴纳社会保险的用工责任,但为劳动者办理社会保险是不可推卸之法律责任,并不能因用人单位支付了所谓"社保补贴"而免除。作为用人单位,应该严格按照法律规定为劳动者办理各项社会保险,承担自己应尽的社会责任。

(摘自中国社保网)

第二节　社会保险的登记

一、社会保险参保登记

(一)社会保险登记的含义

社会保险登记指用人单位根据《社会保险法》,按照《社会保险登记暂行管理办法》规定的程序进行登记,领取社会保险登记证的行为。现行法律规定,用人单位应当自成立起 30 日内凭营业执照、登记证书或者单位印章,向当地社会保险经办机构申请办理社会保险登记。实行社会保险登记是社会保险费征缴的前提和基础,也是整个社会保险制度得以建立的基础。社会保险登记原则上实行属地管理。缴费单位的分支机构一般应作为一个独立的缴费单位。

长期以来,社会保险登记是独立运行的。但是,随着国家进一步深化简政放权、放管结合、优化服务的总体改革要求,原有的社会保险登记制度进行了重大调整,不再单独运行。根据国家工商总局、国家发展和改革委员会、人力资源和社会保障部、国家统计局、国务院法制办公室联合下发的《关于贯彻落实〈国务院办公厅关于加快推进"五证合一"登记制度改革的通知〉的通知》,从2016年10月1日起,在企业和农民专业合作社"三证合一、一照一码"的基础上全面实行"五证合一、一照一码"登记模式,整合社会保险登记证和统计登记证,由工商行政管理部门核发加载法人和其他组织统一社会信用代码的营业执照,社会保险登记证不再另行发放。"五证合一"实行的登记条件、登记程序、登记申请文书材料和营业执照样式与"三证合一"改革相同。改革后,企业申请设立登记的、原执照有效期满,申请变更登记或者申请换发营业执照的,由登记管理机关依法核发,换发加载统一代码的营业执照。对于已领取社会保险登记证的企业,不再收缴原社会保险登记证。2018年1月1日前,原发证照继续有效,过渡期结束后一律使用加载统一代码的营业执照,未换发的证照不再有效。取消社会保险登记证的定期验证和换证制度,原有验证和换证要求企业报送的事项经整合后纳入企业年度报告内容,由企业自行向市场监督管理部门报送年度报告并向社会公示。应该说,国家关于登记制度改革的做法,是为了在更大范围、更深层次实行信息共享和业务协同,推进大众创业、万众创新,促进就业增加和经济社会持续健康发展,是一件利国利民的事情。过去是一证一用,现在是多证合一。就各个管理部门而言,要加强合作,协同推进;就用人单位而言,要准确把握改革的要义,知晓改革、支持改革、适应改革。

近年来,各地持续优化营商环境,企业开办实现全程网上办理。公司、非公司企业法人、个人独资企业、合伙企业和个体工商户等营利性组织办理开办登记时,社保经办机构依托企业开办"一网通办"平台,共享市场监管部门的企业注册信息,同步办理企业社保登记,采用统一社会信用代码对社保登记进行管理。目前,全国大部分地区可实现企业登记和员工参保登记线上"一表填报"申请办理。

（二）社会保险登记的办理材料

用人单位在办理社会保险登记手续时须如实填写《社会保险登记表》,并出示以下证件和资料：

1. 营业执照、登记证书、批准成立文件或其他核准执业证件及其复印件。

2. 国家质量技术监督部门颁发的组织机构统一代码证书及其复印件。

3. 成建制转入的,需要提供相关批准文件及转出地社保机构开具的基本养老保险关系转移材料。

4. 单位首次参保需提供单位开户银行账户信息。

5. 社保部门认为应提供的其他相关证件、资料。

（三）社会保险登记的办理程序

1. 联办登记。社会保险经办机构根据市场监管、税务、民政、机构编制管理机关等登记证照的核发机关（以下简称"登记管理机关"）共享的注册登记信息同步办理社会保险登记,并向登记管理机关反馈。

2. 单位申请。登记管理机关未共享信息的,用人单位自批准成立,领到单位法人登记证书、组织机构代码证书30日内,应当按照要求向社会保险经办机构提交办理社会保险登记申请,领取并填写《社会保险登记表》。

3. 审核。社会保险经办机构收到用人单位办理社会保险登记的书面申请和填写的《社会保险登记表》后,审核用人单位所填写表格是否准确无误,证件和资料是否真实齐全。

4. 建档。(1) 社会保险经办机构审核通过后,按有关规定对登记单位进行分类、编码,确定其社会保险登记编码、参保时间。社会保险登记编码即为营业执照上的统一社会信用代码。(2) 将单位的社会保险登记信息输入社会保险信息系统,建立社会保险登记档案库。

案例选读:员工承诺不参加社保,公司还需负全责吗?

2011 年 8 月,徐某与某公司建立了劳动关系,并签订了《员工不购买社保(申请)承诺书》,主要内容为:徐某系该公司正式员工,就职期间自愿放弃该公司为其购买社保,同意接受因该公司不为其购买社保给予的补贴。同时,徐某还承诺不会以该公司不为其购买社保为由,与该公司提前解除劳动合同或者要求该公司承担经济补偿金。

2015 年 8 月,徐某以该公司未与其签订劳动合同、未为其缴纳社保为由申请仲裁。该公司不服,遂提起诉讼。那么,员工承诺不购买社保,公司就没有责任了吗?

本案中双方的承诺书,看似自愿签订、平等互利,但违背了法律的强制性规定,应归于无效。根据《社会保险法》有关规定,职工应当参加社会保险,依据保险种类的不同,或由用人单位和职工按照国家规定共同缴纳保险费(养老保险、医疗保险和失业保险),或仅由用人单位缴纳保险费,职工无须缴费(工伤保险和生育保险)。由此可见,缴纳社会保险费是用人单位和劳动者的法定义务,因而具有强制性,必须履行。

本案中,尽管徐某自愿放弃该公司为其购买社保,同意接受相应的补贴,但其承诺因违反法律的强制性规定而无效。此外,根据《劳动合同法》有关规定,因该公司未为其缴纳社保,徐某有权解除劳动合同,获得经济补偿金。由于不缴纳社保费的约定无效,公司也有权向徐某追回不为其购买社保所支付的补贴。

（摘自开平人社网站）

二、社会保险变更登记

（一）变更事项

用人单位有以下社会保险登记事项之一发生变更时,应当依法及时到社会保险经办机构申请办理社会保险变更登记:

1. 单位名称;

2. 住所或地址(包括邮政编码);

3. 法定代表人或负责人(姓名、身份证号、联系电话);

4. 单位类型;

5. 组织机构统一代码;

6. 主管部门;

7. 隶属关系;

8. 开户银行账号;

9. 省、自治区、直辖市社会保险经办机构规定的其他事项。

用人单位填写社会保险变更登记表,提供相关证件和资料。社会保险经办机构审核后对符合规定的予以变更。

（二）办理材料

用人单位应当自市场监管机关办理变更登记或有关机关批准或宣布变更之日起 30 日内,填写《社会保险变更登记表》,并持有下列证件和资料到社会保险经办机构办理变更社会保险登记。

1. 营业执照、登记证书;

2. 市场监管部门或有关机关批准的变更事项文件或证明；

3. 社会保险变更登记表；

4. 其他相关证明材料和批件。

（三）办理程序

1. 联办变更登记。社会保险经办机构根据登记管理机关共享的变更信息及时更新用人单位的社会保险登记信息。

2. 单位申请。登记管理机关未共享变更信息的，用人单位自变更事项发生30日内，应当按照要求向社会保险经办机构提交办理社会保险登记变更申请，领取并填写《社会保险变更登记表》。

3. 审核。社会保险经办机构收到用人单位办理社会保险登记变更申请后，对单位填写的《社会保险变更登记表》进行审核。

4. 建档。（1）社会保险经办机构审核通过后，应及时将变更登记事项输入社会保险信息系统，修改参保单位信息资料，变更参保单位登记事项。（2）将参保单位社会保险变更登记申请、《社会保险变更登记表》及相关材料及时存入参保单位档案。

三、社会保险注销登记

（一）注销事项

参保单位发生解散、破产、撤销、合并以及其他情形（如成建制转移），依法终止社会保险缴费义务时，应当及时向社会保险经办机构申请办理注销社会保险登记。

参保单位应当自市场监管部门办理注销登记之日起30日内，向社会保险经办机构申请办理注销社会保险。按规定不需要在市场监管部门办理注销登记的参保单位，应当自有关机构批准或宣布终止之日起30日内，向社会保险经办机构申请办理注销社会保险登记。

参保单位被市场监管部门吊销营业执照的，应当自营业执照被吊销之日起30日内，向社会保险经办机构申请办理注销社会保险登记。

参保单位因住所变动或生产经营地址变动而涉及改变社会保险经办机构的，应当自上述变动发生之日起30日内，向原社会保险经办机构申请办理注销社会保险登记，并向迁达地社会保险经办机构办理登记。

（二）办理材料

参保单位填写社会保险注销登记表，应提供以下相关证件和资料：

1. 社会保险注销登记表；

2. 注销通知或法院裁定企业破产等法律文书；

3. 单位主管部门批准解散、撤销、终止的有关文件；

4. 有关部门批准转出及转入地社会保险机构同意接受的证明。

（三）办理手续

参保单位在办理注销社会保险登记前，应当结清应缴纳的社会保险费、滞纳金、罚款，并中止单位所有职工的社会保险关系。

社会保险经办机构根据登记机关共享的企业注销信息，对无欠缴社会保险费且无参保人员、待遇领取人员的参保单位，应当自收到申请之日起10个工作日内完成注销社会保险登记。未完成注销登记的，及时通知参保单位办理人员停保、调转并结清欠费。

登记机关未共享注销信息的，参保单位自依法终止的30日内持相关法律文书或其他有关注销文件、单位印章申请办理注销社会保险登记。审核通过的，生成《参保单位注销登记表》。

参考文本：社会保险登记申报表

单位名称（盖章）：

登记类型		新参保○　统筹范围转入○　跨统筹范围转入○　单位分立○　单位合并○　事改企○　其他○	
注册地址			邮编
经营住所（地址）			邮编
通讯地址			邮编
单位类型			
隶属关系		电子邮箱地址	
		主管部门或总机构	
企业或个体工商户工商登记信息	经济类型		
	发照日期	机关事业或社会团体批准成立信息	批准单位
	有效期限		批准日期
	行业名称		批准文号
			有效期限
统一社会信用代码			
开户名称		开户银行	
		银行账号	
法定代表人或负责人	姓名	联系电话	
	证件名称	证件号码	

年　　月　　日

续表

单位经办人	姓名		所在部门	
	联系电话		手机号码	
登记日期	年月日	首次参保缴费日期	年月日	
参保单位		单位经办人：单位负责人（章）：单位（章）：		

注：本表一式一份，由参保单位填写，社会保险经办机构留存。

参考文本：社会保险参保登记信息表

单位编号		单位名称	
单位注册地址			邮编
单位经营地址			邮编
单位通讯地址			邮编
隶属关系		主管部门或总机构	
单位类型		经济类型	
行业名称		开户银行	
统一社会信用代码			

续表

开户名称		银行账号	
法定代表人或负责人	姓名	单位经办人	姓名
	证件名称		所在部门
	证件号码		联系电话
	联系电话		手机号码

参保登记情况	参保险种	参保日期	缴费比例
	基本养老		
	基本医疗		
	失业		共 ％，其中个人缴费比例：％
	工伤		共 ％，其中个人缴费比例：％
	生育		共 ％，其中个人缴费比例：％
	其他		

社保经办机构		社保专管员	联系电话

单位经办人：　　　　社保经办人：　　　　打印日期：

注：本表一式二份，由信息管理系统生成，参保单位、社会保险经办机构各留一份。

参考文本：社会保险变更登记申请表

单位名称（章）：　　　　　　　　　　　单位编号：　　　　　　　　　　　年　月　日

变更信息名称	变更前基本信息			变更后基本信息		
单位名称						
参保登记情况	参保险种	参保时间	参保险种	参保时间	参保险种	参保时间
	基本养老		工伤			
	基本医疗		生育			
	失业		其他			
单位类型						
经济类型						
行业名称						
统一社会信用代码						
地址邮编						
开户银行信息						
法定代表人或负责人	姓名		证件名称			
	证件号码		联系电话			
			姓名		证件名称	
			证件号码		联系电话	

续表

变更信息名称	变更前基本信息				变更后基本信息			
	姓名		联系电话		姓名		联系电话	
	所在部门		手机号码		所在部门		手机号码	
单位经办人								
其他								

单位经办人：　　　　　　　　　　单位负责人（章）：

注：本表一式一份，由参保单位填写，社会保险经办机构留存；变更时应附对应市场监管、民政等登记部门准予变更登记等变更事项相关证明材料。

参考文本：社会保险登记信息变更表

单位编号：

单位名称（盖章）：　　　　　　社保经办人：

变更信息名称	变更前基本信息	变更后基本信息

年　　月　　日

单位经办人：　　　　　　　　　打印日期：

注：本表一式二份，由信息管理系统生成，参保单位、社会保险经办机构各留一份。

参考文本：社会保险注销登记申请表

单位编号				
单位名称				
单位地址				
单位参保情况	在职		申请日期	年　月　日
	离退休			
注销原因			单位缴费情况	始欠缴年月　年　月
				累计欠款额　　　元
				最后一次申报年月　年　月
申请注销登记单位	单位经办人：		单位负责人（章）：	单位（章）：
社保经办机构	财务人员（章）：		社保经办人（章）：	社保机构负责人（章）：
备注				

注：本表一式二份，由参保单位填写，参保单位、社会保险经办机构各留一份；注销时应附市场监管、民政等登记部门准予注销登记的文件证明材料；用人单位应与职工解除（终止）劳动合同、缴清社会保险费后再申请办理注销登记。

参考文本:参加社会保险人员(增加/减少)花名册

序号	社会保障号码	个人编号	姓名	性别	民族	参加工作时间	人员性质	参加险种			缴费基数	增减原因	备注
								养老	工伤	失业			

注:本表一式两份,由参保单位填写,社会保险经办机构、参保单位各留一份。　社保机构(章)

单位经办人:　　　　　　　　　　社保经办人(章):　　　　　办理时间:　　　年　　月　　日

单位名称(章):　　　　　　　　　单位编号:

(摘自《中华人民共和国国家标准社会保险登记服务规范》)

第三节　社会保险的缴纳

一、工资总额申报核定

（一）缴费基数的确定

1. 社会保险各险种采用统一的缴费工资基数,职工的缴费工资为职工本人上一自然年度(1月1日至12月31日)工资收入总额。职工以实际工资收入为缴费工资基数,工资收入低于人力资源社会保障部门公布的社会保险年缴费工资 60％的,以年缴费工资 60％逐月累计保底;全年工资收入超过人力资源社会保障部门公布的社会保险年缴费工资 300％的部分不作为缴费基数,以年缴费工资 300％按全年累计封顶。

上述社会保险年缴费工资及基本缴费工资基数由省人力资源社会保障行政部门每年公布,所称年度为自然年度,即每年的1月至12月。

2. 依据国家统计局的口径,职工工资收入总额包括:计时工资、计件工资、奖金、津贴和补贴、加班加点工资、特殊情况下支付的工资性收入等。

3. 实行用人单位自行向税务部门申报缴纳社会保险费后,社会保险费缴费基数和应缴费额计算方式不变。

（二）缴费基数的申报方式

1. 实行用人单位自行向税务部门申报缴纳社会保险费前,社会保险费缴费基数申报实行承诺制。参保单位承诺如实申报缴费工资基数,填报《社会保险缴费工资基数申报汇总表》《社会保险缴费工资基数申报明细表》。参保单位申报缴费工资基数有误的,及时填报《社会保险缴费工资基数调整表》,办理缴费工资基数调整。参保单位填报的缴费工资总额应当经职工本人签字认可或向本单位职工公布,接受职工监督。社会保险年度缴费工资申报期通常为1—3月。

承诺制备查材料。(1)财务资料:上年度参保单位财务年报,参保单位工资性支出的有关账册;核查过程中需调阅的原始凭证及其他财务资料。(2)社会保险有关资料:上年度参保单位劳动工资统计年报表,职工收入台账(需有职工本人签字认可);社保关系不在本单位人员名单,如地方参保人员、临时用工、与中介机构签订的用工协议人员等有关合同、协议;配合调阅的其他有关劳资资料等。

2. 实行用人单位自行向税务部门申报缴纳社会保险费后,用人单位向税务部门申请办理缴费工资申报和调整业务,缴费基数根据用人单位申报的缴费工资和缴费基数上下限标准确定,用人单位应于每月25日前申报应缴纳的社会保险费额(可以对申报信息进行撤销、修改、补充),通过税务部门提供的渠道缴纳社会保险费。社会保险年度缴费工资申报期通常为1—3月。

案例选读:社保基数可以与员工约定吗?

陈某是江苏省某公司的员工,该公司对员工的工资分配实行结构工资形式,即将工资分解成基础工资、奖金、津贴、补贴等几部分,根据具体考核计算每月工资。由于企业生产经营随着市场情况不断调整变化,陈某的每月工资收入变化也较大。为了确定社会保险费的缴费基数,公司与陈某约定:以基础工资的标准作为缴纳社会保险费的基数。陈某虽然对公司的说法有异议,但为了能够在公司长期工作下去,因此也就同意了公司的做法。于是,公司就按双方约定的数额为陈某缴纳社会保险费。

三年后,公司在合同终止时通知陈某不再续订劳动合同,陈某对公司不再续用自己感到失望。在办理离职手续时,陈某向公司提出了社会保险费缴费基数与自己工资收入不符的问题,希望公司予以解决。公司表示双方对社会保险费缴费基数已有约定,公司按约定为陈某缴费不存在问题,对陈某的要求予以拒绝。双方于是发生争议。

陈某认为:自己在公司工作多年,公司没有按自己的实得收入为其缴纳社会保险费,违反了国家的有关规定,要求公司补缴未足额缴纳社会保险费的差额部分。

公司认为:公司因生产经营状况有变化而与员工约定缴费基数,公司严格按约定的缴费基数缴纳社会保险费,因此不同意陈某的要求。

本案的争议焦点是当事人是否可以约定社会保险费的缴费基数。缴纳社会保险费,这是《劳动法》对劳动关系当事人确定的法定义务。国家统计局《关于工资总额组成的规定》对工资总额的规定是:"工资总额是指各单位在一定时期内直接支付给本单位全部职工的劳动报酬总额。工资总额由下列六个部分组成:(一)计时工资;(二)计件工资;(三)奖金;(四)津贴和补贴;(五)加班加点工资;(六)特殊情况下支付的工资。"在该规定中,确定的可以不列入工资总额的范围是:"(一)根据国务院发布的有关规定颁发的发明创造奖、自然科学奖、科学技术进步奖和支付的合理化建议和技术改进奖以及支付给运动员、教练员的奖金;(二)有关劳动保险和职工福利方面的各项费用；（三）有关离休、退休、退职人员待遇的各项支出；（四）劳动保护的各项支出；（五）稿费、讲课费及其他专门工作报酬；（六）出差伙食补助费、误餐补助、调动工作的旅费和安家费；（七）对自带工具、牲畜来企业工作职工所支付的工具、牲畜等的补偿费用；（八）实行租赁经营单位的承租人的风险性补偿收入；（九）对购买本企业股票和债券的职工所支付的股息（包括股金分红）和利息；（十）劳动合同制职工解除劳动合同时由企业支付的医疗补助费、生活补助费等；（十一）因录用临时工而在工资以外向提供劳动力单位支付的手续费或管理费；（十二）支付给家庭工人的加工费和按加工订货办法支付给承包单位的发包费用；（十三）支付给参加企业劳动的在校学生的补贴；（十四）计划生育独生子女补贴。"

以上规定对有关工资总额的组成部分和不列入工资总额部分作了详细明确的规定，是具体计算工资总额的法定依据。根据《江苏省社会保险费征缴条例》第十条，缴费单位应当根据本单位职工工资总额、职工工资收入和费率按月向社会保险经办机构申报应当缴纳的社会保险费数额，经社会保险经办机构核定后，在规定的期限内按月缴纳社会保险费，并依法履行代扣代缴社会保险费的义务。前款规定的职工工资总额指缴费单位直接支付给本单位全部职工的劳动报酬总额；职工工资收入指缴费单位直接支付给职工本人的劳动报酬（包括工资、奖金、津贴、补贴和其他工资性收入等）。因此，当事人以约定缴费基数的方式缴纳社会保险费，违反了按工资总额及职工工资收入核定缴费基数的规定，因此该约定因不符规定而无效；公司缴费基数统计中未列入奖金、津贴、补贴等几部分劳动报酬,而这几部分均不属于可以不列入工资总额统计的范围,因此,这几部分均属于应当计入缴费基数的统计范围,由此产生的社会保险费少缴部分,应当按规定补缴。据此,陈某可以要求公司补缴未足额缴纳社会保险费的差额部分。

(摘自上海人事经理研究中心网站)

二、社会保险费征缴结算

(一) 办理范围

征缴结算包括申报、费用征收、补缴欠费、编制征缴计划等内容。

(二) 办理材料

1. 参保职工的劳动合同、收入台账、身份证件、解除劳动合同文件;

2. ××单位基本养老保险职工档案花名册(增加、减少、补缴、修改)。

(三) 各险种缴费比例

参考文本:五种保险的缴费比例

险种	单位缴费比例	个人缴费比例
基本养老保险	16%	8%
基本医疗保险	9%	2%
失业保险	1.5%	0.5%
工伤保险	0.2%—1.9%	0
生育保险	0.5%	0

(四) 办事程序

实行用人单位自行向税务部门申报缴纳社会保险费前,参保单位申报截至上月末参保人员增减变动情况，生成并打印《参加社会保险人员增加（减少）（补缴）（修改）表》（表式附后）。社会保险经办机构审核后，确定当月缴费人数和当月的征缴额，开具《职工社会保险基金结算（征缴）通知书》。实行用人单位自行向税务部门申报缴纳社会保险费后，由用人单位登录税务部门开发的社保费管理客户端，确认参保登记信息，调整维护缴费工资，提交申报社保费金额。参保单位在当月 25 日前，将当期应缴纳的社会保险费存入征收机关指定的开户银行。

第四节　社会保险的管理

一、养老保险关系转移

（一）制度规定

参保人员跨省流动就业，由原参保地社保经办机构开具参保缴费凭证，在新就业地参保，只需用人单位或本人提出转续关系的书面申请，其他的审核、确认、跨地区转续等手续由社保机构经办。

（二）办理材料

1.《基本养老保险参保缴费凭证》。

2.《基本养老保险关系转移接续信息表》。

3.《建立临时基本养老保险缴费账户通知书》。

（三）办理程序

1. 参保单位到基本养老保险关系所在地社保经办机构办理参保人员中断手续，申请开具《基本养老保险参保缴费凭证》，经办机构根据参保人员提供的户口本及居民身份证等相关证明材料，核对缴费信息后，出具《基本养老保险参保缴费凭证》。

2. 收到转入地社保经办机构发出的《基本养老保险关系转移接续联系函》后,核对有关信息并生成《基本养老保险关系转移接续信息表》,办理基金划转手续,将《基本养老保险关系转移接续信息表》传送给转入地社保经办机构,终止参保人员在本地的基本养老保险关系。

（四）办理时间

每月16日后的工作日。

二、养老保险关系接续

（一）办理材料

1.《基本养老保险关系转移接续申请表》。

2.《基本养老保险关系转移接续联系函》。

3. 转移单上须列明以下信息:

（1）职工基本情况。包括:姓名、首次缴费时间、建立个人账户时间、缴费截止时间、实际缴费年限、办理转移日期等。

（2）基金转移情况。包括:1998年1月1日前账户个人缴费累计储存额、1998年1月1日至转出上年末账户累计储存额（个人缴费和单位划转）、上年记账利率、当年缴费月数、养老保险基金转移总额。

（3）个人账户记载情况。包括:至上年末个人账户累计储存额、其中个人缴费储存额、当年记账金额、其中个人缴费额。

（4）个人历年缴费基数记载情况。包括:起始时间、截止时间、本期缴费基数。

（二）办事程序

1. 参保人员或参保单位向转入地社保经办机构提出基本养

老保险关系转移接续申请并出示《基本养老保险参保缴费凭证》。

2. 转入地社保经办机构根据《基本养老保险关系转移接续申请表》和提供的相关资料进行审核,审核无误后向转出地社保经办机构发出《基本养老保险关系转移接续联系函》。

3. 转入地社保经办机构收到《基本养老保险关系转移接续信息表》和转移基金后办理以下接续手续:

(1) 核对《基本养老保险关系转移接续信息表》及转移基金额。

(2) 根据《基本养老保险关系转移接续信息表》及参保单位或参保人员提供的相关资料,接续参保人员的历年缴费及个人账户,并记载养老保险基金转移信息。

(3) 将办结情况通知参保单位或个人。

三、40、50 岁人员基本养老保险关系转移接续

(一)制度规定

40、50 岁人员指参保人员女满 40 周岁,男满 50 周岁流动就业。流动到非户口地就业需参保时,其基本养老保险关系保留在原参保地,并在新参保地建立临时基本养老保险缴费账户;在非户口地首次参保的,参保地也应为其建立临时基本养老保险缴费账户。

(二)办理材料

1.《建立临时基本养老保险缴费账户通知书》《临时基本养老保险缴费账户转移申请表》《临时基本养老保险缴费账户转移联系函》(临时建账地发起)、《临时基本养老保险缴费账户转移接续联系函》(转入地发起)。

2.参保人员身份证或户口本复印件等相关资料。

（三）办理程序

1.新就业地社保经办机构对新参保人员或异地转入人员告知政策依据，并为其建立临时缴费账户。如在异地参保需向原参保地社保经办机构发出《建立临时基本养老保险缴费账户通知书》，如新参保需向户籍所在地发出《建立临时基本养老保险账户通知书》。原参保地或户籍所在地社保经办机构收到《建立临时基本养老保险缴费账户通知书》后，经办机构为参保人员进行信息登记和建立专门标识。

2.办理临时缴费账户转移的，用人单位或参保人员向临时缴费账户建账地社保经办机构提出转移申请，填写《临时基本养老保险缴费账户转移申请表》。

3.转入地社保经办机构在收到《基本养老保险关系转移接续信息表》和转移基金后，对临时缴费账户建立专门标识，对缴费账户中的个人账户储存额继续按规定计息。

（四）办理时间

每月 16 日后的工作日。

第五节　社会保险所涉用人单位相关事项

一、用人单位职工的退休审核

（一）办理部门

用人单位职工退休涉及退休资格审批、待遇核定等环节，通常情况下，由当地人力资源社会保障行政部门负责办理。具体来讲，凡是参加原行业统筹的用人单位的职工退休审批等事项，由省级人力资源社会保障部门办理。凡是在所辖地参保的用人单位的退休审批等事项由所辖地人力资源社会保障部门办理。

（二）退休审批

通常情况下，用人单位应在职工到达国家规定的退休年龄的前三个月内，填写《企业职工退休审批表》，并携带职工本人档案以及相关资料，到所辖地人力资源社会保障行政部门办理。各地人力资源社会保障行政部门一般应在各地所设定的期限内办理相关手续。

需要特别关注的是，从事特殊工种、因病或非因工伤残丧失劳动能力的退休审批，有更加严格的规定和程序。

1. 需要提交相应的材料

（1）《企业职工退休审批表》；

（2）能证明职工出生年月、参加工作时间、连续工龄、从事特殊工种情况的原始档案材料；

（3）特殊工种退休的政策依据或因病非因工伤残劳动能力鉴定结论；

（4）职工本人的居民身份证复印件、近期照片。

2. 需要履行特殊的办事流程

（1）用人单位职工从事高温、高空、井下、特别繁重劳动或其他有害身体健康的工作，即特殊工种退休的，用人单位应当在职工达到退休年龄前2个月内，在本单位张榜公示一周。公示内容为：退休职工基本情况、从事特殊工种的名称、从事年限、退休政策依据、举报电话号码等。在没有异议的前提下，填写《企业职工退休审批表》，并由当事人核对相关信息后，携带公示结论和职工档案等相关资料向有审批权的人力资源社会保障行政部门提出申请。

（2）用人单位职工因病或非因工致残退休的，用人单位应当在"符合完全丧失劳动能力"的鉴定结论签发后的三个月内,填写《企业职工退休审批表》,并由当事人核对相关信息后,用人单位携带劳动能力鉴定通知书和职工档案等相关资料向有审批权的人力资源社会保障行政部门提出申请。

（3）有审批权的人力资源社会保障行政部门按照国家和省有关政策规定,对用人单位报送的职工是否符合退休条件进行审核,并确定职工出生年月、参加工作时间、视同缴费年限、中断缴费年限、从事特殊工种的年限及折算缴费年限等参数。

（4）经审核符合退休条件的,由审批人在《企业职工退休审批表》上签名并编号,加盖有审批权的人力资源社会保障行政部门的退休审批专用章。对认为缺少相关资料的,要求用人单位补充相关资料。不符合退休条件的,向报送单位退回报送材料并说明理由。

（三）待遇核定

用人单位凭所辖地人力资源社会保障行政部门批准的《企业职工退休审批表》,到所辖地社会保险经办机构办理待遇核定,社会保险经办机构根据人力资源社会保障行政部门核准的项目和数据,计算职工养老保险待遇,出具《企业职工基本养老保险待遇核定表》。

（四）退休证发放管理

所辖地社会保险经办机构向用人单位收回《职工养老保险手册》,建立退休职工管理数据库,同时,停止退休当事人次月的在职缴费,并从批准退休时间次月起发放基本养老金。用人单位凭《企业职工基本养老保险待遇核定表》,到人力资源社会保障行政部门或社会保险经办机构领取退休养老证。

（五）一次性养老保险个人账户待遇核定

社会保险经办机构根据用人单位提供的出国（境）定居证明

及户口注销证明；死亡的，提供医院或者派出所等部门开具的死亡证明和其他相关资料，及《企业职工个人账户一次性支付审批表》进行核定。审核无误后进行待遇支付结算。

（六）死亡人员的丧抚费和供养直系亲属资格认定、待遇核定

用人单位在退休人员和在职职工死亡后，可到所辖地社会保险经办机构办理其申请领取丧葬补助费、抚恤费和供养直系亲属生活补助费，并填写《供养直系亲属待遇核定表》。所辖地社会保险经办机构依据《供养直系亲属待遇核定表》和档案资料进行资格认定，进行待遇支付结算。

根据现行法规政策，供养范围即参保人员及离退休人员供养直系亲属的范围，指其配偶、子女、父母、祖父母、外祖父母、孙子女、外孙子女、兄弟姐妹。同时要具备供养条件，依靠死亡人员生前提供主要生活来源，并符合下列情形之一的：1. 完全丧失劳动能力的；2. 配偶或父母男年满60周岁、女年满55周岁的；3. 子女未满18周岁的；4. 父母均已死亡且父母无兄弟姐妹，其祖父、外祖父年满60周岁，祖母、外祖母年满55周岁的；5. 子女已经死亡或完全丧失劳动能力，其孙子女、外孙子女未满18周岁的；6. 父母均已死亡或完全丧失劳动能力，其兄弟姐妹未满18周岁的；7. 已办理离退休手续人员的配偶在其办理退休手续时也应男年满60周岁、女年满55周岁。死亡人员供养直系亲属的劳动能力鉴定，由死亡人员生前参保地设区的市级以上劳动鉴定委员会负责。死亡人员的供养直系亲属的资格认定和待遇审核，由支付待遇的社会保险经办机构负责。参保人员的供养直系亲属，应当是参保人员死亡前已确认且死亡时仍符合供养条件的；离退休人员的供养直系亲属，应当是离退休人员离退休前已确认且死亡时仍符合供养条件的。

参考文本：企业职工退休审批表

单位名称：　　　　　　　单位代码：　　　　　　　社会保障号　　　　　　　审退〔20　　〕第　　号

个人代码	姓名	社会保障号	身份	合同确定岗位
性别	民族	户口类别		
出生年月			年　月	
参加工作时间			年　月	
退休时间			年　月	
退休类别				
法定退休年龄			周岁	
1998年1月1日后中断缴费时间			年　月	
其中:98年1月至99年6月底中断缴费时间			年　月	
行业缴费至1997年底中断缴费时间			年　月	
其中:行业缴费至95年底中断缴费时间			年　月	
行业缴费前中断缴费时间			年　月	
其中:1985年6月底前中断缴费时间			年　月	

续表

个人代码		姓名		社会保障号	
退休前累计从事特殊工作的工作年限				年 月	
其中:1991年底前特殊工种折算缴费年限				年 月	
工作简历	起止时间	何单位任何职务(工种)	起止时间	何单位任何职务(工种)	
	年 月 日		年 月 日		
本人意见	签字: 年 月 日				
单位意见	签字: 年 月 日				
劳动保障审批意见	签字: 年 月 日				

注:此表一式三份,一份存入参保人员档案,人力资源社会保障行政部门和经办机构各存一份。

参考文本：企业职工基本养老保险待遇核定表

单位名称：　　　　　　　部门代码：　　　　　　　审退　第　　号

个人代码		姓名		性别		公民身份号码	
出生日期		参加工作时间				退休时间	
退休类别		视同缴费年限				实际缴费年限	
过渡性养老金平均缴费工资指数		基础型养老金平均缴费工资指数				91年底前折算缴费年限	年
军转				职称			
发放方式	农业银行	发放邮编				联系电话	
发放地址						所属社区	
核定结果：							
基础性养老金							
个人账户养老金							
过渡性养老金							
合计							
经办人		审核人				社保机构（章）　年　月　日	

注：此表一式三份，参保人员档案、人力资源社会保障行政部门和经办机构各存一份。

参考文本：企业职工个人账户一次性支付审批表

单位名称：　　　　　　　　　　　　　　　　单位代码：

个人代码		姓名					性别	
出生年月		参加工作时间					缴费终止时间	
社会保障号码							人员类别	
户口所在地							户口性质	
劳动合同编号		终止合同时间					批准终止合同文号	
需一次性支付的原因								
个人账户支付金额	佰	拾	万	仟	佰	拾	元	角　分（见附件）
所在单位意见	经办人：（公章）			结算单位意见			经办人：（公章）	
人力资源社会保障部门审批意见	经办人：（公章）			复核人：				

填表人：　　　　　　申报时间：　　　年　　月　　日

说明：
1. 此表一式二份。
2. 支付原因指职工或退休人员出国定居,死亡等。
3. 人员类别分：1—在职人员,2—退休人员。
4. 审批时须带本人出国定居批准文件,户口本,本人申请,《因病或非因工死亡人员待遇审批表》等有关材料。
5. 一次性支付后即终止养老保险关系。

参考文本：因病或非因工死亡人员待遇审批表

单位名称：

单位代码：

个人代码		姓名			性别	
公民身份证号					部门代码	
死亡时间		死亡原因				
死亡人员类别	离退休(职)人员	离休时间		退休(病退)时间	退职(生活费)时间	
	参保人员	缴费年限不满15年		缴费年限15年以上(含15年)		
		养老保险关系封存		封存起始时间		
死亡待遇	丧葬费	元				
	一次性救济费	元	直系亲属一次性抚恤费	元		
	定期救济费	基数	×	个月 =	元	
		基数	×	% =	元/月	
	供养直系亲属待遇	姓名	身份证号码	出生年月	元/月	供养关系
	供养对象					

续表

个人代码		姓名		性别
待遇领取人姓名	姓名		所属社区	出生年月
	常住地址		邮编	
	联系电话			
	性别			
单位意见	年　月　日		劳动保障部门意见	年　月　日

联系电话：

填报日期：

填表人：

说明：1. 死亡人员类别栏内离退休（职）人员需填报时间，参保人员填报时间，参保人员在相应栏目内打√。

2. 供养关系栏与死者填报的关系：父母、配偶、子女或其他。

3. 本表一式二份，社会保险经办机构和企业各留一份。

4. 报审时须携带死亡及火化证明、死亡人员档案等相关材料。

二、基本养老金的支付流程

（一）用人单位退休人员基本养老金社会化发放支付流程

1. 用人单位携带《企业职工退休审批表》及相关资料报送所辖地人力资源社会保障行政部门。

2. 所辖地人力资源社会保障行政部门对用人单位报送职工退休材料进行审核并确定是否通过审批。

3. 所辖地社会保险经办机构对人力资源社会保障行政部门审批的用人单位退休职工进行待遇核定，计算并打印《企业职工基本养老保险待遇核定表》。

4. 经核定后的《企业职工基本养老保险待遇核定表》由所辖地人力资源社会保障行政部门、社会保险经办机构和用人单位各留一份。

5. 社会保险经办机构每月根据用人单位申报退休人员增减情况办理基本养老金支付结算并开具支付凭证。

6. 社会保险经办机构审核人员审核；业务人员留支付凭证；用人单位留支付数据依据；基金部门同时留支付凭证；发放部门将基本养老金社会化发放数据核定确认后传输给中介机构；基金部门将基本养老金划拨至中介机构；中介机构将基本养老金划至每一位退休人员个人社会保障卡中。

（二）用人单位丧葬抚恤费、定期（或一次性）救济费支付流程

1. 用人单位填写《职工退休人员死亡待遇审批表》，并携带死亡证明、火化证明等有关材料报所辖地社会保险经办机构。

2. 社会保险经办机构发放部门业务人员根据用人单位呈报资料进行审核、计算并开具支付凭证。

3. 由审核人员审核，业务人员留支付凭证，基金部门将支付凭证其中一联留存作为拨付凭证，用人单位则将支付凭证其中一联留存作为收款凭证。

（三）用人单位在职人员出国定居一次性支付流程

1. 用人单位在职人员出国定居需一次性支付的，需到所辖地社会保险经办机构填写《企业职工个人账户一次性审批表》和职工本人申请、出国定居等有关证明材料。

2. 社会保险经办机构业务人员核定支付金额并开具支付凭证，交审核人员审核。

3. 社会保险经办机构业务人员留存支付凭证其中两联，并收回该职工《职工养老保险手册》，基金部门留支付凭证其中一联作为拨付凭证，用人单位留存支付凭证其中一联作为收款凭证。

（四）用人单位在职或退休人员死亡一次性支付流程

1. 用人单位在职或退休人员死亡一次性支付的，需到所辖地社会保险经办机构填写《企业职工个人账户一次性审批表》和《企业职工、退休人员死亡待遇审批表》。

2. 社会保险经办机构业务人员核定支付金额并开具支付凭证，交审核人员审核。

3. 社会保险经办机构业务人员留存支付凭证其中两联，并收回该职工《职工养老保险手册》，基金部门留支付凭证其中一联作为拨付凭证，用人单位留存支付凭证其中一联作为收款凭证。

三、用人单位有关工伤保险的注意事项

(一)防范工伤风险需从规范用工做起

之所以将用人单位工伤保险问题单列一个专题来叙述,是因为参加工伤保险,除了与养老、医疗等其他社会保险都需要及时登记、申报和缴费等共性事项,还有一些重要事项需要用人单位特别关注。

工伤保险,重在预防。就用人单位而言,从招用员工开始,就需要防范风险点,规范员工招用。具体注意事项需要把握以下几点:

1. 不要使用在法定劳动年龄之外的人员,包括未达到法定劳动年龄的童工和超过法定劳动年龄的退休人员。其中,使用童工是用工的高压线,万万不可触碰,此类人员发生工伤事故,用人单位不仅要承担全部工伤责任,还会因非法使用童工受到相应的行政处罚。用人单位使用退休人员,可能在一定意义上节省用工成本,但是从工伤保险的角度来看,超过法定劳动年龄的退休人员,相对青壮年来讲,由于体力和精力的因素,发生工伤的概率相对较大,一旦发生工伤,由于退休人员已经无法参加工伤保险,用人单位则必须承担全部工伤责任。

2. 慎用非全日制工。非全日制工的情况相对复杂,有的劳动关系保留在原单位,有的则是自由职业者,参加工伤保险情况不一。此类人员发生工伤事故时,由发生工伤事故时的用工单位承担工伤保险责任。

3. 规范实习生用工。按照教育部、财政部、人社部、安全监管总局、中国保监会《关于印发〈职业学校学生实习管理规定〉的

通知》有关规定,用人单位应当加强对实习生的安全生产教育培训和管理,保障学生实习期间的人身安全和健康。同时,推动建立学生实习强制保险制度。学校和实习单位应根据国家有关规定,为实习学生投保实习责任保险。责任保险范围应覆盖实习活动全过程,包括学生实习期间遭受意外事故及被保险人疏忽或过失导致的学生人身伤亡,被保险人依法承担的责任,以及相关法律费用等。学生在实习期间受到人身伤害,属于实习责任保险赔付范围的,由承保保险公司按照保险合同赔付标准进行赔付。不属于保险赔付范围或者超出保险赔付额度的部分,由实习单位、学校及学生按照实习协议约定承担责任。如果没有参加学生实习强制保险,由于实习生不属于《工伤保险条例》调整范围之内,实习生发生的工伤事故,则由实习单位和学校共同承担。目前,全国有部分省份出台了实习生参加工伤保险的办法,明确了实习生的范围和用人单位的主体责任,以及参保政策、工伤认定、劳动能力鉴定、工伤待遇等内容,一定程度上保障了实习生权益,缓解了用人单位风险。

（二）依法参保是抵御工伤风险的安全之策

用人单位应当依法参加工伤保险,为本单位全部职工缴纳工伤保险费,这是用人单位的法定义务,不容回避,也不容拖延。特别是对于新入职员工,必须及时参保缴费。现实生活中,员工入职与社会保险申报、缴费存在时间差,用人单位如果不及时为新入职员工办理参保手续,在此期间发生工伤事故的,将由用人单位承担全部工伤保险责任。

用人单位参加工伤保险,必须严格履行缴费等相关法定义务,不可漏缴、中断缴费,甚至停止缴费。用人单位违反规定停缴或者欠缴工伤保险费的,停缴、欠缴期间发生的工伤医疗费用、工伤康复费用、安装和配置残疾辅助器具费用、住院伙食补助、到统筹地区以外就医的交通、食宿费用,以及解除或终止劳动关系时发给的一次性工伤医疗补助金,由用人单位支付。

(三)准确把握工伤认定的情形及相关证据

根据《工伤保险条例》规定,职工有以下情形可以认定为工伤:

1. 在工作时间和工作场所内,因工作原因受到事故伤害的;

2. 工作时间前后在工作场所内,从事与工作有关的预备性或者收尾性工作受到事故伤害的;

3. 在工作时间和工作场所内,因履行工作职责受到暴力等意外伤害的;

4. 患职业病的;

5. 工作外出期间,由于工作原因受到伤害或者发生事故下落不明的;

6. 在上下班途中,受到非本人主要责任的交通事故或者城市轨道交通、客运轮渡、火车事故伤害的;

7. 法律、行政法规规定应当认定为工伤的其他情形。

需要提醒的是,所有情形的工伤认定都需要真实可靠的证据和相关证明材料。比如,患职业病的,需要医疗诊断证明或者职业病诊断证明书(或者职业病诊断鉴定书)。再比如,职工在上下班途中受到交通事故伤害要求申报工伤的,应当提供公安机关交通管理部门出具的非本人主要责任(包括本人负同等责任、次要责任、无责任和无法认定的情形)的交通事故认定书,作为工伤认定的依据。

（四）及时办理工伤认定与劳动能力鉴定

1. 职工发生事故伤害或者诊断鉴定为职业病之日起 30 日内，用人单位应当向人力资源社会保障行政部门及时按规定申报，不得瞒报、虚报；用人单位不按规定申报，职工在 1 年内申报的，其间发生的各项费用由用人单位承担。用人单位未在规定的时限内提交工伤认定申请，在此期间发生的工伤医疗、工伤康复、辅助器具安装配置、住院伙食补助、到统筹地区以外就医交通食宿等费用都由用人单位承担。

2. 协助社会保险行政部门核实工伤发生情况。对工伤认定部门要求企业举证的，应该及时举证。用人单位拒不举证的，社会保险行政部门可以根据受伤害职工提供的证据或者调查取得的证据，依法作出工伤认定决定。

3. 用人单位应建立健全内部管理规章，完善考勤考核制度，制定《员工手册》对职工进行宣传培训教育，对不属于工伤的意外伤害情形进行友情提示。切实防范因内部管理混乱而出现用人单位难以举证职工受伤是因工还是因私的情形。

4. 用人单位应建立内部报告制度，对职工发生工伤事故的，应及时逐级上报，落实工伤医疗措施，保障受伤害职工能够得到及时救治和享受工伤待遇。如果受伤害职工申报工伤认定，用人单位不知情，或者不积极承担工伤医疗责任，易导致工伤职工与用人单位对立，加大工伤处理难度，后续处理容易处于被动地位，也会发生意想不到的风险。

5. 积极参与工伤职工劳动能力鉴定，配合劳动能力鉴定委员会做好工伤职工劳动能力鉴定工作。通常情况下，用人单位参与劳动能力鉴定，能够正确认识工伤职工伤残情况，减少矛盾争议,并提供工伤职工日常生活状况等相关资料,配合劳动能力鉴定委员会完成劳动能力鉴定。

第六节 违反《社会保险法》的法律责任

一、不办理社会保险登记的法律责任

（一）违法主体

1. 用人单位；

2. 职工；

3. 参加社会保险的灵活就业人员。

（二）违法行为

1. 用人单位成立后的 30 日内未向社会保险经办机构申请办理社会保险登记；

2. 用人单位自用工之日起 30 日内未为其职工申请办理社会保险登记。

（三）承担责任的主体

不办理社会保险登记的违法行为,承担责任的主体是用人单位。逾期不改正行为的,执行处罚,承担责任的主体包括两类:一是用人单位;二是直接负责的主管人员和其他直接人员。确切地说,《社会保险法》实行的是"双罚制",用人单位和相关人员（直接负责的主管人员和其他直接责任人员）都需要接受处罚。

（四）处理方式

对不依法办理社会保险登记的违法行为,社会保险法规定了一种责任形式,就是限期改正。改正不是一种行政处罚,只

是一种补偿性责任,是对违法者消除违法状态、恢复合法状态的要求。在此,改正就是依法向社会保险经办机构补办社会保险登记。

对逾期不改正行为,社会保险法规定了另一种责任形式,即罚款。这是一种执行罚,就是用经济手段督促用人单位执行行政部门的决定、命令。社会保险法规定,用人单位经社会保险行政部门责令限期改正后,逾期不改正,即仍不办理社会保险登记的,应当对用人单位处以应缴社会保险费数额一倍以上三倍以下的罚款;对直接负责的主管人员和其他直接责任人员处 500 元以上 3 000 元以下罚款。

用人单位不办理社会保险登记的,由社会保险行政部门(即人力资源和社会保障行政部门)责令限期改正;逾期不改正的,对用人单位处应缴社会保险费数额一倍以上三倍以下的罚款,对其直接负责的主管人员和其他直接责任人员处 500 元以上 3 000 元以下的罚款(法律依据来自《社会保险法》第八十四条)。

二、未按规定办理社会保险变更登记、注销登记的法律责任

(一)违法主体

1. 用人单位;

2. 职工;

3. 参加社会保险的灵活就业人员。

(二)违法行为

不办理社会保险变更登记或者注销登记。

(三)处理方式

需要注意区分两种后果:一是不办理变更登记或者注销登

记,未造成少缴不缴社会保险费,仍可以按照现行《社会保险费征缴暂行条例》的规定处理,由社会保险行政部门责令改正,不改正的,由社会保险行政部门对直接负责的主管人员和其他直接责任人员处1 000元以上5 000元以下的罚款。情节特别严重的,对直接负责的主管人员和其他直接责任人员处5 000元以上10 000元以下的罚款。二是不办理变更登记或者注销登记造成少缴或者不缴社会保险费的,应按照《社会保险法》第八十六条有关用人单位未按时足额缴纳社会保险费的规定处理。

用人单位未按时足额缴纳社会保险费的,由社会保险征收机构责令限期缴纳或者补足,并自欠缴之日起,按日加收万分之五的滞纳金;逾期仍不缴纳的,由有关行政部门处欠缴数额一倍以上三倍以下的罚款。

用人单位在社会保险登记事项发生变更或者缴费单位依法终止后,未按规定到社会保险经办机构办理社会保险变更登记或者社会保险注销登记的,由社会保险行政部门(人力资源和社会保障行政部门)责令限期改正;情节严重的,由社会保险行政部门(人力资源和社会保障行政部门)对直接负责的主管人员和其他直接责任人员处以1 000元以上5 000元以下的罚款;情节特别严重的,对直接负责的主管人员和其他直接责任人员处以5 000元以上10 000元以下的罚款(法律依据来自《社会保险法》第五十七条、《社会保险费征缴条例》)。

三、未按规定申报应缴纳的社会保险费数额的法律责任

(一)违法主体

用人单位。

（二）违法行为

主要有三种情形：一是不申报；二是少报缴费基数；三是少报职工人数。

（三）处理方式

用人单位未按照规定申报应当缴纳的社会保险费数额的，按照该单位上月缴费额的110%确定应当缴纳数额；缴费单位补办申报手续后，由社会保险征收机构按规定结算。

用人单位未按照规定申报应缴纳的社会保险费数额的，由人力资源和社会保障行政部门责令限期改正；情节严重的，由人力资源和社会保障行政部门对直接负责的主管人员和其他直接责任人员处以1 000元以上5 000元以下的罚款；情节特别严重的，对直接负责的主管人员和其他直接责任人员处以5 000元以上10 000元以下的罚款（法律依据来自《社会保险法》第六十二条、《社会保险费征缴暂行条例》）。

四、瞒报工资总额或者职工人数的法律责任

（一）违法主体

用人单位。

（二）违法行为

情形主要有两种：一是少报工资总额；二是少报职工人数。

（三）处理方式

用人单位向社会保险经办机构申报应缴纳的社会保险费数额时，瞒报工资总额或者职工人数的，由人力资源和社会保障行政部门责令改正，并处瞒报工资数额一倍以上三倍以下的罚款（法律依据来自《社会保险费征缴暂行条例》）。

五、未按时足额缴纳社会保险费的法律责任和行政强制措施

（一）违法主体和责任主体

有三类，即用人单位、职工和参加社会保险的灵活就业人员，但是需要承担法律责任的只有用人单位。

（二）违法行为

没有按时足额缴纳社会保险费，"按时"与"足额"两者缺一不可。

（三）处理方式

根据《社会保险法》第八十六条，对用人单位未按时足额缴纳社会保险费的违法行为有三种法律责任方式：

一是改正。限期缴纳或者补足。责任数额是所未缴纳的社会保险费。

二是滞纳金。这种方式属于间接强制执行，带有惩罚性即通过给当事人增加额外金钱负担，迫使当事人尽快履行法定义务。

三是执行罚。即对经责令限期缴纳或者补足，用人单位逾期仍不缴纳或者补足的，处欠缴数额一倍以上三倍以下的罚款。"欠缴数额"是用人单位所欠的社会保险费金额，不包括滞纳金。

有权追究责任的主体，包括征收社会保险费的社会保险经办机构和征收社会保险费的税务机关。实施处罚的主体，也包括社会保险行政部门和税务机关。这里的关键点是，谁管征收，谁就是有权追究责任主体。

《社会保险法》对未按时足额缴纳社会保险费的法律责任，由过去的一种责任方式——改正，变为两种责任方式——改正并加收滞纳金。同时，改变了执行处罚的数额，即对经责令限期补缴纳或者补足后仍不缴纳的罚款数额,《劳动保障监察条例》第三十条规定,劳动保障行政部门责令改正拒不改正的,处 2 000 元以上 20 000 元以下的罚款。《社会保险法》规定,处欠缴数额的一倍以上三倍以下的罚款。《社会保险法》实施后,应按此规定执行。

用人单位未按时足额缴纳社会保险费的,由社会保险经办机构责令限期缴纳或者补足,并自欠缴之日起,按日加收万分之五的滞纳金;逾期仍不缴纳的,由人力资源和社会保障行政部门处欠缴数额一倍以上三倍以下的罚款。

除了处罚,《社会保险法》还明确了相关行政强制措施,即用人单位逾期仍未缴纳或者补足社会保险费的,社会保险经办机构可以向银行和其他金融机构查询其存款账户;并可以申请县级以上人力资源和社会保障行政部门劳动保障监察机构做出划拨社会保险费的决定,书面通知用人单位开户银行或者其他金融机构划拨社会保险费。

劳动保障监察机构应当在接到申请之日起七个工作日内审核,拟定划拨社会保险费的决定,书面通知用人单位开户银行或者其他金融机构划拨社会保险费。

用人单位未足额缴纳社会保险费且未提供担保的,社会保险经办机构可以申请人民法院扣押、查封、拍卖其价值相当于应当缴纳社会保险费的财产,以拍卖所得抵缴社会保险费。

六、骗取基金支出的法律责任

(一)违法主体

作为社会保险基金支付行为人的社会保险经办机构和有可能作为社会保险基金收入方的社会保险服务提供者。

（二）违法行为

骗取社会保险基金支出，指以欺诈、伪造证明材料或者其他手段骗取社会保险基金支出的行为。欺诈、伪造证明材料等手段，包括虚构事实和隐瞒真相等。

（三）处理方式

1. 责令退回骗取的社会保险金。

2. 罚款。以欺诈、伪造证明材料或者其他手段骗取社会保险待遇的，由社会保险行政部门（人力资源和社会保障行政部门）处骗取金额二倍以上五倍以下的罚款。

3. 解除服务协议。

4. 吊销执业资格。

医疗机构、药品经营单位等社会保险服务机构以欺诈、伪造证明材料或者其他手段骗取社会保险基金支出的，由社会保险行政部门（人力资源和社会保障行政部门）责令退回骗取的社会保险金，处骗取金额二倍以上五倍以下的罚款。

七、骗取社会保险待遇的法律责任

（一）违法主体

骗取社会保险待遇的行为主体是不特定主体，任何人只要有骗取社会保险待遇的行为，即为违法主体。

（二）违法行为

指以欺诈、伪造证明材料或者其他手段骗取社会保险待遇的行为。

（三）处理方式

1. 退回骗取的社会保险金。

2. 罚款。罚款的数额为所骗取金额的二倍以上五倍以下。

八、阻挠、妨碍监督检查行为的法律责任

（一）违法主体

1. 用人单位；

2. 职工；

3. 参加社会保险的灵活就业人员。

（二）违法行为

1. 无理抗拒、阻挠人力资源和社会保障行政部门依照本办法的规定实施社会保险费征缴监督检查的；

2. 不按照人力资源和社会保障行政部门的要求报送与缴纳社会保险费有关的用人情况、工资表、财务报表等书面资料，隐瞒事实真相，出具伪证或者隐匿、毁灭证据的；

3. 经人力资源和社会保障行政部门责令改正拒不改正，或者拒不履行人力资源和社会保障行政部门的行政处理决定的；

4. 打击报复举报人、投诉人的。

（三）处理方式

对用人单位有上述行为之一的，应当给予警告，并可以处以 2 000 元以上 20 000 元以下的罚款。

九、其他违法行为的法律责任

（一）违法主体

用人单位。

（二）违法行为

1. 伪造、变造社会保险登记证的；

2. 未按规定从缴费个人工资中代扣代缴社会保险费的;

3. 未按规定向职工公布本单位社会保险费缴纳情况的。

（三）处理方式

对用人单位有上述行为之一的,应当给予警告,并可以处以5 000元以下的罚款。

十、其他相关事项

（一）罚款的支付

对用人单位的罚款,由用人单位从管理经费中支付。对用人单位直接负责的主管人员和其他直接责任人员的罚款,由其个人支付,不得从单位报销。

（二）侵权的救济

用人单位或者个人认为社会保险行政部门（人力资源和社会保障行政部门）的行为侵害自己合法权益的,可以依法申请行政复议或者提起行政诉讼。

（三）申请法院强制执行

用人单位或者用人单位直接负责的主管人员和其他直接责任人员对社会保险行政部门（人力资源和社会保障行政部门）对其作出的行政处罚决定或者行政处理决定未依法申请行政复议或者提起行政诉讼,或者对行政复议决定不服,又不向人民法院提起行政诉讼的,社会保险行政部门（人力资源和社会保障行政部门）可以申请人民法院强制执行。

（四）泄露信息的责任

社会保险行政部门（人力资源和社会保障行政部门）和其他有关行政部门、社会保险经办机构、社会保险费征收机构及其工作人员泄露用人单位和个人信息的,对直接负责的主管人员和其他直接责任人员依法给予处分;给用人单位或者个人造成损失的,应当承担赔偿责任。

本章小结

1. 社会保险,指公民在年老、疾病或者丧失劳动能力的情况下,从国家和社会获得物质帮助的一种制度安排。社会保险是整个社会保障体系的一个重要组成部分,与劳动者的工资分配相比,它属于二次分配或者称再分配。社会保险是一种强制性保险,它是通过立法强制实施的,凡是法律规定范围内的社会成员必须无条件参加。

2.《社会保险法》规定,国家建立基本养老保险、基本医疗保险、工伤保险、失业保险、生育保险等社会保险制度,保障公民在年老、疾病、工伤、失业、生育等情况下依法从国家和社会获得物质帮助的权利,即人们通常所说的"五险",是我国目前推行的社会保险制度。参加社会保险是用人单位和劳动者的法定义务。

3. 社会保险登记是指用人单位根据《社会保险法》,按照《社会保险登记暂行管理办法》规定的程序进行登记,领取社会保险登记证的行为。现行法律法规规定,用人单位应当自成立起30日内凭营业执照、登记证书或者单位印章,向当地社会保险经办机构申请办理社会保险登记。

4. 社会保险各险种采用统一的缴费工资基数,职工的缴费工资为职工本人上一自然年度工资收入总额。职工以实际工资收入为缴费工资基数,工资收入低于人力资源社会保障部门公布的社会保险年缴费工资60%的,以年缴费工资60%逐月累计保底;全年工资收入超过人力资源社会保障部门公布的社会保险年缴费工资300%的部分不作为缴费基数,以年缴费工资300%按全年累计封顶。

5. 社会保险的管理包括养老保险关系转移、接续、用人单位退休职工的退休审核及养老金支付,需要用人单位熟悉相关政策规定及办事程序,及时办理。

6. 用人单位与劳动者违反《社会保险法》相关规定,都有相应的处理方式和法律责任,切忌侥幸规避法律法规,结果得不偿失。

第十章 规章制度的制定与实施

第一节 制定规章制度的实体要件

一、规章制度的含义与作用

（一）规章制度的含义

规章制度是用人单位用工管理的重要工具，是国家法律法规在用人单位的延伸和具体化。常言说，国有国法，家有家规，规章制度就是用人单位的家规。一般来讲，规章制度是用人单位为了有序组织生产经营和劳动管理而制订的各项规则、纪律和操守，即通常所说的规矩。规章制度可以是全面的，也可以是专项的，可以面向全体员工，也可以针对特定对象，可以是长期有效的，也可以是有适用期限的。用人单位的规章制度，只在本单位范围内适用，凡是与用人单位订立劳动合同的劳动者，以及从劳务派遣单位派遣过来的被派遣劳动者都在它的适用范围之内。它是用人单位和员工共同遵守的行为规则。

《劳动法》明确规定，用人单位应当依法建立和完善规章制度,保障劳动者享有劳动的权利和履行劳动的义务。继《劳动法》施行的 13 年后,《劳动合同法》一字不动再次作了重申。可见,制定规章制度是用人单位的权利,也是用人单位的法定义务。其权利体现在用人单位生产经营管理权和劳动管理指挥权。其义务则体现在用人单位必须依法保障员工的各项合法权益。从一定意义上来说,规章制度是权利和义务的统一,是用人单位用工自主权和员工民主管理相结合的产物。

（二）规章制度的作用

一个用人单位有没有规章制度,其情形是完全不一样的。有了规章制度,用人单位才能有章可循,步入正常化规范化的轨道。如果没有规章制度,就像一列脱轨的火车,横冲直撞,迟早会坠入灭亡的深渊。规章制度对于用人单位而言,至少有以下作用。

一是行使劳动用工管理权,保证生产经营活动有序进行。用人单位可以根据自身生产经营的实际需要制定一系列制度,来管理和指挥员工。规章制度一经生效,对员工就具有约束力,员工必须服从用人单位的管理和指挥。如果员工严重违反用人单位规章制度,用人单位可以解除劳动合同。用人单位在对员工实施有效管理的基础上,才能不断减少用工成本,提高生产效率,实现利益最大化。

二是规范各项生产活动和流程,保障员工的职业安全和人身健康。用人单位的各项生产活动必须有章可循,有据可依,并且按照设定好的程序运行,才能保证总体工作运转有效,所有这些,都需要各项规章制度来把关、来控制,如果没有规章制度安排,用人单位则无法保证员工的安全生产,也无法保证员工的人身健康。

三是全面履行劳动合同的各项约定,维护员工的各项合法权益。规章制度应该是劳动合同的"保护符",劳动合同与规章制度,从法理意义上来讲,应该是统一的,规章制度一般面向全体员工,而劳动合同则是用人单位与某一劳动者共同约定的个人行为,有其特殊性。依常理来讲,规章制度应该大于劳动合同,或者说,劳动合同应该服从于规章制度。但是,现行法律法规,为了避免用人单位的权力独断,却限制了用人单位的选择权,而将选择权交给劳动者。根据《最高人民法院关于审理劳动争议案件适用法律若干问题的解释(二)》,用人单位制定的内部规章制度与集体合同或者劳动合同约定的内容不一致时,劳动者有权选择适用对其有利的劳动合同的约定。也就是说,选择权在劳动者手里。也正因为此,员工的合法权益才能得到有效保护,员工的聪明才智才能更多更好更全面地发挥。

四是细化具体举措,确保国家劳动保障法律法规有效落实。规章制度本身不是法律法规,它本身不具有法律效力,它的法律效力来自法律法规的赋予。法律法规明确规定的行为,用人单位在严格遵守法律的前提下,可以提出具体细化措施。也可以在不违背法律要义和初衷的前提下,对现行法律法规进行适当的延伸和补充。我国幅员辽阔,地区差异大,经济发展水平不平衡,从国家立法层面来看,任何一项法律法规不可能包罗万象,穷尽所有情形,加上法律制定本身的原则性和滞后性,都需要对国家法律法规进行细化,并提出具体落实举措,这也是法律的真正意义所在。显然,用人单位的规章制度的制定与实施正是体现了这一作用。

二、规章制度的制定主体

规章制度的制定主体是用人单位,这是不容置疑的,也是

《劳动法》和《劳动合同法》明确规定的。现实生活中，用人单位的人力资源管理部门经常负责规章制度制定的工作任务，但它本身并不能代表用人单位法定代表人，只是可以接受用人单位法定代表人的委托，负责有关规章制度的酝酿、起草、沟通、协商等工作。实施委托，必须履行实施委托的相关程序和手续。用人单位人力资源管理部门必须准确把握好自身的定位，如果人力资源管理部门在没有履行相关手续的情况下，贸然制定了有关规章制度，并且以部门名义下发，其法律风险必然是巨大的，也是难以预料的。人力资源管理部门在用人单位制定规章制度时的正确定位应该是参与者，或者是相关事务工作的经办人，比如起草规章制度草案、与相关内部职能部门沟通、组织全体职工代表会议等等。正常情况下，人力资源管理部门必须在获取用人单位法定代表人授权委托的前提下，代行用人单位负责有关规章制度的酝酿、起草、沟通、协商等工作，并经相关法定程序后，以用人单位名义正式对外发布。这种情形下制定的规章制度方能生效。

三、规章制度的主要构成

用人单位规章制度的内容是非常广泛的，它涉及用人单位生产经营管理的各个方面和各个环节，本书所讨论的规章制度，主要是用人单位在贯彻国家劳动保障法律法规和实施劳动用工管理方面的内容。

关于规章制度的内容要求，1994 年 7 月 5 日颁布，1995 年 1 月 1 日起实施的《劳动法》提出了原则性的要求，即要依法合法，没有提出具体内容。1997 年 11 月 25 日劳动部在下发的《关于对新开办用人单位实行劳动规章制度备案制度的通知》中,明确了用人单位制订规章制度的主要内容。2007 年 6 月 29 日由第十届全国人民代表大会常务委员会第二十八次会议通过的《劳动合同法》,在重申依法合法的原则基础上,结合原劳动部 1997 年下发的《关于对新开办用人单位实行劳动规章制度备案制度的通知》,提出了规章制度的主要构成,即劳动报酬、工作时间、休息休假、劳动安全卫生、保险福利、职工培训、劳动纪律、劳动定额管理,以及直接涉及劳动者切身利益的重大事项。

应该说,关于规章制度的制订,我国的法律法规是渐进式前行,并逐步发展完善的。也正因为此,用人单位制订规章制度,需要遵照包括劳动保障法律法规在内的各项涉及劳动者个人劳动权利和切身利益的相关法律法规。根据现行法律法规,结合用人单位在劳动用工管理方面的一般要求,有关用人单位规章制度的内容归结起来,主要构成有以下十个方面。

(一)员工招聘

员工招聘是用人单位用工管理的进口关,也是第一关,它是用人单位与劳动者订立劳动合同,建立劳动关系的前置性和基础性工作。就用人单位而言,科学合理合法的员工招聘规章制度是用工单位实施用工管理的前提,也是重要保证。员工招聘规章制度主要是规范用人单位的招聘行为和劳动者的应聘行为,具体包括招聘的基本原则、招聘的组织管理、招聘的方法和渠道、招聘的流程和步骤、招聘的工作纪律、录用管理,以及岗前培训等等。

(二)劳动合同管理

劳动合同是用人单位与劳动者的重要契约,是用人单位与劳动者双方确立的劳动权利和义务书面协议，也是处理劳动争议纠纷的重要依据。劳动合同管理是用人单位用工管理的核心环节，也是用工管理的重中之重。关于劳动合同管理的规章制度，一般来讲，至少应该包括以下事项：

1. 劳动合同的订立和续订；

2. 试用期问题；

3. 劳动合同类型和期限；

4. 劳动合同的必备条款和约定条款；

5. 劳动合同的履行；

6. 劳动合同的变更；

7. 劳动合同的解除和终止；

8. 解除和终止劳动合同的经济补偿。

这一事项的规章制度制定，需要处理好与劳动合同的关系，根据《最高人民法院关于审理劳动争议案件适用法律若干问题的解释（二）》，用人单位制定的内部规章制度与集体合同或劳动合同约定的内容不一致时，劳动者有权选择适用对其有利的劳动合同的约定。这一司法解释将选择权交给了劳动者，遇到劳动争议，劳动者的请求有优先权的保护。其原因主要防止部分用人单位，借少数人的民主侵害多数员工的合法权益，从而正当行使劳动用工管理权。所以，在制定有关劳动合同事项的规章制度时，所涉内容不应与员工的劳动合同内容相冲突，应尽可能保持一致性。现实生活中，也有部分企业将规章制度作为劳动合同附件，但从具体实践来看，由于两者在适用范围、制定程序、变更或修改手续等方面存在较大差异，如果一并适用，则法律风险在所难免。

案例选读：

员工不服从单位合理工作安排可构成严重违反规章制度

卢某系某科技公司的操作工。该公司因产能需求调整，为合理配置人力，于 2021 年 2 月 27 日通知卢某于 3 月 1 日到该公司另一栋厂房的新产线工作。经公司多次劝导，卢某截至 3 月 9 日仍未到新产线工作。当天，该公司以卢某不服从合理工作安排为由，解除双方间劳动合同。该公司对卢某进行调整前后，其工作岗位性质、工作时间、工资标准等均未有明显变化。该公司的规章制度也有向卢某公示告知过。该公司就其与卢某解除劳动合同的情况，也向工会进行了告知。因不服该公司的解除决定，卢某向劳动争议仲裁委申请劳动仲裁，要求该公司支付赔偿金。

经审理，仲裁委认为，该公司对卢某进行的调整，系基于其生产经营的实际需要，且调整前后，卢某的工作岗位性质、工作时间、工资标准等均未有明显变化，并未对其产生实质性影响，因此，属于合理的调整，卢某应予服从。该公司基于卢某经多次劝导仍不服从安排的情形，依据规章制度规定解除与卢某的劳动合同，符合法律规定，且亦履行了通知工会的程序义务，属于合法解除，故对于卢某主张的赔偿金不予支持。

用人单位具有用工管理权，其正当行使该权利的，依法应受保护。评判用人单位是否正当行使用工管理权，应考察其对劳动者工作、岗位的调整是否基于生产经营或客观情况需要，有无对劳动者的权益造成重大影响等。如用人单位对劳动者进行的岗位调整具有合理性，且调整前后并未对劳动者的权益造成实质性的影响,属于用工管理权的正当、合理行使,劳动者应予服从。如劳动者无正当理由不服从的,用人单位有权按照规章制度规定依法处理。但用人单位也不得利用其优势地位,滥用其用工管理权,侵害劳动者的合法权益。

（苏州市相城区人社局提供）

（三）工作时间和休息休假

工作时间和休息休假是劳动标准的重要内容,劳动者的工作权和休息权同等重要,合法合理地安排劳动者的工作时间和休息休假是用人单位的职责所在。一般来讲,应该包括下列规定:

1. 标准工作时间的规定;

2. 综合计算工时工作制的规定;

3. 不定时工时工作制的规定;

4. 延长工作时间的规定;

5. 休息日的规定;

6. 法定节日休息的规定;

7. 带薪年休假的规定;

8. 特定事由或对象休假的规定。

（四）员工工资和支付

工资是劳动者的劳动报酬,是劳动者收入的主要来源,也是维持劳动者个人和家庭生活及发展的依靠。

工资问题是劳动者权益中一个特别重要的内容。用人单位必须在员工工资分配和工资支付等方面做好制度安排。关于员工工资和支付的规章制度,应该包括下列内容:

1. 工资的分配原则;

2. 工资构成的规定;

3. 工资确定的规定;

4. 工资调整的规定;

5. 工资集体协商的规定;

6. 工资支付的规定;

7. 奖金的规定;

8. 津贴和补贴的规定。

（五）社会保险与福利待遇

社会保险是国家通过立法,对劳动者在遇到年老、疾病、工伤、失业、生育等风险,暂时或者永久丧失劳动能力或暂时失去工作时,依法从国家和社会获得物质帮助的一种制度。

这一制度受到宪法和社会保险法等相关法律法规的保护。参加社会保险是用人单位和个人的法定义务。福利待遇是用人单位通过实行集体福利措施,补充和改善劳动者物质文化生活的一种制度。它是劳动者的间接报酬或者回报。一般包括照顾和改善劳动者生活的专项补贴、特殊费用、设施、活动和实物。比如职工生活困难补贴、职工伤病期间救济费、职工住房补贴;职工丧葬补助费、供养直系亲属抚恤费;职工食堂、托儿所、理发室、浴室、图书馆、体育锻炼场所、职工宿舍;为职工举办的生日活动、集体旅游活动;节假日食品和副食品。需要指出的是,社会保险是强制性的,福利待遇是倡导性和自愿性的,两者属性不同,但都要作出详细具体的规定。

（六）劳动安全卫生

劳动安全卫生是劳动者在生产和工作过程中得到生命安全和人身健康基本保障的制度。

劳动安全卫生是宪法赋予劳动者生命权和健康权的具体保障,劳动安全,是用人单位为劳动者在生产劳动场所和劳动过程中,所采取的防止发生中毒、触电、机械外伤、车祸、坠落、塌陷、爆炸、火灾等危及劳动者人身安全事故的防范措施。劳动卫生,是用人单位为避免劳动者发生有毒有害物质危害劳动者身体健康或引起职业病而采取的防范措施。劳动安全卫生,必须坚持"安全第一、预防为主、综合治理"的基本方针,用人单位,特别是企业,必须对劳动安全卫生作出全面细致的规定,最大限度地杜绝安全隐患。有关劳动安全卫生的规章制度,应该包括下列内容:

1. 安全卫生责任制的规定;

2. 安全教育的规定;

3. 安全卫生环境的规定;

4. 安全培训的规定;

5. 安全生产检查和考核的规定;

6. 女职工和未成年工特殊劳动保护的规定。

（七）员工培训

员工接受职业培训是法律赋予员工应有的权利,也是用人单位自身发展的需要。良好的培训体系和培训措施,可以提升员工的工作技能和业务水平,改进员工的工作表现,强化责任意识、安全意识和质量意识。同时能够提高员工的主人翁意识和归属感,调动员工的工作热情和积极性,提升用人单位员工队伍的综合素质,从而增强用人单位的竞争能力和可持续发展能力。也正因为此,用人单位,需要从培训的宗旨、原则、计划、组织管理、培训方式、培训经费保障等方面作出具体规定。

（八）劳动纪律

劳动纪律是用人单位为了保证生产经营活动和劳动用工管理有序运行,要求全体员工共同遵守的规则。这是法律法规赋予用人单位的管理权,用人单位可以通过制定相应规章制度来规范和约束员工的劳动行为及其他与用人单位工作相关的行为。当然,劳动纪律的制定应当合法合理,所定规则必须清晰准确,并且便于操作实施。关于劳动纪律的主要内容,一般来讲,应该包括下列事项:

1. 工作时间纪律的规定;

2. 生产技术纪律的规定;

3. 组织纪律的规定;

4. 岗位纪律的规定;

5. 安全纪律的规定;

6. 品行纪律的规定。

(九) 劳动定额

劳动定额指在一定的生产技术、组织条件下,生产合格产品或者完成一定工作量所规定的劳动消耗量的标准。通常情况下,包括工时定额和产量定额两种形式。劳动定额是企业编制计划和科学组织生产的基础工作,是提高劳动生产率的有效手段,也是企业实行按劳分配的重要依据。劳动定额的制定,必须科学、准确和全面,其中,劳动定额水平的确定至关重要,合理的定额水平,是在正常条件下多数职工经过努力可以达到或超过的定额。有关制定劳动定额的方法多种多样,企业可以根据自身实际来选用。

(十) 奖励和惩罚

用人单位对员工在生产经营过程中的劳动表现,以及工作业绩,都需要有一个评价和回馈。用人单位建立奖惩规章制度,可以强化员工的自我约束意识和遵守纪律意识,增强工作的积极性和创造性,有效维护用人单位正常的工作秩序。用人单位实施奖惩

制度,必须坚持精神鼓励和物质鼓励相结合,坚持以思想教育为主、惩罚为辅的原则。在制定具体奖惩规定时,必须把握好下列事项:

1. 奖惩的条件;

2. 奖惩的原则;

3. 奖惩的种类;

4. 奖惩的程序和批准权限;

5. 奖惩的措施。

需要提醒的是,有关奖惩条件的设定,需要构成奖惩的客观事实,对待员工的不同表现,要有奖有罚,赏罚分明。奖惩方式和奖惩程序,都必须在遵照现行法律法规的前提下实施。特别是在对违纪员工实施惩罚时,要根据法律法规和用人单位规章制度,根据其违纪情节轻重、危害程度、责任大小、态度好坏,给予相应的处罚。具体处罚措施,不能突破法律法规规定的基本底线,以避免法律风险。

关于规章制度的内容,总的来说,既要满足用人单位正常生产经营秩序的实际需要,又要维护劳动者的合法权益。规章制度的内容必须符合法律法规的要求,同时也要合理合情,符合社会道德的要求。用人单位不能突破法律法规的底线,不能以所谓惯例代替法律法规,不能随心所欲滥用处罚权。比如有的用人单位在规章制度中规定,禁止同事之间恋爱、结婚,否则予以解聘;有的规定,迟到半个小时,算旷工一天,旷工一天要扣三天工资;有的要求员工加班必须无条件无代价服从,如果不服从安排,则扣工资;还有部分用人单位在规章制度中设立末位淘汰制度等等。如此设定,本身就是违法的,自然也就没有法律效力。制定规章制度,需要尊重员工的知情权、参与权和共决权,对于涉及员工直接利益的事项和标准,一定要具体、准确,可以计算和量化,不应存在歧义或者多种解释。对于有可能产生劳动争议的事项,要明确具体的界定办法和内部处置措施。

案例选读:末位淘汰解除劳动合同违法

2005 年 7 月,被告王鹏进入原告某通讯(杭州)有限责任公司工作,劳动合同约定王鹏从事销售工作,基本工资为每月 3 840 元。该公司的《员工绩效管理办法》规定:员工半年、年度绩效考核分别为 S、A、C1、C2 四个等级,分别代表优秀、良好、价值观不符、业绩待改进;S、A、C(C1、C2)等级的比例分别为 20%、70%、10%;不胜任工作原则上考核为 C2。王鹏原在该公司分销科从事销售工作,2009 年 1 月后因分销科解散等原因,转岗至华东区从事销售工作。2008 年下半年、2009 年上半年及 2010 年下半年,王鹏的考核结果均为 C2。通讯公司认为,王鹏不能胜任工作,经转岗后,仍不能胜任工作,故在支付了部分经济补偿金的情况下解除了劳动合同。2011 年 7 月 27 日,王鹏提起劳动仲裁。同年 10 月 8 日,仲裁委作出裁决:通讯公司支付王鹏违法解除劳动合同的赔偿金余额 36 596.28 元。通讯公司认为其不存在违法解除劳动合同的行为,故于同年 11 月 1 日诉至法院,请求判令不予支付解除劳动合同赔偿金余额。

浙江省杭州市滨江区人民法院于 2011 年 12 月 6 日作出(2011)杭滨民初字第 885 号民事判决:原告某通讯(杭州)有限责任公司于本判决生效之日起十五日内一次性支付被告王鹏违法解除劳动合同的赔偿金余额 36 596.28 元。宣判后,双方均未上诉,判决已发生法律效力。

法院生效裁判认为：为了保护劳动者的合法权益,构建和发展和谐稳定的劳动关系,《中华人民共和国劳动法》《中华人民共和国劳动合同法》对用人单位单方解除劳动合同的条件进行了明确限定。原告通讯公司以被告王鹏不胜任工作,经转岗后仍不胜任工作为由,解除劳动合同,对此应负举证责任。根据《员工绩效管理办法》的规定,"C（C1、C2）考核等级的比例为 10％",虽然王鹏曾经考核结果为 C2,但是 C2 等级并不完全等同于"不能胜任工作",通讯公司仅凭该限定考核等级比例的考核结果,不能证明劳动者不能胜任工作,不符合据此单方解除劳动合同的法定条件。虽然 2009 年 1 月王鹏从分销科转岗,但是转岗前后均从事销售工作,并存在分销科解散导致王鹏转岗这一根本原因,故不能证明王鹏系因不能胜任工作而转岗。因此,通讯公司主张王鹏不胜任工作,经转岗后仍然不胜任工作的依据不足,存在违法解除劳动合同的情形,应当依法向王鹏支付经济补偿标准二倍的赔偿金。

劳动者在用人单位等级考核中居于末位等次,不等同于"不能胜任工作",不符合单方解除劳动合同的法定条件,用人单位不能据此单方解除劳动合同。

（摘自最高人民法院发布的公报指导案例）

第二节　制定规章制度的程序要件

一、规章制度的制订程序

《劳动合同法》明确规定,用人单位在制定、修改或者决定劳动报酬、工作时间、休息休假、劳动安全卫生、职工培训、劳动纪律以及劳动定额管理等直接涉及劳动者切身利益的规章制度或者重大事项时,应当经职工代表大会或者全体职工讨论,提出方案和意见,与工会或者职工代表平等协商确定。在规章制度和重大事项决定实施过程中,工会或者职工认为不适当的,有权向用人单位提出,通过协商予以修改完善。应该说,现行法律法规赋予了用人单位用工管理的一定自主权,用以体现和实施用人单位的管理意志和权威。但是,这一意志和权威是有条件的,即必须按照法律规定的程序来制定,规章制度才能生效,并发挥作用。

首先,用人单位法定代表人授权委托单位内部职能部门起草有关事项的规章制度。

具体职能部门,可以是单位人力资源管理部门,也可以是单位综合管理部门,或者成立专门的起草小组负责起草。同时,可请单位工会参与起草工作。

其次,用人单位就有关事项规章制度方案与员工平等协商。

有关事项的规章制度形成方案后,应当交由员工征求意见,并平等协商。员工参与用人单位的民主管理,是法律法规赋予员工的权利,也是用人单位管理制度的一个重要内容。

最后,召开用人单位职工代表大会或者将有关事项的规章制度交由全体职工讨论,形成决议,或者采取一定方式予以通过。

需要强调的是,规章制度不是用人单位单方面的行为,与员工平等协商是制定用人单位规章制度的法定程序,也是最关键最重要的程序,任何时候任何情况下都不能改变或者回避这一法定程序。如果没有经过平等协商程序,形成的规章制度是没有法律效力的。这里需要说明的是,如果用人单位既未召开职工代表大会,又未设立工会,则应通过适当方式,广泛听取员工意见和建议,并且将员工的意见和建议充分反映在规章制度的制定过程中,也算是一个补救的办法。同时,用人单位在制定规章制度过程中,应注意保留职工代表大会、工会或者员工参与制定规章制度的证据,包括会议记录、讨论纪要、征求意见书,以及员工建议书面材料等。

二、规章制度的公示程序

规章制度一经制定,用人单位应当公示,或者告知劳动者,这也是现行法律法规要求用人单位必须履行的法定程序,也是用人单位规章制度得以生效的必经程序。《最高人民法院关于审理劳动争议案件适用法律若干问题的解释》规定,通过民主程序制定的规章制度,不违反国家法律、行政法规及政策规定,并已向劳动者公示的,可以作为人民法院审理劳动争议案件的依据。规章制度公示有多种方法可以选用,但用人单位需要保存职工获悉并认可规章制度的证据,以应不时之需。

一是网站公布:在企业网站或内部局域网发布进行公示。

二是电子邮件通知:向员工发送电子邮件,通知员工阅读规章制度并回复确认。

三是公告栏张贴:在公司内部设置的公告栏、白板上张贴供员工阅读。

四是员工手册发放:将公司规章制度编印成册,每个员工均发放一本,并让员工签收。

五是规章制度培训:单位人力资源管理部门组织全体员工进行规章制度的学习培训,集中学习,专题培训。

六是规章制度考试:以规章制度内容作为考试大纲,挑选重要条款设计试题,组织员工进行开卷或闭卷考试,加深员工对公司规章制度的理解。

七是规章制度传阅:如单位员工不多时,可将规章制度交由员工传阅。

上述公示方法,目的都是尽可能最大限度地让员工知晓用人单位的规章制度,其中,有的方法传播快,效果好,但有的方法不方便用人单位举证。所以,用人单位公示规章制度应当多措并举,同时,以适当方式保留公示证据。

参考文本:规章制度范本

第一章　总则

第1条　为规范公司和员工的行为,维护公司和员工双方的合法权益,根据《劳动法》《劳动合同法》及其配套法规、规章的规定,结合本公司的实际情况,制定本规章制度。

第2条　本规章制度适用于公司所有员工,包括管理人员、技术人员和普通员工;包括试用工和正式工;对特殊职位的员工另有规定的从其规定。

第3条　员工享有取得劳动报酬、休息休假、获得劳动安全卫生保护、享受社会保险和福利等劳动权利,同时应当履行完成劳动任务、遵守公司规章制度和职业道德等劳动义务。

第4条　公司负有支付员工劳动报酬、为员工提供劳动和生活条件、保护员工合法劳动权益等义务,同时享有生产经营决策权、劳动用工和人事管理权、工资奖金分配权、依法制定规章制度权等权利。

第二章　员工招用与培训教育

第5条　公司招用员工实行男女平等、民族平等原则,特殊工种或岗位对性别、年龄等情形有特别规定的从其规定。

第6条　公司招用员工实行全面考核、择优录用、任人唯贤、先内部选用后对外招聘的原则,不招用不符合录用条件的员工。

第7条　员工应聘公司职位时,一般应当年满18周岁,身体健康,符合岗位录用条件。

第8条　员工应聘公司职位时,必须是与其他用人单位合法解除或终止了劳动关系,必须如实正确填写《员工登记表》,不得填写任何虚假内容。

第9条　员工应聘时提供的身份证、毕业证等证件必须是本人的真实证件,不得借用或伪造证件欺骗公司。

公司录用员工,不收取员工的押金(物),不扣留员工的身份证、毕业证等证件。

第10条　公司十分重视员工的培训和教育,根据员工素质和岗位要求,实行职前培训、职业教育或在岗深造培训教育,培养员工的职业自豪感和职业道德意识。

第11条　公司用于员工职业技能培训费用的支付和员工违约时培训费用的赔偿问题由劳动合同另行约定。

第12条　公司对新录用的员工实行试用期制度,根据劳动合同期限的长短,试用期为一至六个月:合同期限三个月以上不满一年的,试用期不超过一个月;合同期限满一年不满三年的,试用期不超过两个月;合同期限满三年以上的,试用期不超过六个月。试用期包括在劳动合同期限中,并算作本公司的工作年限。

第三章　劳动合同管理

第13条　公司招用员工实行劳动合同制度,自员工入职之日起即订劳动合同,劳动合同由双方各执一份。员工领取劳动合同时应当签收。

第14条 劳动合同统一使用劳动局印制的劳动合同文本，劳动合同必须经员工本人签字、公司加盖公章方能生效。

第15条 劳动合同自双方签字盖章时成立并生效；劳动合同对合同生效时间或条件另有约定的，从其约定。

第16条 公司与员工协商一致可以解除劳动合同。员工应当签署双方协议一致解除劳动合同的协议书。

双方协商一致可以变更劳动合同的内容，包括变更合同期限、工作岗位、劳动报酬、违约责任等。

第17条 员工有下列情形之一的，公司可以解除劳动合同：

（1）在试用期内被证明不符合录用条件的；

（2）严重违反劳动纪律或者公司规章制度的；

（3）严重失职，营私舞弊，对公司利益造成重大损害的；对公司利益造成重大损害是指（不限于）造成公司名誉损失或经济损失 xx 元以上。

（4）被依法追究刑事责任或者劳动教养的；

（5）公司依法制定的规章制度中规定可以解除的；

（6）法律、法规、规章规定的其他情形。

公司依本条规定解除劳动合同，可以不支付员工经济补偿金。

第18条 有下列情形之一，公司提前 30 天书面通知员工，可以解除劳动合同：

（1）员工患病或非因工负伤，医疗期满后，不能从事原工作，也不能从事公司另行安排的适当工作的；

（2）员工不能胜任工作，经过培训或调整工作岗位，仍不能

胜任工作的;不能胜任工作的情况包括但不限于:

a、未能完成工作职责范围内的全部工作;

b、无正当理由经常不能按时完成工作职责范围内的工作;

(3) 劳动合同订立时所依据的客观情况发生重大变化,致使原劳动合同无法履行,经协商不能达成协议的;

(4) 法律、法规、规章规定的其他情形。

公司依本条规定解除劳动合同,按国家及本省、市有关规定支付员工经济补偿金;未提前30天通知员工的,另多支付员工一个月工资的补偿金(代通知金)。

第19条 员工有下列情形之一,公司不得依据本规定第18条的规定解除劳动合同,但可以依据本规定第17条的规定解除劳动合同:

(1) 患职业病或因工负伤被确认完全丧失或部分丧失劳动能力的;

(2) 患病或非因公负伤,在规定的医疗期内的;

(3) 女职工在符合计划生育规定的孕期、产期、哺乳期内的;

(4) 应征入伍,在义务服兵役期间的;

(5) 法律、法规、规章规定的其他情形。

第20条 公司与员工可以依法在劳动合同中约定违反劳动合同的违约责任以及违约金,遵循公平、合理的原则。

员工违反法律规定或劳动合同的约定解除劳动合同,应赔偿公司下列损失:

(1) 公司录用员工所支付的费用;

(2) 公司为员工支付的培训费用,双方另有约定的按约定办理;

（3）对生产、经营和工作造成的直接经济损失；

（4）劳动合同约定的其他赔偿费用。

第21条 非公司过错，员工提出解除劳动合同，应当提前30日以书面形式通知公司。

员工自动离职，属于违法解除劳动合同，应当按本规定第20条第二款的规定赔偿公司的损失。

第22条 有下列情形之一，劳动合同终止：

（1）劳动合同期满，双方不再续订的；

（2）员工开始依法享受基本养老保险待遇的；

（3）员工死亡或被人民法院宣告失踪、死亡的；

（4）公司被依法宣告破产、被吊销营业执照、责令关闭、撤销或者决定提前解散的；

（5）法律、法规、规章规定的其他情形。

终止劳动合同，公司可以不支付员工经济补偿金；法律、法规、规章有特别规定的从其规定。

第23条 员工在规定的医疗期内，女职工在符合计划生育规定的孕期、产期和哺乳期内，劳动合同期满的，劳动合同的期限自动延续至医疗期、孕期、产期和哺乳期满为止（本规定第17条的情形除外）。

第24条 劳动合同期满公司需要续签劳动合同的，提前30日通知员工，并在30日内重新签订劳动合同；不再续签的，在合同期满前通知员工，向员工出具《终止劳动合同证明书》，并在合同期满后15个工作日内办理终止劳动合同手续。

第25条 公司解除劳动合同，向员工出具《解除劳动合同证明书》，并在劳动者提供必要证件之日起10个工作日内办理解除劳动合同手续。

第 26 条　经济补偿的支付标准按员工在本公司的工作年限计算:每满一年,发给员工一个月工资;满半年不满一年的,按一年计发;不满半年的发给半个月工资。

第四章　工作时间与休息休假

第 27 条　公司实行每日工作 8 小时、每周工作 40 小时的标准工时制度;对特殊岗位的员工,实行非全日制、不定时工作制或综合计时工作制的另行规定。

第 28 条　员工作息时间根据季节和工作特点由各部门自行安排。

第 29 条　员工加班加点应由部门经理、主管安排或经本人申请而由部门经理、主管批准;员工经批准加班的,依国家规定支付加班工资或安排补休。

第 30 条　员工的休息日和法定休假日如下:

公司执行法定休息休假,休息休假的具体日期根据实际情况安排。

第 31 条　员工的其他假期如下:

(1) 婚假:员工本人结婚,可享受婚假 3 天;晚婚者(男年满 25 周岁、女年满 23 周岁)增加 10 天。

(2) 丧假:员工直系亲属(父母、配偶、子女)死亡,可享受丧假 3 天;员工配偶的父母死亡,经公司总经理批准,可给予 3 天以内的丧假。

(3) 产假:女员工生育,可享受产假 90 天,其中产前休假 15 天;难产的增加 15 天;多胞胎生育的,每多生育一个婴儿增加产假 15 天;实行晚育者(24 周岁以后生育第一胎)增加产假 15 天;

产假期间给予男方看护假 7 天。

（4）年休假：员工累计工作已满 1 年不满 10 年的，年休假 5 天；已满 10 年不满 20 年的，年休假 10 天；已满 20 年的，年休假 15 大。

国家法定休假日、休息日不计入年休假的假期。

公司确因工作需要不能安排职工休年休假的，经员工本人同意，可以不安排员工休年休假。对员工应休未休的年休假天数，公司按照该员工日工资收入的 300% 支付年休假工资报酬。

第五章　工资福利与劳动保险

第32条　员工的最低工资不低于当地劳动部门规定的最低工资标准，最低工资不包括加班加点工资、中夜班津贴、高低温津贴和公司为员工交纳的社会保险福利待遇。

第33条　公司实行结构工资制，员工的工资总额包括基本工资、加班加点工资、奖金、津贴和补贴。

工资的决定、计算、增减等事项另行规定。

第34条　员工的加班加点工资以员工的基本工资（即员工本人的岗位工资标准）作为计算基数；员工的正常日工资＝基本工资÷21.75 天，小时工资＝基本工资÷174 小时；加班加点工资是正常日工资或小时工资的法定倍数。

第35条　按劳动法的规定，平日加点，支付基本工资的 150% 的加班工资；休息日加班，不能安排补休的，支付基本工资的 200% 的加班工资；法定休假日加班，支付基本工资的 300% 的加班工资。

第36条　休息日安排员工加班，公司可以安排员工补休而不支付加班工资。

第 37 条　公司以现金形式发放工资或委托银行代发工资，员工需查看工资清单的，公司应给予方便。

第 38 条　公司以货币形式按月支付员工工资；每月 15 日前发放前一个月工资，依法解除或终止劳动合同时，在解除或终止劳动合同后 5 日内一次性付清员工工资并在办理完相关手续后 15 日内支付员工依法享有的经济补偿金。

第 39 条　公司停工、停产在一个工资支付周期内（1 个月内）的，按劳动合同约定的标准支付员工工资；停工、停产超过一个工资支付周期的，发给员工基本生活费，基本生活费的标准不低于最低工资标准的 80％。

第 40 条　员工医疗期在一年内累计不超过六个月的，其病伤假工资为：工龄不满 5 年者，为本人基本工资的 60％；工龄满 5 年不满 10 年者，为本人基本工资的 70％；工龄 10 年以上者，为本人基本工资的 80％。

第 41 条　员工医疗期在一年内累计超过 6 个月的，停发病假工资，按下列标准付给病伤救济费：工龄不满 5 年者，为本人工资的 50％；工龄满 5 年及 5 年以上者，为本人工资的 60％。

第 42 条　病伤假工资或救济费不低于最低工资标准的 80％。

第 43 条　因员工原因给公司造成经济损失的，公司可以要求员工赔偿，并可从员工本人工资中扣除，但每月扣除部分不超过员工当月全额工资的 20％，扣除后不低于最低工资标准。

依公司规章制度对员工进行处罚的罚款可以在工资中扣除，但每月扣除部分不超过员工当月全额工资的 20％，扣除后不低于最低工资标准。

罚款和赔偿可以同时执行,但每月扣除的工资总额不超过本人全额工资的20%,扣除后不低于最低工资标准。

员工因私事请假,事假期间公司不发放工资。

第44条　有下列情况之一,公司可以代扣或减发员工工资而不属于克扣工资:

(1) 代扣代缴员工个人所得税;

(2) 代扣代缴员工个人负担的社会保险费;

(3) 法院判决、裁定中要求代扣的抚养费、赡养费;

(4) 扣除经员工确认赔偿给公司的费用;

(5) 扣除员工违规违纪受到公司处罚的罚款;

(6) 劳动合同约定的可以减发的工资;

(7) 依法制定的公司规章制度规定可以减发的工资;

(8) 经济效益下浮而减发的浮动工资;

(9) 员工请事假而减发的工资。

(10) 法律、法规、规章规定可以扣除的工资或费用。

第45条　公司逐步改善和提高员工的各项福利待遇,改善员工工作条件,增加各项津贴和补贴。

第46条　公司依法为员工办理养老、医疗、失业、工伤、生育等社会保险,并依法支付应由公司负担的社会保险待遇。

本章小结

1. 规章制度是用人单位用工管理的重要工具,是国家法律法规在用人单位的延伸和具体化。一般来讲,规章制度是用人单位为了有序组织生产经营和劳动管理而制定的各项规则、纪律和操守,即通常所说的企业的家规。

2. 用人单位有权制定本单位的规章制度,但需要遵照包括劳动保障法律法规在内的各项涉及劳动者个人劳动权利和切身利益的相关法律法规。主要构成包括劳动报酬、工作时间、休息休假、劳动安全卫生、保险福利、职工培训、劳动纪律、劳动定额管理,以及直接涉及劳动者切身利益的重大事项。

3. 制定规章制度,必须内容合法,同时也要程序合法,应当经职工代表大会或者全体职工讨论,提出方案和意见,与工会或者职工代表平等协商确定。

4. 规章制度一经制定,用人单位应当公示,或者告知劳动者,这是现行法律法规要求用人单位必须履行的法定程序,也是用人单位规章制度得以生效的必经程序。公示的方式多种多样,但用人单位需要保存职工获悉并认可规章制度的证据。

第十一章 女职工与未成年工的特殊劳动保护

第一节 女职工的特殊劳动保护

一、女职工特殊劳动保护的含义

妇女是物质文明和精神文明的创造者,是社会发展进步的重要力量。女职工作为"半边天",是劳动者队伍的重要组成部分,在经济社会发展中发挥着不可替代的巨大作用。女职工在劳动过程中的特殊困难,理应得到社会的关心和帮助。尊重女职工,关爱女职工,既是社会文明进步的重要标志,也是中华民族生生不息的重要因素。

所谓女职工特殊劳动保护是国家通过法律形式针对女职工的身体结构和生理机能等特点,以及抚育子女的特殊需要,对其劳动过程中的安全、健康加以特殊的保护。对女职工实行特殊的劳动保护,是世界各国普遍实行的一项法律制度。女职工的特殊劳动保护,主要包括对女职工生长发育机能、应对外界反应机能和承受机能的保护,包括对女职工在其特殊生理周期的保护,还包括女职工在担负生育和抚养下一代任务时的保护。

对女职工给予特殊保护是由女职工身体结构和生理机能的特殊性，以及女性在人类繁衍中的重要使命所决定的。对女职工的特殊劳动保护，有利于女职工在面临特殊时期特殊困难时能够获得更安全更有效的帮助，进一步激发女职工参与社会劳动的积极性、主动性和创造性；有利于促进用人单位改善女职工的劳动安全卫生条件，增强女职工对用人单位的认同感和归属感，促进劳动关系的和谐与稳定。对女职工的特殊劳动保护，不仅关系女职工本身，同时关系祖国下一代的健康发展和国家的兴旺发达。

二、女职工禁忌从事的劳动范围

2012 年 4 月 18 日国务院第 200 次常务会议通过了《女职工劳动保护特别规定》，同年 4 月 28 日，国务院以 619 号令正式公布，同时废止了国务院 1988 年 7 月发布的《女职工劳动保护规定》。该特别规定，相比过去，强化了用人单位的主体责任和法律义务，法律责任规定更加明确、细化，操作性更强。该特别规定明确要求用人单位应当加强对女职工劳动保护，采取措施改善女职工劳动安全卫生条件，对女职工进行劳动安全卫生知识培训。该特别规定对女职工禁忌从事的劳动范围进行了重大调整，要求用人单位应当遵守女职工禁忌从事的劳动范围的规定，并明确附录列示。同时要求用人单位应当将本单位属于女职工禁忌从事的劳动范围的岗位书面告知女职工。

（一）女职工禁忌从事的劳动范围

1. 矿山井下作业；

2. 体力劳动强度分级标准中规定的第四级体力劳动强度的

作业；

3. 每小时负重 6 次以上、每次负重超过 20 千克的作业，或者间断负重、每次负重超过 25 千克的作业。

（二）女职工在经期禁忌从事的劳动范围

1. 冷水作业分级标准中规定的第二级、第三级、第四级冷水作业；

2. 低温作业分级标准中规定的第二级、第三级、第四级低温作业；

3. 体力劳动强度分级标准中规定的第三级、第四级体力劳动强度的作业；

4. 高处作业分级标准中规定的第三级、第四级高处作业。

（三）女职工在孕期禁忌从事的劳动范围

1. 作业场所空气中铅及其化合物、汞及其化合物、苯、镉、铍、砷、氰化物、氮氧化物、一氧化碳、二硫化碳、氯、己内酰胺、氯丁二烯、氯乙烯、环氧乙烷、苯胺、甲醛等有毒物质浓度超过国家职业卫生标准的作业；

2. 从事抗癌药物、己烯雌酚生产，接触麻醉剂气体等的作业；

3. 非密封源放射性物质的操作，核事故与放射事故的应急处置；

4. 高处作业分级标准中规定的高处作业；

5. 冷水作业分级标准中规定的冷水作业；

6. 低温作业分级标准中规定的低温作业；

7. 高温作业分级标准中规定的第三级、第四级的作业；

8. 噪声作业分级标准中规定的第三级、第四级的作业；

9. 体力劳动强度分级标准中规定的第三级、第四级体力劳动强度的作业；

10. 在密闭空间、高压室作业或者潜水作业，伴有强烈振动的作业，或者需要频繁弯腰、攀高、下蹲的作业。

（四）女职工在哺乳期禁忌从事的劳动范围

1. 孕期禁忌从事的劳动范围的第一项、第三项、第九项；

2. 作业场所空气中锰、氟、溴、甲醇、有机磷化合物、有机氯化合物等有毒物质浓度超过国家职业卫生标准的作业。

如果用人单位违反了上述规定，将承担相应的法律责任，即由县级以上人民政府安全生产监督管理部门责令限期治理，处 5 万元以上 30 万元以下的罚款；情节严重的，责令停止有关作业，或者提请有关人民政府按照国务院规定的权限责令关闭。

需要说明的是，上述规定不是永久不变的，该特别规定同时要求国务院安全生产监督管理部门会同国务院人力资源社会保障行政部门、国务院卫生行政部门根据经济社会发展情况，对女职工禁忌从事的劳动范围进行调整。

三、女职工"四期"劳动保护规定

女职工的"四期"，包括经期、孕期、产期和哺乳期，是由女职工的身体结构和生理机能等特点，以及抚育子女的特殊需要所决定的。与男职工相比，女职工在特殊生理周期，其血液循环、基础代谢，以及对外界变化的反应能力和承受能力存在明显的差异，需要给予特殊的保护。国务院《女职工劳动保护特别规定》明确要求，要减少和解决女职工在劳动中因生理特点造成的特殊困难，保护女职工身体健康。这也是《女职工劳动保护特别规定》的出发点和落脚点。但是,国家层面的法律法规对一些具体细节并没有作出明确规定,结合已经出台的部分省份关于女职工劳动保护的规定,有关女职工的"四期"劳动保护的注意事项可供用人单位在具体实践中把握。

(一)女职工"三期"解雇保护及其他劳动权利保护规定

用人单位不得因女职工怀孕、生育、哺乳降低其工资、予以辞退、与其解除劳动或者聘用合同。

案例选读:用人单位不得在女职工"三期"内解除劳动合同

2013年4月,秦女士应聘到一家配件公司工作,签订了5年劳动合同。进公司后她任人力资源经理,月工资5 851元。2015年6月,秦女士怀孕,身体出现严重不适,她递交病假条休假保胎。2015年7月,公司书面决定将她调到生产部门,工资也调整为2 300元,秦女士病休请假未上班,2015年12月15日,公司解除与秦女士的劳动合同。2016年2月,秦女士在医院产下一个男孩后,与单位屡次协商不好,向市劳动争议仲裁委员会提出仲裁申请。仲裁机构认为,用人单位未与劳动者协商,公司单方调整劳动者岗位、工资,其行为违反劳动法律法规。秦女士怀孕后向单位请假,得到单位许可,用人单位解除劳动合同的做法不妥。

2016年6月,市劳动争议仲裁委员会做出裁定:公司调岗决定、解除劳动合同决定无效。双方劳动合同继续履行,补发差额工资及相关社保费用。秦女士对裁定的数额不满,向法院提起诉讼。法院判决秦女士供职的公司支付病假工资、生育保险费等共计5万余元。

需要提醒和强调的是,任何单位不得以怀孕、产假、哺乳等为由,辞退女职工或者单方面解除劳动合同,不过法律也并非无原则保护,严重违纪情况下,女职工"三期"内同样可以被解雇。

根据《劳动合同法》,第一,严重违反用人单位的规章制度(如长期旷工)、严重失职,营私舞弊,给用人单位造成重大损害及与其他单位建立劳动关系等行为,用人单位可以与其解除劳动合同。第二,试用期内,用人单位能证明怀孕的女职工不符合录用条件的,可与其解除劳动合同。第三,对于非婚生育、违反计划生育政策的,企业还可依据有关劳动法律法规对女职工产假待遇进行限制。企业对职工调整岗位必须满足两个前提:一是双方协商一致;二是采取书面形式。用人单位没有经过协商而单方调岗,员工有权拒绝。企业调整岗位必须有合理性,无制度规定和合同约定情况下,薪酬应协商确定,不能由用人单位单方确定。

(摘自中国妇联网)

(二)女职工孕期劳动保护规定

女职工在孕期不能适应原劳动的,用人单位应当根据医疗机构的证明,予以减轻劳动量或者安排其他能够适应的劳动。对怀孕 7 个月以上的女职工,用人单位不得延长劳动时间或者安排夜班劳动,并应当在劳动时间内安排一定的休息时间。怀孕女职工在劳动时间内进行产前检查,所需时间计入劳动时间。

(三)女职工产期劳动保护规定

1. 女职工生育享受 98 天产假,其中产前可以休假 15 天;难产的,增加产假 15 天;生育多胞胎的,每多生育 1 个婴儿,增加 15 天。2. 女职工怀孕未满 4 个月流产的,享受 15 天产假;

怀孕 4 个月流产的,享受 42 天产假。3. 女职工产假期间的生育津贴,对已经参加生育保险的,按照用人单位上年度职工月平均工资的标准由生育保险基金支付;对未参加生育保险的,按照女职工产假前工资标准由用人单位支付。4. 女职工生育或者流产的医疗费用,按照生育保险规定的项目和标准,对已经参加生育保险的,由生育保险基金支付;对未参加生育保险的,由用人单位支付。

(四)女职工哺乳期劳动保护规定

对哺乳未满 1 周岁婴儿的女职工,用人单位不得延长劳动时间或者安排夜班劳动。用人单位应当在每天的劳动时间内为哺乳期女职工安排 1 小时哺乳时间;女职工生育多胞胎的,每多哺乳 1 个婴儿每天增加 1 小时哺乳时间。女职工比较多的用人单位应当根据女职工的需要,建立女职工卫生室、孕妇休息室、哺乳室等设施,妥善解决女职工在生理卫生、哺乳方面的困难。

(五)女职工经期劳动保护的规定

根据卫生部、劳动部、人事部、全国总工会、全国妇联《女职工保健工作规定》,患有重度痛经及月经过多的女职工,经医疗或妇幼保健机构确诊后,月经期间可适当给予 1 天至 2 天的休假。有的省份在此基础上,作了更加明确,并且更具人性化的政策安排。以江苏省为例,根据江苏省《女职工劳动保护办法》有关规定,女职工在月经期间,用人单位应当将其暂时调离禁忌从事的工种岗位,或给予公假 1 天至 2 天。对其他工种的女职工,月经过多或因痛经不能坚持工作的,经医疗单位证明,给予公假 1 天。

案例选读:不为女工缴纳生育保险得不偿失

小张是北京一家广告公司的设计总监,近日生育一子,却发现因为公司没有为她缴纳生育保险,她无法领取生育津贴,也无法报销生育的医疗费用。当小张找到公司负责人询问时,得到的回复是:当时办理生育保险的员工已经离职了,小张的遭遇是因为那位员工的疏忽,和公司无关。小张一气之下,到法院状告公司。

法院经审理认为,根据《北京市企业职工生育保险规定》,生育保险费由企业缴纳,生育保险基金支付范围包括生育津贴、生育医疗费用等。若企业未按照规定为女职工办理生育保险的,职工生育保险待遇由企业按照该规定的标准支付。由于公司原本没有为小张正常缴纳生育保险,小张的生育津贴和医疗费用应由公司承担。

生育保险的缴纳关系女职工在孕期、产期及哺乳期的基本权益,生育保险的缴纳保障了女职工在"三期"的基本生活,有助于女职工及时恢复健康,回到工作岗位。然而一些用人单位为了节约用工成本,逃避法律规定,不给女职工缴纳生育保险。一旦出现劳动争议,女职工提起诉讼后胜诉率很高,用人单位将为女职工的生育津贴和医疗费用等全额买单,这比前期应缴纳的保险金高得多。对于女职工而言,应当按照单位要求提供相应证件材料,积极配合用人单位做好各项保险申报缴纳以及申请报销手续,以更好地保障自身合法权益。

(摘自中国妇联网)

第二节　未成年工的特殊劳动保护

一、未成年工特殊劳动保护的含义

在我国,未成年工是一个特殊群体,是指年满 16 周岁至 18 周岁年龄段的劳动者。这一年龄段是人生的青少年时期,也是生长发育的特殊时期。这段时期是长身体的时候,通常情况下,求学是青少年这一时期的主要任务,或者学习文化知识,或者学习劳动技能,从而为今后从事社会劳动练就从业本领。总的来说,这个时期的青少年不宜参与具有劳动关系性质的社会劳动,并加入劳动者队伍。但是,现实生活中,从事具有劳动关系性质的社会劳动的未成年工已经具有一定规模,部分地区还有不断增长的趋势。所以,加强对未成年工的特殊劳动保护,就成为国家和用人单位的重要责任。

所谓未成年工特殊劳动保护,指国家通过法律形式,针对未成年工的身体成长状况和接受教育的需要,而采取的一系列劳动保护措施。之所以要对未成年工采取特殊的劳动保护,是因为这个时期的很多孩子在生理和心理上还不成熟,从事某些工作会危害生长发育和身体健康。应该说,对未成年工的特殊劳动保护,是社会道德和文明的体现,是尊重和保障人权的体现,是国家法治水平的体现。

未成年工的存在是我国面临的一个现实现象,值得关注。一般情况下,公民只有达到 18 周岁,或者完成高中及高校学业后,才步入社会参加工作。但是,现实生活中,有些未成年人由于特殊的原因,包括家庭成员变故和遭遇经济困难,要求提前参加工作,以缓解家庭经济上的压力。正是由于这些情况的存在,我国法律规定的最低就业年龄设置在 16 周岁,就是给年满 16 周岁的未成年人一个就业的机会。但是,国家并不鼓励年满 16 周岁的未成年人参加工作,并通过法律形式设置了一些限制措施和特别保护措施。就用人单位而言,使用未成年工必须慎之又慎。在慎用未成年工的同时,还要防范误用童工。童工对用人单位而言,是一条高压线,无论如何也不能触碰。

二、未成年工禁忌劳动范围

鉴于未成年工处于生长发育的特定时期,以及接受义务教育的需要,必须对未成年工采取特殊的劳动保护措施。1994 年 12 月 9 日,原国家劳动部发布了《未成年工特殊保护规定》,明确了国家对未成年工禁忌的劳动范围等方面的具体规定。这一规定是强制性的,没有变通的余地。

（一）未成年工禁忌劳动范围

1.《生产性粉尘作业危害程度分级》国家标准中第一级以上的接尘作业;

2.《有毒作业分级》国家标准中第一级以上的有毒作业;

3.《高处作业分级》国家标准中第二级以上的高处作业;

4.《冷水作业分级》国家标准中第二级以上的冷水作业;

5.《高温作业分级》国家标准中第三级以上的高温作业;

6.《低温作业分级》国家标准中第三级以上的低温作业;

7.《体力劳动强度分级》国家标准中第四级体力劳动强度的作业;

8. 矿山井下及矿山地面采石作业;

9. 森林业中的伐木、流放及守林作业;

10. 工作场所接触放射性物质的作业；

11. 有易燃易爆、化学性烧伤和热烧伤等危险性大的作业；

12. 地质勘探和资源勘探的野外作业；

13. 潜水、涵洞、涵道作业和海拔 3 000 米以上的高原作业（不包括世居高原者）；

14. 连续负重每小时在 6 次以上并每次超过 20 千克，间断负重每次超过 25 千克的作业；

15. 使用凿岩机、捣固机、气镐、气铲、铆钉机、电锤的作业；

16. 工作中需要长时间保持低头、弯腰、上举、下蹲等强迫体位和动作频率每分钟大于 50 次的流水线作业；

17. 锅炉司炉。

（二）患有某种疾病或具有某些生理缺陷（非残疾型）的未成年工禁忌劳动范围

1.《高处作业分级》国家标准中第一级以上的高处作业；

2.《低温作业分级》国家标准中第二级以上的低温作业；

3.《高温作业分级》国家标准中第二级以上的高温作业；

4.《体力劳动强度分级》国家标准中第三级以上体力劳动强度的作业；

5. 接触铅、苯、汞、甲醛、二硫化碳等易引起过敏反应的作业。

（三）患有某种疾病或具有某些生理缺陷（非残疾型）的未成年工的具体情况

有以下一种或一种以上情况者，皆属于患有某种疾病或具有某些生理缺陷（非残疾型）的未成年工。

1. 心血管系统

（1）先天性心脏病；

（2）克山病；

（3）收缩期或舒张期二级以上心脏病杂音。

2. 呼吸系统

（1）中度以上气管炎或支气管哮喘；

（2）呼吸音明显减弱；

（3）各类结核病；

（4）体弱儿,呼吸道反复感染者。

3. 消化系统

（1）各类肝炎；

（2）肝、脾肿大；

（3）胃、十二指肠溃疡；

（4）各种消化道疝。

4. 泌尿系统

（1）急、慢性肾炎；

（2）泌尿系感染。

5. 内分泌系统

（1）甲状腺功能亢进；

（2）中度以上糖尿病。

6. 精神神经系统

（1）智力明显低下；

（2）精神忧郁或狂暴。

7. 肌肉、骨骼运动系统

（1）身高和体重低于同龄人标准；

（2）一个及一个以上肢体存在明显功能障碍；

（3）躯干四分之一以上部位活动受限,包括强直或不能旋转。

8. 其他

(1) 结核性胸膜炎；

(2) 各类重度关节炎；

(3) 血吸虫病；

(4) 严重贫血,其血色素每升低于 95 克($<$9.5g/dL)。

之所以对未成年工禁忌劳动范围设置如此具体的规定,主要目的是让未成年工免受职业危害,保障未成年工的生命健康权。设置未成年工禁忌劳动范围,就是为未成年工的劳动设置了一个特别关口,也是一个特殊保护的关口。

案例选读:打工女孩患上慢性职业病

1993 年 10 月出生的小丽,是湖北省黄冈市红安县人,2009 年 10 月,刚满 16 岁,小丽就到某市一鞋业有限公司从事鞋制品翻后围打胶工作。双方未签订书面劳动合同,约定每月平均工资 1 200 元,鞋业公司也没有为小丽办理和缴纳社会保险。

2010 年 3 月 26 日起,小丽因四肢麻木无力,先后 4 次到包括职业病防治院在内的 3 家市级医院住院治疗,前后共计 473 天。2010 年 7 月和 9 月,该市职业病防治院、市职业病诊断鉴定委员会分别作出职业病诊断证明书和鉴定书,认定小丽为职业性慢性正己烷重度中毒。随后,2011 年 1 月和 3 月,该市人社局、市劳动能力鉴定委员会分别作出工伤认定书和职工劳动能力鉴定书,分别认定小丽为工伤以及四级伤残,生活护理等级为部分护理依赖。

2011 年 9 月,小丽因损失赔偿问题,向所在区劳动仲裁委提出仲裁申请,后又起诉至法院,要求与所在公司保留劳动关系,双方签订无固定期限劳动合同,公司依规定为其办理并缴纳社保,并按月支付伤残津贴1 551.50元,同时支付一次性伤残补助金、停工留薪期工资待遇、医疗费、住院护理费等各项损失共计113.3万余元。此案经两级法院审理。该市中院审理查明,小丽住院治疗期间,鞋业公司共垫付医疗费14 937.87元。2012年3月,该市中院二审判决:小丽与鞋业公司签订无固定期限劳动合同,鞋业公司依规为小丽缴纳社保;鞋业公司按月支付小丽伤残津贴1 649.75元,支付小丽一次性伤残补助金、医疗费、停工留薪工资待遇、住院期间护理费等共计12.5万余元。

(摘自中国安全生产网)

三、未成年工的相关制度

(一)定期健康检查制度

我国现行的劳动保障法律法规对未成年工在其劳动过程中的安全健康所采取的保护,是有别于成年工的特殊保护。它考虑了未成年工的特定性和特殊性,从法律层面给予了特别保护。同时,建立了相应的工作制度。其中,要求用人单位对未成年工进行定期检查就是一项重要的制度。《未成年工特殊保护规定》对未成年工定期进行健康检查作了如下的具体规定。

(一)定期健康检查

1. 定期时间。

(1)安排工作岗位之前;

(2)工作满1年;

(3)年满18周岁,距前一次的体检时间已超过半年。

2. 未成年工的健康检查,应按《未成年工特殊保护规定》规定所附《未成年工健康检查表》列出的项目进行。

3. 用人单位应根据未成年工的健康检查结果安排其从事适合的劳动,对不能胜任原劳动岗位的,应根据医务部门的证明,予以减轻劳动量或安排其他劳动。

4. 未成年工体检由用人单位统一办理和承担费用。

（二）登记制度

用人单位应当对未成年工的使用和特殊保护实行登记制度。

1. 用人单位招收使用未成年工,除符合一般用工要求外,还须向所在地的县级以上劳动行政部门办理登记。劳动行政部门根据《未成年工健康检查表》《未成年工登记表》,核发《未成年工登记证》。

2. 各级劳动行政部门须按《未成年工特殊保护规定》审核体检情况和拟安排的劳动范围。

3. 未成年工须持《未成年工登记证》上岗。

4.《未成年工登记证》由国务院劳动行政部门统一印制。未成年工登记由用人单位统一办理和承担费用。

（三）培训制度

用人单位使用未成年工,应当在未成年工上岗前对其进行有关的职业安全卫生教育、培训。

职业安全卫生教育培训的内容大致包括安全生产思想、安全卫生方针政策、法规制度、安全生产责任制、安全生产技术知识、安全技能、健康教育、典型经验和事故教训以及自救互救等内容。安排未成年工接受全面、系统的教育是用人单位的法定义务,只有经过相关培训,才能上岗从事相关劳动。要让每一位未成年工知晓"安全第一、预防为主、综合治理"是政府保护劳动者的基本方针。通过培训,让未成年工熟悉各项职业安全与卫生制度,逐步掌握生产过程和生产原理的知识、职业安全与卫生知识和自救互救知识,强化可防性和预防措施,将职业危害和事故隐患控制在最低的限度内,从而切实保障未成年工的人身健康。

案例选读:某公司未对未成年工实施健康检查案

2015年7月14日,北京劳动执法监察大队监察员到某餐饮公司现场检查。在现场,监察员发现有几名职工面孔稚嫩,立即向该单位的负责人进行询问。单位负责人王某称,招用的所有职工都已满16周岁,绝对没有招用童工。监察员现场开具了调查询问书,要求该单位在规定期限内提供职工名册、劳动合同等相关用工材料。在进一步调查中核实,该单位余某等5名职工在入职时年满16周岁,未满18周岁,属于未成年工。该单位在安排以上5名职工上岗前并未对其进行未成年工健康检查。2015年8月20日,区人力资源和社会保障局向该单位送达了告知书,拟对该单位给予罚款的行政处罚。该单位对其违法行为表示不陈述及申辩,并立即安排未成年工进行健康检查,并缴纳了罚款。

本案是一起用工单位未对未成年工实施健康检查案件。未成年工,指年满16周岁未满18周岁的劳动者。未成年工作为劳动者的一部分,因为年龄、身体发育程度的情况,《中华人民共和国劳动法》《未成年工特殊保护规定》等法律法规要求要对未成年工进行特殊保护。鉴于未成年工的身体发育情况,对未成年工定期进行健康检查,有利于其健康成长,有利于生产发展,具有十分重要的意义。

(摘自《北京市依法维护妇女儿童合法权益典型案例集》)

第三节 学生实习及相关问题的处理

、学生实习的含义与目的

学生实习,指学生在校学习期间,通过学校安排或者经过学校批准自行到企事业单位进行专业技能培养的实践性教育教学活动。学生实习的目的是提高学生认识社会、了解现实的综合素质,增强学生分析和解决实际问题的能力,培养团队意识、合作意识、创新精神和实践能力。确切地说,是给学生在正式步入社会,进入职业生涯之前以一个准备期或者适应期,让学生对自己在校所学知识和社会实践有一个深度融合,其出发点和落脚点都是为了学生。从严格意义上来讲,实习学生不是现行劳动法意义下的劳动者,只是劳动者的后备军,或者说是准劳动者。也正因为此,企业对于接受学生实习,必须慎之又慎,严格执行国家关于学生实习的各项规定。

在我国,学生实习一般是在职业学校举行,通常情况下,职业学校包括职业高中、中专、技校、大专、高职、技师学院等等。与普通学校相比,职业学校侧重于对学生实践技能和实际工作能力的培养。职业学校学生实习是实现职业教育培养目标、增强学生综合能力的基本环节,是教育教学的核心部分。用人单位使用实习学生必须慎之又慎,否则会发生难以预料的风险。

二、学生实习的基本原则

(一)科学组织,依法实施

学校要根据专业教学计划与教学大纲要求制订实习计划、实习大纲与实习管理制度。学校要根据现行法律法规,结合学生的专业特点安排相应的实习单位及实习岗位。要严格遵守现行法律对未成年工禁忌劳动范围的具体规定,不得安排实习学生从事与所学专业无关的高空、井下作业和接触放射性、高毒、易燃易爆物品等禁忌范围的劳动,以及国家规定的第四级体力劳动强度的劳动。同时,不得通过中介机构或者劳务派遣单位组织、安排和管理学生实习工作。

(二)遵循规律,保护权益

要遵循学生成长规律和职业能力形成规律,制定适合学生成长和发展需求的实习方案,配备相应的实习指导老师。虽然实习学生与实习单位没有形成法律意义上的劳动关系,但在实习期间,要切实保护好学生的合法权益,要提供必要的劳动条件和安全健康的劳动环境,特别是需要采取特殊的劳动保护措施和职业安全卫生教育、培训。

(三)强化责任,分工合作

学生实习涉及职业学校、实习单位、职业学校主管部门和教育行政部门等相关方的责任,相关方要按职能分工各负其责,恪尽职守。教育行政部门负责统筹指导学校的实习工作;职业学校主管部门负责职业学校实习的监督管理;职业学校负责会同实习单位共同组织实施学校实习,特别是要加强对学生实习的全过程管理和全方位指导,不可失之以宽,不可失之以松,不可推卸责任,不可相互推诿。相关方要加强配合,通力合作,协同育人。

(四)树立精神,培养操守

学生实习,在提升职业技能的同时,必须树立高尚的职业精神,形成良好的职业操守,这是学生未来职业发展的需要,也是用人单位长盛不衰的需要，更是国家经济社会可持续发展的需要。职业精神包括职业理想、职业态度、职业责任、职业技能、职业纪律和职业作风等要素。实习对学生而言，是步入职业生涯的一场预演或者热身，万事开好头，打好基础，会受益一生。

三、学生实习的形式

（一）认识实习

认识实习指学生由学校组织到实习单位参观、观摩和体验，形成对实习单位和相关岗位的初步认识的活动。

（二）跟岗实习

跟岗实习指不具有独立操作能力、不能完全适应实习岗位要求的学生，由学校组织到实习单位的相应岗位，在专业人员指导下部分参与实际辅助工作的活动。

（三）顶岗实习

顶岗实习指初步具备实习岗位独立工作能力的学生，到相应实习岗位，相对独立参与实际工作的活动。

四、学生实习的组织实施

（一）事先做好考察评估

学生实习一般由职业学校组织实施，职业学校应当选择合法经营、管理规范、符合安全生产法律法规要求的实习单位安排学生实习。在确定实习单位前，职业学校应进行实地考察评估并形成书面报告，考察内容应包括：单位资质、诚信状况、管理水平、实习岗位性质和内容、工作时间、工作环境、生活环境以及健康保障、安全防护等方面。

（二）切实制订实习计划

职业学校应当根据学校所设专业构成，会同实习单位共同制订实习计划。实习计划包括实习目标、实习任务、实习岗位、必要的实习准备、考核标准等等。在安排学生赴实习单位之前，学校应当开展相应的专门培训，让学生了解实习阶段的学习目标、任务和考核标准。需要提醒的是，实习岗位的安排应当符合专业培养目标，并且与学生所学专业对口或相近。

（三）配备实习指导教师

职业学校与实习单位应当分别选派经验丰富、业务素质好、责任心强、安全防范意识高的实习指导教师和专门人员全程指导，共同管理学生实习。

（四）依规安排顶岗实习

学生经本人申请，职业学校同意，可以自行选择顶岗实习单位。对自行选择顶岗实习单位的学生，实习单位应安排专门人员指导学生实习，学生所在学校要安排实习指导教师跟踪了解实习情况。对于认识实习、跟岗实习事项，则由职业学校安排，学生不得自行选择。

实习单位应当合理确定顶岗实习学生占在岗人数的比例，顶岗实习学生的人数不超过实习单位在岗职工总数的 10％，在具体岗位顶岗实习的学生人数不高于同类岗位在岗职工总人数的 20％。

（五）合理安排实习时间

学生在实习单位的实习时间根据专业人才培养方案确定，顶岗实习一般为 6 个月，总时间不得超过 12 个月。学生实习期间，实习单位不得安排学生顶岗实习每日超过 8 小时、每周超过 40 小时。

同时,支持鼓励职业学校和实习单位合作探索工学交替、多学期、分段式等多种形式的实践性教学改革。

五、学生实习的管理

(一)健全学生实习的管理制度

职业学校应当会同实习单位指定学生实习工作具体管理办法和安全管理规定、实习学生安全及突发事件应急处置预案等制度性文件。制度是大家共同遵守的办事规程或行动准则,制度一经制定,就自然具有指导性、约束性、鞭策性、激励性、规范性和程序性等特征和效用,它可以最大限度地减少人为因素和主观随意,养成一切按制度办事的习惯和规范,凡事都有章可循。

在健全制度的基础上,职业学校要加强对实习工作和学生实习过程的监管,不能一放了之,撒手不管。有条件的学校可以充分利用现代信息技术,构建实习信息化管理平台,与实习单位共同加强实习过程管理。

(二)严格签订学生实习协议

职业学校在安排学生参加跟岗实习、顶岗实习前,必须严格签订学生实习协议。实习协议由职业学校、实习单位和学生共同签订。协议需要书面格式,一式三份,协议文本由当事三方各执一份。未按规定签订实习协议的,不得安排学生实习。学生实习按照一般校外活动的有关规定进行管理。

(三)明确学生实习必备条款

学生实习协议应当明确当事各方的责任、权利和义务,协议约定的内容不得违反相关法律法规。实习协议至少包括以下条款:

1. 各方基本信息；

2. 实习的时间、地点、内容、要求与条件保障；

3. 实习期间的食宿和休假安排；

4. 实习期间劳动保护和劳动安全、卫生、职业病危害防护条件；

5. 责任保险与伤亡事故处理办法，对不属于保险赔付范围或者超出保险赔付额度部分的约定责任；

6. 实习考核方式；

7. 实习报酬及支付方式；

8. 违约责任；

9. 其他事项。

上述条款是基本的必备条款，实习协议应当包括上述条款，但不局限于上述内容，在此基础上，当事方可以根据具体情况另行商议签订。需要提醒的是，未满18周岁的学生参加跟岗实习、顶岗实习，应当取得学生监护人签字的知情同意书。学生自行选择实习单位的顶岗实习，学生应在实习前将实习协议提交所在职业学校，未满18周岁学生还需要提交监护人签字的知情同意书。

（四）依法保障实习学生的基本权利

1. 职业学校和实习单位要依法保障实习学生的基本权利，并不得有下列情形：

（1）安排、接受一年级在校学生顶岗实习；

（2）安排未满16周岁的学生跟岗实习、顶岗实习；

（3）安排未成年学生从事《未成年工特殊保护规定》中禁忌从事的劳动；

（4）安排实习的女学生从事《女职工劳动保护特殊规定》中

禁忌从事的劳动；

（5）安排学生到酒吧、夜总会、歌厅、洗浴中心等营业性娱乐场所实习；

（6）通过中介机构或者有偿代理组织，安排和管理学生实习工作。

2. 除相关专业和实习岗位有特殊要求，并报上级主管部门安排备案的实习安排外，学生跟岗实习和顶岗实习期间，实习单位应遵守国家关于工作时间和休息休假的规定，并不得有下列情形：

（1）安排学生从事高空、井下、放射性、有毒、易燃易爆，以及其他具有较高安全风险的实习；

（2）安排学生在法定节假日实习；

（3）安排学生加班和夜班。

3. 依规及时、足额支付实习报酬。

接受学生顶岗实习的实习单位，应参考本单位相同岗位的报酬标准和顶岗实习学生的工作量、工作强度、工作时间等因素，合理确定顶岗实习报酬，原则上不低于本单位相同岗位试用期工资标准的 80%，并按照实习协议约定，以货币形式及时、足额支付给学生。

实习单位因接受学生实习所实际发生的与取得收入有关的、合理的支出，按现行税收法律规定在计算应纳税所得额时扣除。

4. 不得违规收取或扣押实习学生的相关费用和证件。职业学校和实习单位不得向学生收取实习押金、顶岗实习报酬提成、管理费或者其他形式的实习费用，不得扣押学生的居民身份证，不得要求学生提供担保或者以其他名义收取学生财物。

需要指出的是,在要求职业学校和实习单位依法保护实习学生的各项权利的同时,实习学生必须全面履行相关义务,遵守职业学校的实习要求和实习单位的规章制度、实习纪律及实习协议,爱护实习单位设施设备,完成规定的实习任务,撰写实习日志,并在实习结束时提交实习报告。

（五）职业学校需要强化的相关管理工作

1. 职业学校要和实习单位相配合,建立学生实习信息通报制度,在学生实习全过程中,加强安全生产、职业道德、职业精神等方面的教育。

2. 职业学校安排的实习指导教师和实习单位指定的专人应负责学生实习期间的业务指导和日常巡视工作,定期检查并向职业学校和实习单位报告学生实习情况,及时处理实习中出现的有关问题,并做好记录。

3. 职业学校组织学生到外地学习,应当安排学生统一住宿。具备条件的实习单位应为实习学生提供统一住宿。职业学校和实习单位要建立实习学生住宿制度和请销假制。学生申请在统一安排的宿舍以外住宿的,须经学生监护人签字同意,由职业学校备案后方可办理。

4. 鼓励职业学校依法组织学生赴国（境）外实习。安排学生赴国（境）外实习的,应当通过国家驻外有关机构了解实习环境、实习单位和实习内容等情况,必要时可派人实地考察。要选派指导教师全程参与,做好实习期间的管理和相关服务工作。

5. 鼓励职业学校主管部门建立学生实习综合服务平台,协调相关职能部门、行业企业、有关社会组织,为学生实习提供信息服务。

六、学生实习的考核

（一）要建立实习考核评价制度

职业学校要建立以育人为目标的实习考核评价制度,学生跟岗实习和顶岗实习,职业学校要会同实习单位根据学生实习岗位职责要求制订具体考核方式和标准,实施考核工作。

（二）要做好实习考核评价工作

跟岗实习和顶岗实习的考核结果应当记入实习学生学业成绩,考核结果可分优秀、良好、合格和不合格四个等次,考核合格以上等次的学生获得学分,并纳入学籍档案。实习考核不合格者,不予毕业。

（三）要做好学生实习情况的档案工作

职业学校应组织做好学生实习情况的立卷归档工作。实习材料包括:

1. 实习协议;

2. 实习计划;

3. 学生实习报告;

4. 学生实习考核结果;

5. 实习日志;

6. 实习检查记录;

7. 实习总结。

七、实习学生的安全职责

（一）明确安全要求

作为即将进入社会的准劳动者,实习生的安全至关重要。安全无小事,职业学校和实习单位必须始终坚持"安全第一"的原则,要严格执行国家及地方安全生产和职业卫生有关规定。职业学校主管部门应会同相关部门加强实习安全监督检查。

（二）健全安全制度

实习单位应当健全本单位安全生产责任制,执行相关安全生产标准,健全安全生产规章制度和操作规程,制定生产安全事故应急救援预案,配备必要的安全保障器材和劳动防护用品,加强对实习学生的安全生产教育培训和管理,保障学生实习期间的人身安全和健康。

（三）做好安全培训

实习单位应当会同职业学校对实习学生进行安全防护知识、岗位操作规程教育和培训,并进行考核,未经教育培训和未通过考核的学生不得参加实习。

（四）建立学生实习强制保险制度

推动建立学生实习强制保险制度,职业学校和实习单位应根据国家有关规定,为实习学生投保实习责任保险。这一制度虽然未从法律层面强制建立,但从现实实践来看,是非常必要的,也是可行的。责任保险范围应覆盖实习活动的全过程,包括学生实习期间遭受意外事故及被保险人疏忽或过失导致的学生人身伤亡,被保险人依法应承担的责任,以及相关法律费用等。

需要指出的是,学生实习责任保险的经费可从职业学校学费中列支;免除学费的可从免学费补助资金中列支,不得向学生另行收取或从学生实习报酬中抵扣。职业学校与实习单位达成协议由实习单位支付投保经费的,实习单位支付学生的实习责任保险费可从实习单位成本（费用）中列支。不管哪个渠道列支,关键是要落实到位,切不可相互推诿、扯皮,一方都不愿承担。学生在实习期间受到人身伤害,属于实习责任保险赔付范围的,由承保保险公司按保险合同赔付标准进行赔付。不属于保险赔付范围或者超出保险赔付额度的部分,由实习单位、职业学校及学生按照实习协议约定承担责任。职业学校和实习单位应当妥善做好救治和善后工作。

(五)规范安全防范措施

对待实习学生的工作现场,必须特别加强岗位管理和措施管理,坚持"安全第一、预防为主"的方针,认真贯彻落实"人防、技防、物防"三位一体的防范措施,最大限度地控制事故风险的发生。安全防范措施包括工作作业时的安全防护措施、用电安全措施、防火安全措施、机械设备安全管理措施等等。定期进行安全防范措施的检查,从细微处着眼,从最小处抓起,发现隐患,及时整改。真正确保措施有效,防范到位。

八、违反学生实习管理规定的相关行政与法律责任

2016 年 4 月 11 日,教育部、财政部、人力资源社会保障部、安全监管总局、中国保监会联合下发《职业学校学生实习管理规定》,从规范职业学校学生实习工作,维护学生、学校和实习单位的合法权益,提高技术技能人才培养质量的目的出发,对职业学校学生实习管理工作作了明确规定。2021 年 12 月 31 日,教育部、工业和信息化部、财政部、人力资源社会保障部、应急管理部、国资委、市场监管总局和中国银保监会对《职业学校学生实习管理规定》进行了修订,并于 2022 年元月颁布。再次强调进一步提高政治站位,准确把握实习的本质,切实把学生实习作为必不可

少的实践性教育教学环节,持续加强规范管理、长效治理。准确把握实习管理的内容和要求,提高学生自我保护意识,严守学生实习基本规范与红线底线。要指导职业学校、实习单位、学生以《职业学校学生岗位实习三方协议(示范文本)》为基础,签订三方协议,实现实习登记备案全覆盖、过程动态监管全覆盖。同时强化实习监督与职责。鼓励企业将实习纳入企业人力资源管理重要内容,积极设立实习岗位并对外发布,对行为规范、成效显著的企业,按照有关规定予以相应政策支持。

《职业学校学生实习管理规定》明确规定,对违反本规定组织学生实习的职业学校,由职业学校主管部门责令改正。拒不改正的,对直接负责的主管人员和其他直接责任人依照有关规定给予处分。因工作失误造成重大事故的,应依法依规对相关责任人追究责任。

对违反《职业学校学生实习管理规定》中相关条款和违反实习协议的实习单位,职业学校可根据情况调整实习安排,并根据实习协议要求实习单位承担相关责任。

对违反《职业学校学生实习管理规定》,安排、介绍或者接受未满16周岁学生跟岗实习、顶岗实习的,由人力资源社会保障行政部门依照《禁止使用童工规定》进行查处;构成犯罪的,依法追究刑事责任。

除了上述规定,不少地方通过地方性法规对学生实习问题作了具体规定。比如,江苏省,经江苏省第十一届人民代表大会常务委员会第三十二次会议通过的修订的《江苏省劳动合同条例》,进一步强化了对学生实习的保护。

1. 用人单位接纳全日制在校学生进行实习的,应当遵守法律法规和国际有关规定,提供必要的劳动条件和安全健康的劳动环境,不得安排学生从事与所学专业无关的高空、井下作业和接触放射性、高毒、易燃易爆物品的劳动,以及国家规定的第四级体力劳动强度的劳动。

2.学校不得通过中介机构或者劳务派遣单位组织、安排和管理实习工作。

3.企业不得安排总时间超过12个月的顶岗实习,不得安排学生顶岗实习每日超过8小时、每周超过40小时。

4.用人单位应当对实习学生进行劳动安全卫生教育,预防劳动过程中发生事故,企业应当按照实习协议为顶岗实习学生办理意外伤害保险。

5.企业应当按照约定的标准直接向顶岗实习学生支付实习报酬,且不得低于当地最低工资标准。企业、学校不得克扣或者拖欠顶岗实习学生的实习报酬。

本章小结

1.女职工特殊劳动保护指国家通过法律形式针对女职工的身体结构和生理机能等特点,以及抚育子女的特殊需要,对其劳动过程中的安全、健康加以特殊的保护。对女职工实行特殊的劳动保护,是世界各国普遍实行的一项法律制度。

2.女职工的特殊劳动保护,主要包括对女职工生长发育机能、应对外界反应机能和承受机能的保护,包括对女职工在其特殊生理周期的保护,还包括女职工在担负生育和抚养下一代任务时的保护。

3.现行法律法规规定,女职工有禁忌从事的劳动范围,用人单位应当将本单位属于女职工禁忌从事的劳动范围的岗位书面告知女职工,并切实执行到位。

4. 女职工的"四期"有一定的保护要求,虽然国家层面的法律法规没有对此作出细化规定,但用人单位必须本着保护女性劳动者的身心健康,结合企业规章制度的制定,做好对女性劳动者的人文关怀。

5. 未成年工是一个特殊群体,指年满16周岁至18周岁年龄段的劳动者。未成年工特殊劳动保护,是国家通过法律形式,针对未成年工的身体成长状况和接受教育的需要,而采取的一系列劳动保护措施。对未成年工的特殊劳动保护,是社会道德和文明的体现,是尊重和保障人权的体现,是国家法治水平的体现。

6. 未成年工禁忌劳动范围,必须按照国家法律法规的规定严格遵守,不可变通。同时,要求用人单位对未成年工进行定期体检,以确保未成年工的身体健康。

7. 学生实习,指学生在校学习期间,通过学校安排或者经过学校批准自行到企事业单位进行专业技能培养的实践性教育教学活动。实习学生不是现行劳动法意义下的劳动者,只是劳动者的后备军,或者说是准劳动者。也正因为此,企业对于接受学生实习,必须慎之又慎,严格执行国家关于学生实习的各项规定。

第十二章　劳务派遣用工

第一节　劳务派遣用工的由来

一、劳务派遣用工的含义

劳务派遣是一种用工方式,是劳动者和劳务派遣单位签订劳动合同,再由派遣单位将劳动者派到用工单位工作的一种用工方式。一般情况下,劳务派遣单位负责招聘、考核劳动者,用工单位提供具体劳动岗位,指挥、监督被派遣劳动者工作,并按照约定向劳务派遣单位支付劳动者的工资、社会保险费用、管理费等。劳务派遣单位分别与被派遣劳动者签订劳动合同,与用工单位签订劳务派遣协议。就被派遣劳动者而言,劳务派遣单位是用人单位,用工单位是劳动者的工作地点。

如图所示,派遣单位作为一个法定用人单位,与派遣员工签订劳动合同,并负责支付工资,缴纳社会保险费等事务。用工单位提供工作岗位,被派遣员工在用工单位从事劳动,用工单位对劳动者而言,只是一个工作岗位或者劳动场所。派遣单位与用工单位签订劳务派遣协议,用工单位接收派遣单位的被派遣员工,纳入用工单位直接管理,用工单位负责支付相关费用,并承担相应责任。

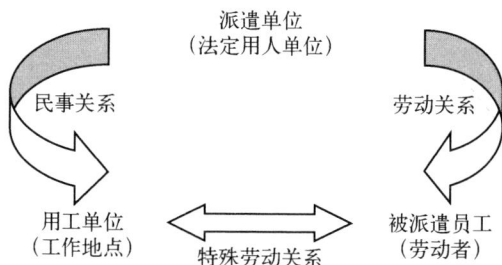

劳务派遣用工三方关系图

劳务派遣作为一种组织形式,可以是公司企业(有限责任公司、股份有限公司)、合伙企业、独资企业,自主经营,并承担相应法律责任。

在我国,经营劳务派遣业务应当具备下列条件:

1. 注册资本不得少于人民币二百万元;

2. 有与开展业务相适应的固定的经营场所和设施;

3. 有符合法律、行政法规规定的劳务派遣管理制度;

4. 法律、行政法规规定的其他条件。

经营劳务派遣业务,应当向劳动行政部门依法申请行政许可;经许可的,依法办理相应的公司登记。未经许可,任何单位和个人不得经营劳务派遣业务。

二、劳务派遣用工的由来

严格意义上来说,劳务派遣用工是舶来品。追溯起来,劳务派遣作为一种用工方式的产生大约是 20 世纪 20 年代,最初发生在美国,后来经过欧美的逐步发展,并扩展至其他国家。在国际劳工组织,对劳务派遣这种用工方式,一般称为"临时劳动"或者"租赁劳动",并将由此形成的雇佣关系称为"临时雇佣关系"或"三角雇佣关系"。

从劳务派遣用工的发展历史来看,并不是一帆风顺的,它经历了"被严格限制"到"放松规制(有限允许)"再到"从严控制"的转变。尽管 1997 年第 85 届国际劳工大会通过的《1997 年私营就业机构公约》(第 181 号公约)首次确认了劳务派遣的合法地位,但时至今日,在世界大多数国家,劳务派遣仍然被限定为典型劳动关系的补充形式,在雇佣关系和就业形式上仍处于非主流的地位。

2008 年 11 月,欧盟关于劳务派遣的 2008/104/EG 指令出台,并于同年 12 月 5 日正式生效。该指令首次以法律形式为欧盟领域内劳务派遣工确立了最低劳动条件标准,并规定欧盟各成员国必须在三年内以国内法予以落实。"保护劳务派遣员工,提高劳务派遣质量"是该指令的基本原则。

2011 年底,欧盟多数成员国按照欧盟指令要求,修改了国内法。包括工资支付原则上应当同工同酬,劳动时间、休息休假、女职工保护等等一视同仁。据劳动力派遣业者国际联合会(CIETT)2009 年的统计资料,西方国家被派遣劳动者占全体就业人员的比例一般在 5% 以内。

从西方国家劳务派遣用工的运行情况来看,有这样几个特点。一是用工总量不大;二是劳务派遣员工占全部从业人员比例较低;三是使用劳务派遣的行业以制造业、服务业,岗位以操作性、非熟练岗位为主;四是派遣时间以短期为主;五是被派遣劳动者中性别比例比较均衡,年轻人比重较高。总的来看,拾遗补缺是劳务派遣用工的主要功能。

三、劳务派遣用工在中国的发展历程

劳务派遣用工在中国的发展,有其独特的路径和走向。计划经济时代,一切都是统包统分,几乎没有任何派遣用工。改革开放以后,劳务派遣用工在部分沿海地区陆陆续续出现,但规模都不是太大,处于探索阶段。

2007年颁布的《劳动合同法》第一次以法的形式在中国确立了劳务派遣的合法地位,明确了派遣单位、用工单位、劳动者三方的权利和义务。《劳动合同法》的颁布与实施,大力推进了劳动合同制度的有效运行,这是立法者的初衷,也是主要目的,但是出乎立法者意料的是,在《劳动合同法》全面推进的同时,劳务派遣事业发展迅猛,如雨后春笋,茁壮成长。劳务派遣企业与用工单位使用劳务派遣用工发展迅猛,劳务派遣单位数量及派遣人数、用工单位使用派遣用工数量均已达到一定规模。使用派遣用工的行业广泛,几乎涉及各区域、各行业。被派遣劳动者已经涵盖了城市新成长劳动力、大中专毕业生和农民工等各类人群,其中农民工是重要组成部分。国有企业和外资企业是吸纳劳务派遣用工的两大主力,突破了传统意义关于"三性"岗位的范畴,使用劳务派遣用工涉及各类职业岗位。

与传统用工方式相比,劳务派遣用工作为一种新的用工方式有其积极的意义,其作用也是显著的。劳务派遣用工是市场经济条件下配置人力资源的有效方式,从宏观层面上来看,在一定时期缓解了就业结构性矛盾,提高了就业成功率。劳务派遣用工虽然是用人单位用工的一种补充形式,但它是一种非常机动灵活、合理有效的用人机制,它增强了用人单位用工的灵活性、有效性以及活力。同时,劳务派遣用工为用工单位减轻了人力资源管理负担,促进了用工单位人力资源管理的简捷化和机动化,节约了用工管理成本,减少了用工单位处理劳动纠纷等事务的工作量。

也正是在成长的同时,由于现行制度的不完善和种种漏洞等情况,劳务派遣用工中一些问题开始显现,并且在不同程度上侵害了劳动者的合法权益。劳务派遣用工的主要问题集中表现在以下几个方面。

一是劳务派遣企业出现过多过滥,鱼龙混杂,部分劳务派遣企业经营不规范,劳务派遣管理和服务水平相对较低。二是总体比例失当,部分行业部分企业劳务派遣用工比例偏高,少数企业甚至将劳务派遣用工作为主要用工方式。部分用工单位超"三性规定"大量使用劳务派遣用工,使常规用工方式和劳动合同制度受到冲击。三是被派遣劳动者的合法权益没有得到有效保障,存在着同工不同酬、不同社会保险和福利待遇现象。四是劳务派遣单位、用工单位和劳动者三方权责不清,导致劳动纠纷多发频发,影响劳动者的技能素质提升,影响对企业的忠诚度和归属感,制约企业转型升级,加剧就业不稳定和危机感。

上述问题的存在,仅仅是一个简单的罗列,仅仅是一个表象,问题的实质还不止如此。当今中国是世界上为数不多的社会主义国家,虽然尚处于社会主义初级阶段,但国体和政体是宪法规定的,是不容改变的。中国的国体是工人阶级领导的、以工农联盟为基础的人民民主专政的社会主义国家,政体是人民代表大会制度。国体决定政体,政体反映国体,人民民主专政国体的本质就是人民当家作主。

在中国，包括知识分子在内的工人阶级、广大农民始终是推动我国先进生产力发展和社会全面进步的根本力量，是国家和社会的主人。但是现在，作为国家主人的工人阶级的主人地位遭遇挑战，由于劳务派遣用工的走偏，我们执政所依靠的基础力量工人阶级在某些地区、某些行业、某些企业成了临时性、替代性、辅助性的角色，他们不再是企业的主人。就局部或者个别而言，尚可控制，但是如果听任劳务派遣用工无限蔓延或扩展，大量被派遣劳动者在劳动关系中逐渐被边缘化，我们工人阶级的主人翁地位必然会受到动摇，其后果是难以想象的。

也正因为此，必须花大力气强势扭转这种状况。《劳动合同法》的修改，正是在这一背景下进行的，规范劳务派遣用工，不仅是经济问题、法律问题，还是社会问题、政治问题。我们必须始终坚持维护工人阶级的主体地位，要从政治高度来认识和解决劳务派遣问题。

在这一背景下，全国人大常委会决定修改《劳动合同法》。2012 年 12 月 28 日，第十一届全国人民代表大会常务委员会第三十次会议通过了《关于修改〈中华人民共和国劳动合同法〉的决定》，就劳务派遣相关条款进行了重大调整，同时对法律修改中的未尽事宜和具体办法，责成国务院劳动行政部门会同有关部门作出规定。作为国务院劳动行政部门的人力资源和社会保障部随即着手调研，先后经过一系列程序，终于在 2013 年 12 月 20 日人力资源和社会保障部第 21 次部务会上通过了《劳务派遣暂行规定》，2014 年 1 月 24 日，人力资源和社会保障部正式发布了这一规章，并明确这一规章从 2014 年 3 月 1 日开始施行。

如果说《劳动合同法》强力推进的是劳动合同制度，特别是稳定的、长期的、书面的劳动合同制度,而《劳务派遣暂行规定》强力推进的是,将劳务派遣用工拉回到正确的轨道上,仅仅作为企业用工的补充方式,而直接用工应该成为企业的常规用工方式,这也是切实保障广大劳动者在国家社会事务中主体地位的重要举措。

第二节　劳务派遣用工的基本规定

一、劳务派遣用工的范围和比例

(一)劳务派遣用工的范围

劳务派遣用工作为企业用工的一种补充形式,在适用范围上,国家通过法律法规形式作了确定,《劳动合同法》和《劳务派遣暂行规定》明确规定,劳务派遣用工只能在临时性、辅助性或者替代性的工作岗位上使用。所谓临时性指存续时间不超过 6 个月。所谓辅助性指为主营业务岗位提供服务的非主营业务岗位,关于辅助性的确定,除了实体上的合理性,还有严格的程序规定,即必须经职工代表大会或者全体职工讨论,提出方案和意见,与工会或职工代表平等协商确定,并在用工单位内公示。所谓替代性指劳动者因脱产学习、休假等原因无法工作的一定时期内,可以由其他劳动者替代的工作岗位。

需要说明的是,在确定劳务派遣用工的适用范围时,现行法律法规并没有囊括所有领域和所有用人单位,只是明确了特定类型的单位,即劳务派遣企业、企业(用工单位)、依法成立的会计师事务所、律师事务所等合伙组织、基金会,以及民办非企业单位。同时,将外国企业常驻代表机构、外国金融机构驻华代表机构和船员用人单位排除在适用范围之外。对于同样存在使用劳务派遣用工的机关、事业单位和社会团体也没有作出明确。

（二）劳务派遣用工的比例

关于劳务派遣用工的比例,在《劳务派遣暂行规定》出台前进行研讨和征求意见的阶段,各方面的争论较为激烈,分歧也很大。有的认为劳务派遣用工只要明确定性,无须确定具体比例;有的认为劳务派遣用工比例应该适当从宽,即放在30%左右为宜;有的认为劳务派遣用工比例不宜过高,只能控制在5%以内。各种观点都各有理由,也各有支持者。

经过多方多轮博弈、协商和沟通,最后定调。既然劳务派遣用工是企业用工的一种补充形式,用工单位应当严格控制劳务派遣用工数量,使用被派遣劳动者数量不得超过其用工总量的10%。所谓用工总量指用工单位订立劳动合同人数和使用的被派遣劳动者人数之和,也就是包括被派遣劳动者在内的用工单位的总人数。这里所说计算劳务派遣用工比例的用工单位指依照劳动合同法和劳动合同法实施条例可以与劳动者订立劳动合同的用人单位,主要是企业。

二、劳务派遣用工的基本规定

（一）劳动合同、劳务派遣协议的订立和履行

劳务派遣作为企业用工的一种补充形式,有其特定的要求。一般来讲,补充形式是可有可无,可多可少,但是作为企业用工的补充形式,其用工必须严格遵守相关规定。就劳动合同、劳务派遣协议订立和履行事项,具体来讲,需要把握好以下几点。

1. 劳务派遣单位应当与被派遣劳动者订立2年以上的固定

期限书面劳动合同。劳务派遣用工作为一种特定的用工形式，现行法律法规赋予它一定的灵活性，它不需要像直接用工单位那样承担连续订立两次固定劳动合同后必须订立无固定期限劳动合同的义务。从《劳务派遣暂行规定》来看，劳务派遣单位的劳动合同形式只有一种，即固定期限劳动合同。而无固定期限劳动合同和以完成一定工作任务为目标的劳动合同不在它的劳动合同形式之内。就劳务派遣单位而言，它可以与劳动者签订若干次两年以上的劳动合同，而无须签订无固定期限的劳动合同。

2. 劳务派遣单位可以依法与被派遣劳动者约定试用期。劳务派遣单位与同一被派遣劳动者只能约定一次试用期。关于试用期的问题，劳务派遣企业与用工单位的规定是一致的，即同样属于约定条款，并且要根据所订立的劳动合同期限来设定相应的试用期，同时重申劳务派遣单位与同一被派遣劳动者只能约定一次试用期。

3. 劳务派遣协议应当载明的内容包括：

（1）派遣的工作岗位名称和岗位性质；

（2）工作地点；

（3）派遣人员数量和派遣期限；

（4）按照同工同酬原则确定的劳动报酬数额和支付方式；

（5）社会保险费的数额和支付方式；

（6）工作时间和休息休假事项；

（7）被派遣劳动者工伤、生育或者患病期间的相关待遇；

（8）劳动安全卫生以及培训事项；

（9）经济补偿等费用；

（10）劳务派遣协议期限；

（11）劳务派遣服务费的支付方式和标准；

（12）违反劳务派遣协议的责任；

（13）法律、法规、规章规定应当纳入劳务派遣协议的其他事项。

作为一种特定类型的用人单位，劳务派遣企业与劳动者除了像一般用人单位一样，签订必备条款，还需要就劳务派遣相关条款作一约定。

参考文本：劳务派遣劳动合同

编号：

甲方：

乙方：

签订日期： 年 月 日 XX市劳动和社会保障局监制

根据《中华人民共和国劳动法》《中华人民共和国劳动合同法》和有关法律、法规，甲乙双方经平等自愿、协商一致签订本合同，共同遵守本合同所列条款。

一、劳动合同双方当事人基本情况

第一条 甲方

法定代表人（主要负责人）或委托代理人

注册地址

经营地址

第二条 乙方 性别 户籍类型（非农业、农业）

居民身份证号码

或者其他有效证件名称 证件号码

在甲方工作起始时间 年 月 日

家庭住址 邮政编码

居住地址 邮政编码

户口所在地 省（市） 区（县） 街道（乡镇）

二、劳动合同期限

第三条 本合同为固定期限劳动合同。

本合同于 年 月 日生效,其中试用期至 年 月 日止。本合同于 年 月 日终止。

甲方派遣乙方到用工单位的派遣期限自 年 月 日开始。

三、工作内容和工作地点

第四条 甲方派遣乙方工作的用工单位名称 。

第五条 乙方同意根据用工单位工作需要,担任 岗位(工种)工作。

第六条 根据用工单位的岗位(工种)作业特点,乙方的工作区域或工作地点为 。

第七条 乙方按用工单位的要求应达到 工作标准。

四、工作时间和休息休假

第八条 用工单位安排乙方执行 工时制度。

执行标准工时制度的,乙方每天工作时间不超过 8 小时,每周工作不超过 40 小时。每周休息日为 。

用工单位安排乙方执行综合计算工时工作制度或者不定时工作制度的,应当事先取得劳动行政部门特殊工时制度的行政许可决定。

第九条 甲方和用工单位对乙方实行的休假制度有 。

五、劳动报酬

第十条 甲方每月日前以货币形式支付乙方工资,月工资为 元。

乙方在试用期期间的工资为 元。

甲乙双方对工资的其他约定。

第十一条　甲方未能安排乙方工作或者被用工单位退回期间,按照当地最低工资标准支付乙方报酬。

六、社会保险及其他保险福利待遇

第十二条　甲乙双方按国家和当地的规定参加社会保险。甲方为乙方办理有关社会保险手续,并承担相应社会保险义务。

第十三条　乙方患病或非因工负伤的医疗待遇按国家、当地有关规定执行。甲方按＿＿＿＿＿支付乙方病假工资。

第十四条　乙方患职业病或因工负伤的待遇按国家和当地的有关规定执行。

第十五条　甲方为乙方提供以下福利待遇。

七、劳动保护、劳动条件和职业危害防护

第十六条　甲方应当要求用工单位根据生产岗位的需要,按照国家有关劳动安全、卫生的规定为乙方配备必要的安全防护措施,发放必要的劳动保护用品。

第十七条　甲方应当要求用工单位根据国家有关法律、法规,建立安全生产制度;乙方应当严格遵守甲方和用人单位的劳动安全制度,严禁违章作业,防止劳动过程中的事故,减少职业危害。

第十八条　甲方应当要求用工单位建立、健全职业病防治责任制,加强对职业病防治的管理,提高职业病防治水平。

八、劳动合同的解除、终止和经济补偿

第十九条　甲乙双方解除、终止、续订劳动合同应当依照《中华人民共和国劳动合同法》和国家及北京市有关规定执行。

第二十条　甲方应当在解除或者终止本合同时,为乙方出具解除或者终止劳动合同的证明,并在十五日内为乙方办理档案和社会保险关系转移手续。

第二十一条　乙方应当按照双方约定,办理工作交接。应当支付经济补偿的,在办结工作交接时支付。

九、当事人约定的其他内容

第二十二条　甲乙双方约定本合同增加以下内容。

十、劳动争议处理及其他

第二十三条　双方因履行本合同发生争议,当事人可以向甲方劳动争议调解委员会申请调解;调解不成的,可以向劳动争议仲裁委员会申请仲裁。

当事人一方也可以直接向劳动争议仲裁委员会申请仲裁。

第二十四条　本合同的附件如下。

第二十五条　本合同未尽事宜或与今后国家、北京市有关规定相悖的,按有关规定执行。

第二十六条　本合同一式两份,甲乙双方各执一份。

甲方(公章)　　　　　　　　　　　　乙方(签字或盖章)

法定代表人(主要负责人)或委托代理人

(签字或盖章)

签订日期:　年　月　日

参考文本:劳务派遣合作协议书

甲方:用工单位

住所地址:　　　　　　　　　　电话:

乙方:劳务派遣企业

住所地址:　　　　　　　　　　电话:

甲乙双方同意遵照国家法律法规的有关规定,本着平等自愿原则,经友好协商一致,签订本协议。

一、派遣人员的数量、岗位、派遣期限

1. 乙方与派遣员工签订劳动合同,建立劳动关系后,根据甲方需求向甲方派遣员工,甲方根据生产工作需要安排派遣员工工作。派遣员工与甲方之间不存在劳动关系。

2. 根据甲方需求,乙方派遣符合甲方用工条件的名员工到甲方从事﹏﹏等工作,派遣期限﹏年。

3. 在本协议签订之前,派遣员工曾经与甲方发生的劳动关系及相关责任,由甲方按规定办理。乙方只承担与派遣员工劳动关系存续期间的法律责任。

二、派遣员工的劳务报酬和支付办法

1. 甲方按国家和本省劳动工资有关规定制定派遣员工薪酬制度,并经职代会通过或征求工会意见后,在派遣员工上岗前将薪酬制度告知派遣员工。

2. 甲方可根据派遣员工岗位变动变更派遣员工的报酬。

3. 甲方可根据经营效益和派遣员工的技能增长情况增加派遣员工的报酬。

4. 甲方可按月向派遣员工支付加班费、绩效奖金或通过乙方转付。

5. 甲方支付于乙方的派遣员工报酬不得低于当地当年度最低工资标准。

6. 甲方于每月﹏日前按时将派遣员工的劳务报酬款转账给乙方,逢节假日或双休日顺延。乙方在收到甲方为乙方派遣员工支付的劳务报酬款项时,需在五日内(逢节假日或双休日顺延)将扣除《税法》规定的代扣代缴个人所得税后的款额完整打入由乙方办理的每个派遣员工的银行工资卡账户中。

三、派遣员工的社会保险、医疗保险和福利待遇

1. 社会基本养老保险

(1) 甲方应按社会保险规定标准,按派遣员工的基本工资
_____元/月人×派遣员工数×甲方承担的各种社会保险比例[按基数元×(养老保险16%、失业保险1%),按基数元×(生育保险0.7%、工伤保险1.5%)]转交乙方各项保险办理参保手续。

(2) 乙方按上述基数从派遣员工每月报酬中按社会保险规定标准代扣个人应缴纳部分(养老保险8%,失业保险1%)。

(3) 上述两项合并后由乙方按月负责办理缴纳手续,各项保险的基数如遇政府政策性调整,甲方应按相关规定做相应的调整。如需补交的按规定标准补交。

(4) 为了使派遣员工在外派甲方劳务时,偶发工伤事故的待遇能够落实,本协议一经签订,甲方需按约定的基数即支付当月的工伤生育保险费____元/人,并提供派遣员工的花名册清单(含身份证号码),由乙方在收到保险费用的次月向当地社保经办机构办理投保,逢节假日或双休日顺延。如果甲方未支付保险费用,自甲方接收派遣员工之日起至乙方办妥保险之日前发生工伤事故,由此而产生的费用,由甲方承担;如果乙方收到保险费未按规定时间向当地社保经办机构办理投保,其间发生了工伤事故产生的费用,由乙方承担。

(5) 乙方应按约定基数足额缴纳保险费用,若乙方未能足额缴纳保险费用,由此产生的一切责任由乙方承担。

2. 医疗保险

按下列第____种方式执行。

(1) 医疗保险费用由甲方和派遣员工共同承担,按当地政府

规定的比例,由乙方办理参保手续,派遣员工医疗待遇按医保机构规定执行。

(2)甲方承担为派遣员工购买商业保险的意外伤害和因疾病住院险种的费用,派遣员工发生医疗后的费用,由乙方向商业保险公司办理申报理赔。超出商业保险理赔金额部分,由甲方参照当地政府医疗规定待遇标准执行。

3.福利待遇

(1)派遣员工在甲方工作期间,享有与工作岗位内容相关的福利待遇。

(2)派遣员工患病或非因公负伤及其待遇,按甲方制定的规章执行。

4.工伤事故处理

派遣员工在甲方单位工作期间因工负伤,由甲方现场单位负责组织抢救,并及时通知乙方派员协助甲方处理善后工作。甲方应在事故发生后三天内向乙方提供工伤经过报告一份,乙方负责申请工伤认定和伤残等级鉴定,在劳动行政部门认定为工伤后,工伤保险机构应支付的费用由乙方负责。超过保险机构理赔范围依据国家和本省有关规定由企业承担,部分由甲方承担。如本协议到期终止,本协议的本条款仍有法律溯及力。甲方应对因工伤残人员、因工死亡家属履行至国家和本省规定的待遇结束止。甲方与派遣员工不存在劳动关系,工伤人员的统计不进甲方的报表,由乙方单位统计上报。

四、派遣员工的管理

1.培训

(1)派遣员工上岗前由甲方组织培训学习或委托乙方培训,

合格后派遣员工正式上岗。培训内容包括与岗位相关的应知应会安全教育和甲方依法制定的规章制度等。

（2）甲方为提高派遣员工技能而出资选送培训的，由甲方与派遣员工签订培训与服务协议，同时将协议复印一份给乙方备案。

2. 劳动条件和劳动保护

甲方应为派遣员工提供符合国家劳动保护规定的工作场所和条件，以及与岗位相关劳动防护用品。

3. 违反规章制度的责任

派遣员工在甲方工作期间，应严格遵守和履行甲方依法制定的各项规章制度和岗位职责，以及用工单位的商业秘密，维护甲方的声誉和利益。因严重违反甲方依法制定的规章制度，不履行职责或因泄密造成甲方经济损失的，甲方有权追究派遣员工的民事法律和经济赔偿责任。甲方可将此情况书面告知乙方，乙方配合甲方共同追究派遣员工的经济赔偿。

4. 退工

（1）甲方可根据生产经营需要，经与派遣员工协商一致后，变更派遣员工的工作岗位、工作内容、工作地点。

（2）甲方依据《劳动合同法》第39条规定辞退派遣员工，无须提前通知；因甲方原因需裁减辞退派遣员工的，甲方需在确保乙方提前三十日书面通知派遣员工解除劳动合同的前提下，将退工单书面通知乙方，其退工单一式三份，说明理由和退工日期，并提供相应证据。其中，一份存根，一份交派遣员工，一份交乙方，乙方在接到甲方开具的退工通知单后，应予以接收并负责办理解聘手续。

（3）如甲方需派遣员工保守商业秘密，由甲方与派遣员工直接订立商业保密协议供派遣员工遵守履行。

（4）派遣员工在甲方工作期间，严重违反甲方依法制定的规章制度和岗位职责，给甲方造成重大损失的，甲方可将其退回乙方。

（5）因甲方单位规章不合法或单位规章中规定的将派遣员工退回乙方的理由不成立（由劳动争议仲裁部门或人民法院认定），造成乙方向派遣员工承担的责任应由甲方承担。

五、费用的结算

1. 甲方按时（每月＿＿日前）向乙方提供当月派遣员工的劳务报酬分解表及增减员表（电子邮件或传真），并将各项费用划入乙方指定的银行账户。乙方在收到各项费用和劳务报酬分解表后五个工作日内须向甲方出具各项费用的正式票据。费用未到乙方账户，本协议约定的相关条款，如工伤等各项社会保险无法缴交，发票无法开具，工资无法及时发放的，责任由甲方承担。

2. 甲方按月向乙方支付劳务派遣服务费＿＿元/人·月。

六、双方的责任、权利和义务

1. 甲方的责任、权利和义务

（1）派遣员工的休息休假制度按甲方规定执行。

（2）遵守国家劳动法律、法规，并根据甲方实际情况，依法制定对派遣员工的管理规定与办法，书面告知派遣员工，同时提供乙方一份备案。

（3）定期组织对派遣员工进行思想、生产技术、安全等方面的培训和教育，以适应甲方生产工作需要。

（4）在符合国家劳动法律、法规规定条款的范围内，对派遣员工有退工权，并按国家和地方法规规定向乙方支付退工的补偿金或赔偿金。

（5）派遣员工在甲方单位服务期间，发生的职务行为过失，造成第三人损害的，该过失行为是维护甲方企业利益的，由甲方承担相应经济责任。

（6）为保障派遣员工的合法权益，乙方委托甲方组建工会组织并同意派遣员工参加甲方的工会组织。

2. 乙方的责任、权利和义务

（1）乙方负责建立、解除与派遣员工的劳动关系。

（2）根据有关规定，办理派遣员工的合法聘用手续。

（3）按照有关规定及时并足额缴纳派遣员工的各项社会保险费。

（4）教育派遣员工遵纪守法、遵守甲方各项规章制度和岗位职责，严守甲方商业秘密，努力工作。

（5）做好派遣员工有关劳动档案管理。

（6）配合甲方做好派遣员工劳动合同终止工作，并办理劳保用品的收缴工作。

（7）及时向甲方通报有关国家、省市劳动保障方面新的政策规定，协助做好相应的调整工作。

（8）每月在收到甲方支付的派遣员工劳务报酬后，应按协议约定时间按时足额发放派遣员工当月劳务报酬。

七、本协议期限

1. 本协议期限自＿＿＿年＿＿＿月＿＿＿日起经甲、乙双方签章即生效。在本协议有效期内，甲、乙双方任何一方不得擅自变更或者解除本协议,如遇特殊情况,一方需提前三个月书面通知对方,并应征得对方同意。

本协议适用、解除和终止以派遣员工的《劳动合同》的适用、终止或解除为前提。

2. 本协议有效期为:＿＿＿年,自＿＿＿年＿＿＿月＿＿＿日起至＿＿＿年＿＿＿月＿＿＿日止。

八、违约责任和本协议争议处理

1. 本协议一经签订,甲、乙双方均应严格履行、信守。

2. 由于一方原因引起的法律或经济纠纷问题,给对方造成经济损失的,均应根据对方经济损失情况承担相应的经济赔偿,经济赔偿责任由责任方承担。

3. 甲、乙双方均按本协议履行各自的责任、权利、义务,若甲、乙双方在履行本协议过程中发生争议,应由争议方书面告知对方争议内容,双方可协商解决,如协商不成,按下述第＿＿＿种方式解决:

(1) 提交市仲裁委员会裁决。

(2) 依法向协议签约地的人民法院起诉。

(摘自福建省人社网)

4. 劳务派遣单位应当对被派遣劳动者履行下列义务。

(1) 如实告知被派遣劳动者《劳动合同法》第八条规定的事项、应遵守的规章制度以及劳务派遣协议的内容;

(2) 建立培训制度,对被派遣劳动者进行上岗知识、安全教育培训;

(3) 按照国家规定和劳务派遣协议约定,依法支付被派遣劳动者的劳动报酬和相关待遇;

(4) 按照国家规定和劳务派遣协议约定,依法为被派遣劳动

者缴纳社会保险费,并办理社会保险相关手续;

(5)督促用工单位依法为被派遣劳动者提供劳动保护和劳动安全卫生条件;

(6)依法出具解除或者终止劳动合同的证明;

(7)协助处理被派遣劳动者与用工单位的纠纷;

(8)法律、法规和规章规定的其他事项。

5. 关于工伤及职业病的认定与相应责任。被派遣劳动者在用工单位因工作遭受事故伤害的,劳务派遣单位应当依法申请工伤认定,用工单位应当协助工伤认定的调查核实工作。劳务派遣单位承担工伤保险责任,但可以与用工单位约定补偿办法。被派遣劳动者在申请进行职业病诊断、鉴定时,用工单位应当负责处理职业病诊断、鉴定事宜,并如实提供职业病诊断、鉴定所需的劳动者职业史和职业危害接触史、工作场所职业病危害因素检测结果等资料,劳务派遣单位应当提供被派遣劳动者职业病诊断、鉴定所需的其他材料。

（二）劳动合同的解除和终止

劳务派遣用工的劳动合同解除和终止,与直接用工的劳动合同相比,情形更为复杂,相关因素也多。用工单位退工有多种情形,劳务派遣单位也有多种应对,都需要按照相关规定执行。

根据《劳务派遣暂行规定》,用工单位退工主要有以下几种情形:

一是劳动合同订立时所依据的客观情况发生重大变化,致使劳动合同无法履行,经用人单位与劳动者协商,未能就变更劳动合同内容达成协议的;

二是依照企业破产法规定进行重整的;

三是生产经营发生严重困难的；

四是用工单位依法破产、吊销营业执照、责令关闭、撤销、决定提前解散或者经营期限届满不再继续经营的；

五是劳务派遣协议期满终止的。

对于用工单位退工，劳务派遣单位一般来讲有两种应对，一是不再派遣，在与劳动者解除劳动合同之前，需要支付相应的工资，最少不能低于最低工资标准。二是重新派遣至新的用工单位。不论是维持和提高约定条件，还是降低约定条件，都需要与劳动者协商一致。如果协商不一致，则需要根据不同情形解除劳动合同，并支付相应的经济补偿。

就被派遣劳动者来说，被派遣劳动者提前 30 日以书面形式通知劳务派遣单位，可以解除劳动合同。被派遣劳动者在试用期内提前 3 日通知劳务派遣单位，可以解除劳动合同。劳务派遣单位应当将被派遣劳动者通知解除劳动合同的情况及时告知用工单位。

（三）跨地区劳务派遣的社会保险

依法在用工所在地参加社会保险，是《劳务派遣暂行规定》的一个新的重点要求，也是一个特别亮点。《劳务派遣暂行规定》明确规定，劳务派遣单位跨地区派遣劳动者的，应当在用工单位所在地为被派遣劳动者参加社会保险，按照用工单位所在地的规定缴纳社会保险费，被派遣劳动者按照国家规定享受社会保险待遇。如果劳务派遣单位在用工单位所在地设立分支机构的，由分支机构为被派遣劳动者办理参保手续，缴纳社会保险费。如果劳务派遣单位未在用工单位所在地设立分支机构的，由用工单位代劳务派遣单位为被派遣劳动者办理参保手续,缴纳社会保险费。

（四）其他相关规定

1. 用人单位不得设立劳务派遣单位向本单位或者所属单位派遣劳动者。这一做法在《劳动合同法》出台之初,时有发生,目的是规避无固定期限劳动合同的订立。随着《劳动合同法》贯彻实施工作的不断推进,这一违法行为得到明显遏制。作为用工单位的用人单位,必须按照法律法规不折不扣地执行。

2. 用人单位将本单位劳动者派往境外工作或者派往家庭、自然人处提供劳动的,不在《劳务派遣暂行规定》所规定的劳务派遣范围之内。上述情形相对特殊,所以,现行法律法规将上述类似情形排除在外。

3. 用人单位以承揽、外包等名义,按劳务派遣用工形式使用劳务派遣的,同样适用于《劳务派遣暂行规定》,也即假外包、真派遣,必须按照现行法律法规的规定来处理,万不可通过变通办法来规避,换个"马甲"改变不了用工的性质。

第三节　劳务派遣用工的法律责任

一、劳务派遣单位的法定义务

结合《劳动合同法》和《劳务派遣暂行规定》等法律法规的相关规定,梳理一下劳务派遣单位的法定义务,主要有以下事项:

第一,经营劳务派遣业务应当具备的条件和行政许可的规定。

第二,劳务派遣单位是《劳动合同法》意义上的用人单位,应当履行用人单位对劳动者的义务。

第三,劳务派遣单位与被派遣劳动者订立的劳动合同,除应当载明《劳动合同法》规定的必备条款外,还应当载明被派遣劳动者的用工单位及派遣期限、工作岗位等情况。

第四,劳务派遣单位应当与被派遣劳动者订立两年以上的固定期限劳动合同,按月支付劳动报酬;被派遣劳动者在无工作期间,劳务派遣单位应当按照所在地人民政府规定的最低工资标准,向其按月支付报酬。

第五,劳务派遣单位派遣劳动者应当与用工单位订立劳务派遣协议。劳务派遣协议应当约定派遣岗位和人员数量、派遣期限、劳动报酬和社会保险费的数额与支付方式以及违反协议的责任。

第六,劳务派遣单位应当将劳务派遣协议的内容告知被派遣劳动者。

第七,劳务派遣单位不得克扣用工单位按照劳务派遣协议支付给被派遣劳动者的劳动报酬。

第八,劳务派遣单位不得向被派遣劳动者收取费用。

第九,劳务派遣单位跨地区派遣劳动者的,被派遣劳动者享有的劳动条件和劳动报酬,按照用工单位所在地的标准执行。

第十,被派遣劳动者有权在劳务派遣单位或者用工单位依法参加或者组织工会,维护自身的合法权益。

第十一,劳务派遣单位不得以非全日制用工形式招用被派遣劳动者。

第十二,劳务派遣单位或者被派遣劳动者依法解除、终止劳动合同的经济补偿,依照《劳动合同法》相关规定执行。

案例选读:劳务派遣单位不得克扣被派遣劳动者的劳动报酬

2023年4月,赵某等多人向某劳动监察机构投诉某劳务派遣公司未按劳动合同约定支付劳务派遣员工工资,存在拖欠、克扣工资行为。

经调查核实,2023年1月,赵某等20名劳务派遣人员被某劳务派遣公司派遣至某制药公司工作,双方签订的劳务派遣协议约定劳动者工资报酬为24元/小时,且该制药公司已按照约定支付。但该劳务派遣公司和劳动者签订的劳动合同约定工资标准为18元/小时,且扣除伙食费、交通费、房租、水电、离职扣款等诸多名目费用后,实际未完全按照18元/小时约定支付劳动者工资。赵某等人反映情况属实。

根据《劳动合同法》第六十条第二款"劳务派遣单位不得克扣用工单位按照劳务派遣协议支付给被派遣劳动者的劳动报酬"规定,责令该劳务派遣公司规定时间内补足克扣的劳动者工资。该公司及时整改到位。

(江苏省人社厅劳动监察局提供)

二、用工单位的法定义务

与劳务派遣单位一样,用工单位的法定义务同样重要,也同样必须遵守。归结起来,主要义务有以下事项。

第一,履行劳动合同法所规定的基本义务。

执行国家劳动标准,提供相应的劳动条件和劳动保护;告知被派遣劳动者的工作要求和劳动报酬;支付加班费、绩效奖金,提供与工作岗位相关的福利待遇;对在岗被派遣劳动者进行工作岗位所必需的培训;连续用工的,实行正常的工资调整机制。

第二,用工单位不得将被派遣劳动者再派遣到其他用人单位。

第三,用工单位应当按照同工同酬原则,对被派遣劳动者与本单位同类岗位的劳动者实行相同的劳动报酬分配办法。

第四,被派遣劳动者有权在劳务派遣单位或者用工单位依法参加或者组织工会,维护自身的合法权益。

第五,用工单位应当严格控制劳务派遣用工数量,适用被派遣劳动者数量不得超过其用工总量的10%。

三、劳务派遣用工的法律责任

在劳务派遣用工的法律上,劳务派遣单位与用工单位基本上是捆在一起的,其责任也是连带的。可以说,一荣俱荣,一损俱损。其法律责任主要有以下几条。

其一,劳务派遣单位、用工单位违反《劳动合同法》和劳动合同法实施条例有关劳务派遣规定的,按照《劳动合同法》第九十二条规定执行。

具体来讲,违反本法规定,未经许可,擅自经营劳务派遣业务的,由劳动行政部门责令停止违法行为,没收违法所得,并处违法所得一倍以上五倍以下的罚款;没有违法所得的,可以处五万元以下的罚款。劳务派遣单位、用工单位违反本法有关劳务派遣规定退回被派遣劳动者的,由劳动行政部门责令限期改正;逾期不改正的,以每人五千元以上一万元以下的标准处以罚款,对劳务派遣单位,吊销其劳务派遣业务经营许可证。用工单位给被派遣劳动者造成损害的,劳务派遣单位与用工单位承担连带赔偿责任。

其二,劳务派遣单位违反本规定解除或者终止被派遣劳动者劳动合同的,按照《劳动合同法》第四十八条、第八十七条规定执行。

具体来讲,用人单位违反《劳动合同法》规定解除或者终止劳动合同,劳动者要求继续履行劳动合同的,用人单位应当继续履行。劳动者不要求继续履行劳动合同或者劳动合同已经不能继续履行的,用人单位应当依照《劳动合同法》第八十七条规定支付赔偿金。赔偿金是劳动者经济补偿标准的两倍。

其三,用工单位违反《劳务派遣暂行规定》规定第三条第三款规定的,即用工单位决定使用被派遣劳动者的辅助性岗位,不经法定程序就擅自决定的,由人力资源社会保障行政部门责令改正,给予警告;给被派遣劳动者造成损害的,依法承担赔偿责任。

其四,劳务派遣单位违反《劳务派遣暂行规定》规定第六条规定的,即违反有关试用期约定的,按照《劳动合同法》第八十三条规定执行,即由劳动行政部门责令改正;违反约定的试用期已经履行的,由用人单位以劳动者试用期满月工资为标准,按已经履行的超过法定试用期的期间向劳动者支付经济赔偿金。

四、用工单位实施劳务派遣用工的注意事项

(一)明确好三性岗位

三性岗位,指临时性、辅助性和替代性的工作岗位。显然,三性岗位都不是用工单位的主要岗位。现行法律法规对临时性、替代性做了清晰的界定。即临时性岗位指存续时间不超过 6 个月的岗位。替代性岗位指劳动者因脱产学习、休假等原因无法工作的一定时期内,可以由其他劳动者替代的工作岗位。但是,对于辅助性岗位,没有作出实体性的界定。一般来讲,用工单位有权决定使用被派遣劳动者的辅助性岗位,这是法律赋予用工单位的

用工自主权。但是,这一自主权是有前提和边界的,同时需要履行一定的程序。关于用工单位辅助性岗位的确定,《劳务派遣暂行规定》明确要求,应当经用工单位职工代表大会或者全体职工讨论,提出方案和意见,与工会或者职工代表平等协商确定。用工单位的管理者有权提出辅助性岗位的范围,但不是随意的,也不是一个人或者少数人说了算,而是要经过职工代表大会或者全体职工讨论,形成一致意见或者决议后,方可确定辅助性岗位的安排。同时,辅助性岗位确定后,还需要在用工单位内公示,广为告知。

(二)妥善处理好劳务派遣用工比例和人员安排

劳务派遣用工比例的高低直接反映了用工单位的用工方式的状况。就用工单位而言,要按照现行法律法规的规定,顺应国家形势的要求,积极调整和选择合法、科学的用工方式。应该说,现行法律法规允许用工单位可以选择多种用工方式,包括直接用工、劳务派遣用工,以及非全日制等灵活用工方式。也可以选择业务外包、承揽等经营方式,减少用工单位自身的用工量和用工事务。当然,选择其他经营方式也是用工单位生产经营的自主权,同样需要按照有关法律法规政策,规范发包、管理等行为。

对于劳务派遣用工,用工单位需要稳妥实施,特别需要把握好劳务派遣用工比例规定,这是法律法规明确的一个硬性规定,即用工单位应当严格控制劳务派遣用工数量,使用被派遣劳动者数量不得超过其用工总量的10%。至于这一比例是否合理?已经不在讨论范围之内,也没有任何讨论的意义。对于用工单位而言,需要做的事情就是贯彻执行,落实到位。在此基础上,用工单位要盘点一下单位所有用工的类型、数量及占比,包括与单位直接签订劳动合同的职工和被劳务派遣员工的状况。如果用工单位出现一些超比例问题,则要做好调整超比例被派遣劳动者的处置工作。至于如何处置,现行法律法规提供的路径,一般来讲,有两条可以选择,一条路径是直接与超比例被派遣员工签订劳动合同,将原来的被派遣员工直接转换为用工单位的直接用工员工。另一条是退回原劳务派遣单位,并办理相关手续。

需要提醒劳务派遣单位的是,被派遣劳动者被用工单位退回后,劳务派遣单位应区分情形依法妥善处理与被派遣劳动者的劳动关系。一类是,被派遣劳动者有《劳动合同法》规定的过错性情形和非过错性情形,劳务派遣单位依照《劳动合同法》规定可以与被派遣劳动者解除劳动合同。另一类是,用工单位以《劳务派遣暂行规定》规定的情形,即用工单位以客观情况发生重大变化等情形,将被派遣劳动者退回劳务派遣单位,如劳务派遣单位重新派遣时维持或者提高劳动合同约定条件,劳动者不同意的,劳务派遣单位可以解除劳动合同;如劳务派遣单位重新派遣时降低劳动合同约定条件,劳动者不同意的,劳务派遣单位不得解除劳动合同。此外,在被派遣劳动者退回后无工作期间,劳务派遣单位应按照不低于所在地人民政府规定的最低工资标准,向其按月支付报酬。

（三）签订和履行好劳务派遣协议

实行劳务派遣用工,用工单位应当与劳务派遣单位签订劳务派遣协议。劳务派遣协议应当按照《劳务派遣暂行规定》,载明应有的事项,并明确双方应履行的义务。在具体操作过程中,要实行同工同酬,落实被派遣劳动者平等享受社会保险和相关福利待遇的权利。这里所说的同工同酬,指对被派遣劳动者与本单位同类岗位的劳动者实行相同的劳动报酬分配办法。现实生活中,没有绝对的同工同酬,允许不同岗位、不同业务技能水平、不同工作绩效有一定的薪酬差别,但不宜过大,更不能悬殊。要保证相同或者相近岗位的劳动者按照其工作业绩取得相应的劳动报酬,坚持按劳分配的工资分配原则,多劳多得、少劳少得、不劳不得。在同一单位实行统一的工资分配制度,这个制度不能按照劳动者的身份、民族、区域等因素来区分工资分配,而应以岗位、业务技能水平和工作绩效等因素实施工资分配。同时,在此基础上,实行同工同社会保险、同工同福利待遇。

劳务派遣协议要订好,全面切实履行更为重要。用工单位需要按照劳务派遣协议约定履行好各项义务,落实好被派遣劳动者工伤认定和职业病诊断、鉴定中的相关责任。依法处理与被派遣劳动者的劳动关系,建立健全符合新修订《劳动合同法》和《劳务派遣暂行规定》要求的岗位管理、劳动报酬、保险福利等规章制度。对将被派遣劳动者退回劳务派遣单位的,要督促劳务派遣单位依法做好劳动合同继续履行或解除工作,做好相关经济补偿的支付工作。

(四)协助做好跨地区劳务派遣人员的社会保险工作

现行法律法规对跨地区劳务派遣人员的社会保险问题作了明确规定,劳务派遣单位跨地区派遣劳动者的,应当在用工单位所在地为被派遣劳动者参加社会保险,按照用工单位所在地的规定缴纳社会保险费,被派遣劳动者按照国家规定享受社会保险待遇。同时要求,劳务派遣单位在用工单位所在地设立分支机构的,由分支机构为被派遣劳动者办理参保手续,缴纳社会保险费。劳务派遣单位未在用工单位所在地设立分支机构的,由用工单位代劳务派遣单位为被派遣劳动者办理参保手续,缴纳社会保险费。

关于跨地区劳务派遣人员的社会保险问题,通常有两种情形,一种情形是,劳务派遣单位与用工单位所在地一致,或者在用工单位所在地有分支机构,可依据社会保险法到用工单位所在地社会保险经办机构办理登记、申报等相关手续,依法按时足额缴纳社会保险费。另一种情形是,劳务派遣单位在用工单位所在地未设立分支机构的,可由用工单位代劳务派遣单位为被派遣劳动者办理参保手续,缴纳社会保险费。这里需要把握这样几个事项:一是参保义务主体仍然为劳务派遣单位;二是用工单位负责办理参保代办手续;三是双方可以通过劳务派遣协议来明确异地社保委托代办事宜。当然具体经办手续,需要以所在地社会保险经办机构的规定为准。

(五)辨别好真假外包,避免陷入用工误区

《劳务派遣暂行规定》的出台和施行,严格规范和规制了劳务派遣用工的各项行为,致使长期以来劳务派遣用工欠规范的做法受到明显遏制。加上市场竞争日趋激烈,部分劳务派遣企业采取变通或者规避的做法来应对形势的变化,其中,假外包就是一个突出问题。部分用工单位受利益驱动,也参与其中。应该说,对于这一问题,用工单位应该保持清醒的认识,千万不可因小失大,守法用工毕竟是底线。

正因为此,需要厘清劳务外包与劳务派遣的区别在哪里? 真假外包的判断标准又是什么? 要厘清这一问题,必须准确把握劳务外包与劳务派遣的基本含义与实质要素,把握好两者之间的区别与联系,把握好内在关系与外在要件,从实际出发,明确其判断标准。

什么是劳务派遣?劳务派遣是一种用工方式,"招用"和"使用"相分离,是劳务派遣的本质特征。劳务派遣单位负责招聘、考核劳动者。用工单位提供具体劳动岗位,指挥、监督被派遣劳动者工作,并按照约定向劳务派遣单位支付劳动者的工资、社会保险费用、管理费等。劳务派遣单位分别与被派遣劳动者签订劳动合同,与用工单位签订劳务派遣协议。就被派遣劳动者而言,劳务派遣单位是用人单位,用工单位是工作地点。

什么是劳务外包?企业将内部业务或职能工作内容发包给相关的机构或单位,由其自行安排人员按照企业的要求完成。劳务外包从法律上来讲,是承揽,它不是用工形式,而是一种经营形式。劳务外包单位的主体可以是个人、法人或其他实体。发包企业对劳务承包单位的员工不进行直接管理,其工作组织形式、工作时间安排由劳务承包单位自己安排确定。劳务外包一般按照事先确定的劳务费用,根据劳务承包单位完成的工作量结算,其合同标的一般是"事"。劳务外包适用《合同法》,发包单位与承包单位之间按合同承担权利义务,发包单位对承包单位的员工基本不承担责任。劳务外包的范围一般是企业的技术性和事务性工作,可以是某项业务工作内容,也可以是某条生产线的制造。

厘清劳务外包与劳务派遣的区别,目的是让用工单位遵照现行法律法规,选择合法合理的用工方式,避免陷入用工误区并承担不利的法律后果。

参考文本:劳务派遣与劳务外包的区别

类型	合同标的	计费依据	用工管理	计税办法	适用法律
劳务派遣	活劳动(关注劳动过程)	工资+社会保险费+管理费	用工单位参与招聘及用工过程管理,其劳动规章制度适用于被派遣劳动者	仅管理费计税	劳动法及劳动合同法等
劳务外包	劳动成果(关注产品和服务的数量、质量)	成本+利润	发包方不参与用工过程管理,其劳动规章制度对承包方劳动者无约束力	全部营业收入计税	合同法

真假外包的判断标准,关键看任何一方是否对员工进行直接管理。对员工进行直接管理的,应该纳入劳务派遣的范畴。不参与员工直接管理的,尽管有的承包单位在生产经营场所使用发包企业的设施设备劳动的,或者以发包企业名义提供劳动的,应该属于劳务外包范畴。

需要指出的是,区分劳务派遣与劳务外包的目的,是提醒用工单位按照现行法律法规的规定,选择合法合理,并且适合自身实际的用工方式,避免陷入用工误区并承担不利的法律后果。同时,倡导更多的企业采用直接用工的方式,还劳动者长期稳定的就业状态,还劳动者有体面、有尊严、有质量、有发展空间、有成就感的劳动。

案例选读:企业从事劳务外包不能推卸用人单位的主体责任

2021年9月1日,周某等4人到某地劳动监察大队投诉,反映其就职的某园林公司拖欠其2021年6、7、8三月工资,劳动监察大队受理后,进行了详细走访调查。

经查,2018年11月2日,周某等4人与某园林公司签订了为期5年的劳动合同,综合工资每月为2 800元。该园林公司与某物业公司签订劳务外包服务合同,周某等4人被派往某物业公司具体负责物业公司的园林绿化维保工作。该园林公司对拖欠周某等人工资的事实及数额均予以认可,但园林公司以物业公司未按照劳务外包协议约定支付绿化维保工程款项为由拖欠周某等人工资。

本案经劳动监察大队工作人员协调和敦促,园林公司于2021年9月6日通过银行转账足额向周某等4人发放了被拖欠的工资。

案例焦点:1. 劳务外包合同责任主体如何确定;2. 劳务外包合同下,劳动者直接向发包公司提供劳务,劳务公司能否以发包方没有支付合同对价为由,拒不支付本公司工人的劳动报酬。

案例点评:劳动者的合法权益应受法律保护。劳动者周某等人与用人单位成立劳动关系后,双方应当按劳动合同约定,享有相应的权利,并履行对应的义务。本案中劳动者周某受某园林公司聘用,双方之间建立劳动关系,园林公司应足额向周某支付劳动报酬。

园林公司以某物业公司未能按照劳务外包合同约定支付绿化维保工程款为由,拖欠周某工人劳动报酬于法无据,不予支持。根据合同的相对性,物业公司和周某等人之间并不存在劳动合同关系,不应当承担劳动合同义务。因此,园林公司作为劳动合同主体,在对双方存在劳动关系和拖欠工资数额均予以认可的情况下,应及时支付周某等人工资,保障职工的劳动报酬合法权益。

(宿迁市人社局劳动监察支队提供)

本章小结

1. 劳务派遣是一种用工方式,是劳动者和劳务派遣单位签订劳动合同,再由派遣单位将劳动者派到用工单位工作。劳务派遣单位分别与被派遣劳动者签订劳动合同,与用工单位签订劳务派遣协议。就被派遣劳动者而言,劳务派遣单位是用人单位,用工单位是劳动者的工作地点。

2. 劳务派遣用工作为企业用工的一种补充形式,必须按照国家法律法规规定的范围和比例用工。即在临时性、辅助性或者替代性的工作岗位上使用,使用被派遣劳动者数量不得超过其用工总量的 10%。

3. 用工单位使用被派遣员工,必须与劳务派遣企业签订劳务派遣协议,明确双方义务和责任。同时,用人单位必须把好劳动合同关,协助做好跨地区劳务派遣人员的社会保险工作。

参考文献

1.《中华人民共和国宪法》

2.《中华人民共和国工会法》

3.《中华人民共和国劳动法》

4.《中华人民共和国就业促进法》

5.《中华人民共和国劳动合同法》

6.《中华人民共和国劳动争议调解仲裁法》

7.《中华人民共和国社会保险法》

8.《中华人民共和国妇女权益保障法》

9.《中华人民共和国行政处罚法》

10.《中华人民共和国行政复议法》

11.《中华人民共和国劳动合同法实施条例》

12.《劳动保障监察条例》

13.《工伤保险条例》

14.《职工带薪年休假条例》

15.《社会保险费征缴暂行条例》

16.《社会保险经办条例》

17.《失业保险条例》

18.《就业服务与就业管理规定》

19.《劳务派遣暂行规定》

20.《最低工资规定》

21.《女职工劳动保护特别规定》

22.《未成年工特殊保护规定》

23.《禁止使用童工规定》

24.《实施〈中华人民共和国社会保险法〉若干规定》

25.《国务院关于职工工作时间的规定》

26.《全国年节及纪念日放假办法》

27.《工伤认定办法》

28.《企业职工带薪年休假实施办法》

原版后记

写完本书最后一章,已是 2017 年元月。冬天本应是冰清玉洁、雪花纷飞的季节,但今年的冬天已经过了一半,未见一场像样的雪,心中常常期盼的漫天飞舞、纷纷扬扬的雪花依旧保存在美好的记忆和遐想中。有人说,相见不如怀念,雪真正下了,不见得那么美妙,但我觉得,再多再好的美妙,还不如一个尘埃落定让人安心。我是一个存不住愿望的人,一有所欲,必受其缚。我常常希望每一个愿望都能尽快变成现实。但是,并不是所有的愿望都能轻而易举地实现。很多时候,愿望就是愿望,现实就是现实,愿望与现实之间总是隔着一道或长或短或深或浅的沟渠。写作本书,纯粹是一个善良、美好的愿望。

时光荏苒,斗转星移,随着时间的推移,这一愿望日渐生长起来,开始还是一颗种子,慢慢地长成小芽,不停地往上冒,渐渐地有了一些枝干的模样,可是周边一片荒芜,有的则是一些杂草、野花。这个领域几乎是处女地,很少有人在这里开垦过,更没有精耕细作过,要将自己心中的愿望变成现实,就像在一块没有水分、没有泥土的荒漠上种植一棵大树，是一件非常困难的事情，加上个人的能力和精力有限，要想做这件事情需要付出无法估量的努力。也有可能，再多再苦的努力，也无功而返。有限的生活经历告诉我，想做某件事情，光有想法是不够的，关键还要有实现这一想法的能力和精力。几次想着手行动，可总觉得心有余而力不足，就这样拖着拖着，但心中始终没有放弃，时不时地还挂念着。

时光的钟摆就这样不紧不慢地晃悠着，不知不觉走到了2016年。2016年并不是一个什么特别的年份，但是，这一年的春天，对已经习惯周而复始的我来说，发生了一个变化，或者说发生了一个小小的转折。我的工作岗位作了调整，我从一个繁杂喧闹的岗位调整到一个相对安静轻松的岗位。我在这个岗位上整整做了16年，是我有生以来工作经历的一半。很多时候，人的命运就是这样，自己无法掌控，甚至无法预料。

我做了16年的岗位是江苏省劳动监察总队的负责人，是一个省级行政执法机构，主要从事协调和处理劳动关系矛盾的工作。现行法律赋予的职责有四项：一是宣传劳动保障法律法规和规章，督促用人单位贯彻执行；二是检查用人单位遵守劳动保障法律法规和规章的情况；三是受理对违反劳动保障法律法规和规章的行为的举报、投诉；四是依法纠正和查处违反劳动保障法律法规或者规章的行为。从字面上来看，只这四项职责，但由这四项职责引发的工作任务是非常繁杂琐碎的，其工作量也是巨大的。工作量之大，尚在人的承受范围之内，让人难以承受的是源源不断、无穷无尽的心理刺激和压力。很多事情是自己无法预料和掌控的，但是自身常常为这些不能掌控的事情所烦恼。平常的日子里，其他部门的同事都能按时按点地上下班，但是，我常常在快要下班的时候接到舆情通报或者领导批示,传到我手上的信息,往往都是需要我安排人员或者亲自带队赶赴现场。不论是安排别人执行应急任务,还是我亲自带队处置,作为机构负责人,我所能做的,就是全力以赴地处置好事件,直至妥善解决。

劳动监察,从严格意义上来讲,处理的劳资矛盾是人民内部矛盾。16 年的劳动监察工作经历告知我,劳动监察的真正要义就是:大事化小、小事化了。在社会主义初级阶段,劳资矛盾作为人民内部矛盾,是一种非对抗性矛盾。既然是非对抗性的,就需要用非对抗性的方法来处理。劳动监察不能制造矛盾,更不能激化矛盾、扩大矛盾。有矛盾出现是正常的,是改革过程中难以避免的,我们要做的工作,是化解它、平息它,将矛盾解决在萌芽、解决在未扩大之时。做劳动监察工作,为劳动者维权是一项前提性和基础性工作,也是劳动监察的第一境界。而维护社会稳定则是劳动监察的阶段性目标,也是劳动监察的第二境界。维和,即维护劳动关系和整个社会的和谐是劳动监察的第三境界,也才是劳动监察的最高境界和终结性目标。维权、维稳与维和,这三者是一个递进关系,是需要一步一步地前行的。

2016 年南京的春天很短暂,但很美妙,让我更加舒心的是,由于我的工作岗位作了调整,我不再为自己不能掌控的事情而烦恼,整个心情放松下来。同时,有了更多的时间去静心思考,去做自己喜欢做的事情,也有心情和精力去完成自己的愿望。让我牵挂的愿望就是想写一本书,一本给用人单位特别是企业 HR 看的书。由于工作经历,我经常接触企业的 HR,包括大大小小、国有民营、中资外资等企业的 HR。有帅哥,也有美女;有科班出身的,也有半路出家的;有资深的专业人士,也有刚刚出道的新人。

他们都很热爱 HR 的工作,对工作都充满着热情。在日常交往中,我时常发现在他们身上都有一个同样的困惑,就是现行林林总总的法律法规规章政策太多、太繁杂、太琐碎,以致他们无法厘清、无法释怀,忙碌的时候,难以面对或处置,甚至会犯低级错误。为什么不能将这些林林总总、纷繁复杂的法律法规规章政策梳理一下,做一个化繁为简、化枯燥为生动的操作指南?这一工程如果能够做成了,将是一件多么有意义有价值的事情。

于是,小小的种子落在心田。从 2012 年开始,我就着手准备着。我收集了自改革开放以来,几乎所有国家出台的劳动和社会保障法律法规规章政策,借着工作间隙,一一研读、琢磨和推敲,不懂的地方,请教单位同事、高校老师、相关专家、领导。在研读的同时,还时常就一些热点问题做成讲义或者课件,去企业演讲,一边宣传法律法规,一边根据用人单位的反馈意见,反思我对这些法律法规的理解和把握。就这样,我开始勾画书的提纲和结构,一边辛苦地工作中,一边艰难地写作着,断断续续,反反复复。几年下来,我沿着自己确定的思路在做这本书稿,即从法律法规规章政策的制订初衷,到实质内涵、知识要点、实务操作、注意事项等方面进行了详尽的诠释,力求帮助从事用工管理的读者厘清来龙去脉、前因后果,在学习和运用现行劳动保障法律法规政策时勾勒出一个相对清晰的轮廓,并在日常工作实践中提供实务操作的指南和参考。

本来这个愿望至少要拖后一段时间的,但能在 2017 年初始就完成,特别要感谢我的大学同班同学府建明和他的同事戴宁宁编辑。正是他们的鼓励和支持,催促我抓紧一切可以利用的时间完成了这本书稿。本书在写作过程中,得到人力资源和社会保障部劳动监察局、江苏省人力资源和社会保障厅劳动监察局、劳动关系处、调解仲裁管理处、工伤保险处、江苏省劳动监察总队、江苏省社会保险基金管理中心、江苏省总工会民主管理部、南京市社会保险管理中心等部门具体帮助和指导。我的同事胡静、朱凌凌、卫丽丽、孔盼盼等人，为这本书稿作了杰出的辅助性工作，包括收集资料、案例等等。同时江苏省各市县劳动保障机构、劳动关系部门和劳动人事争议仲裁机构的同仁，部分企业资深 HR，部分高校和研究机构的专家学者们，以及各类微信群中的朋友，对本书完成亦有贡献，在此一并表示衷心的感谢。

经洪斌

2017 年 1 月 8 日于南京